I0124020

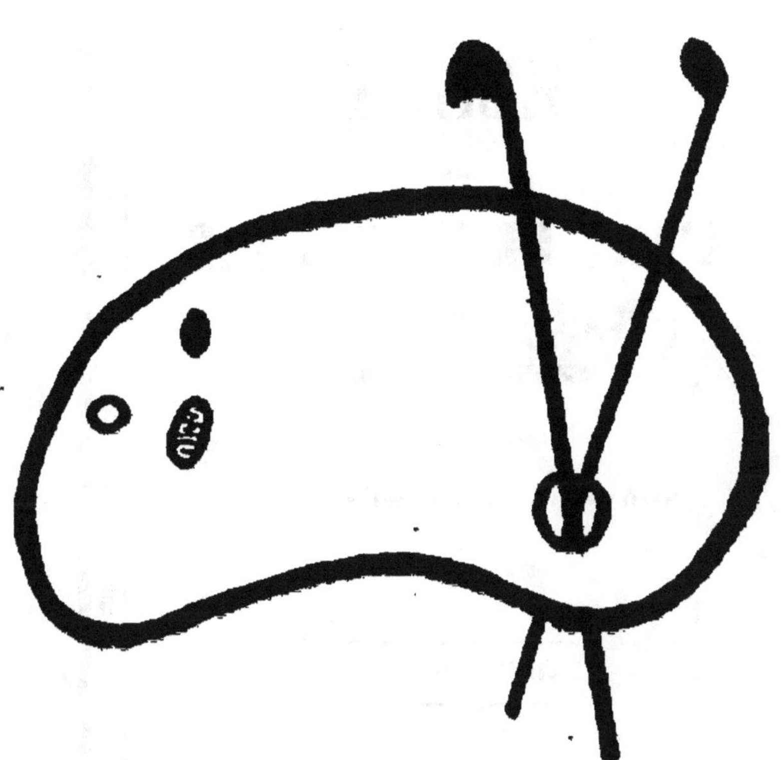

ESSAI

SUR

L'ART DE LA GUERRE

PAR

EDOUARD DUSAERT

CAPITAINE D'ARTILLERIE

ANCIEN ÉLÈVE DE L'ÉCOLE POLYTECHNIQUE.

TOME PREMIER.

EN VENTE

A PARIS

CHEZ L. HACHETTE ET COMPAGNIE
rue Pierre-Sarrasin, 12,

CHEZ DUBOS FRÈRES ET MAREST
rue Sainte-Marguerite, 18,
faubourg S.-Germain

A ALGER

CHEZ DUBOS FRÈRES ET MAREST
rue Bab-Azoun;

CHEZ BASTIDE, place Royale,

A LA LIBRAIRIE CENTRALE
de la Méditerranée, rue de la Marine, 117.

1849

ALGER. — IMPRIMERIE CH. BONCINOT.

ESSAI

SUR

L'ART DE LA GUERRE.

ALGER. — IMPRIMERIE CH. MONGINOT.

ESSAI

SUR

L'ART DE LA GUERRE

PAR

EDOUARD DUSAERT

CAPITAINE D'ARTILLERIE

ANCIEN ÉLÈVE DE L'ÉCOLE POLYTECHNIQUE.

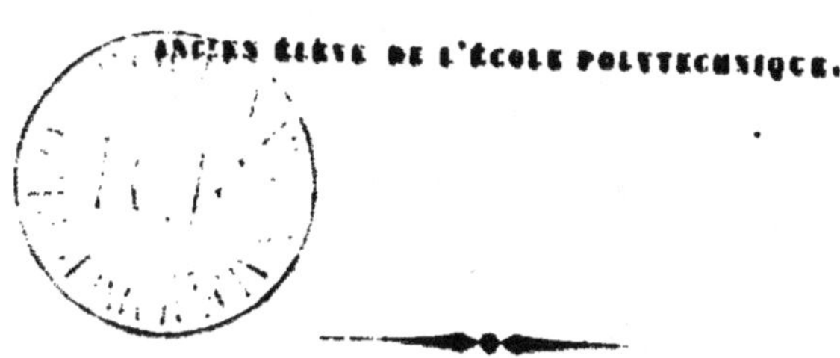

EN VENTE

À ALGER

CHEZ DUBOS FRÈRES ET MAREST
rue Bab-Azoun;

CHEZ BASTIDE, place Royale;

À LA LIBRAIRIE CENTRALE DE LA MÉDITERRANÉE
rue de la Marine.

À PARIS

CHEZ L. HACHETTE ET COMPAGNIE
rue Pierre-Sarrazin, 12;

CHEZ DUBOS FRÈRES ET MAREST
rue Sainte-Marguerite, 10,
Faubourg St Germain

1847

1852

AVANT-PROPOS.

Cet essai est le fruit de quatre années d'études, de méditations, et je dirais presque de rêveries, si je ne craignais d'employer ce mot après l'illustre rêveur qui vainquit à Fontenoy.

L'idée de le tenter me vint de la lecture des écrivains militaires et de leur désaccord sur l'explication des événemens de la guerre, ainsi que sur des points capitaux de la doctrine qui doit en régler les opérations.

Ce désaccord portant naturellement l'esprit à un examen attentif et à des investigations scrupuleuses, on en découvre les causes principales, d'une part dans l'impossibilité d'assujétir à des maximes précises et sûres le grand nombre d'élémens exerçant à la guerre une influence sensible sur le résultat des entreprises, d'autre part dans l'imperfection de la science théorique, qui non seulement laisse entièrement obscures et irrésolues des questions importantes qu'elle pourrait au moins éclaircir et avancer, mais encore tolère l'existence de préjugés et d'erreurs qu'elle devrait détruire, principalement en ce qui concerne l'art de bien employer dans les combats les différentes armes qui composent les armées.

De là résulte que, lorsqu'on étudie la science militaire, on peut se proposer d'atteindre un but d'utilité qui consiste à en perfectionner la théorie et à en étendre le domaine, en mettant en lumière des points obscurs, en comblant de fâcheuses lacunes, en faisant ressortir des défauts et indiquant les moyens de les corriger.

Ce sont le désir et l'espérance de remplir une faible partie de ce but vaste et plein d'intérêt qui nous ont fait entreprendre notre ouvrage.

Relativement aux principes aptes à servir de guides dans la conduite générale des opérations, et dans l'établissement desquels la théorie est impuissante à embrasser toutes les circonstances, toutes les données des questions qui se présentent, nous nous sommes efforcé d'éviter à la fois deux écueils, en ne nous laissant entraîner ni par les croyances exagérées des théoriciens trop fervens, ni par le scepticisme des incrédules.

Nous avons cherché, à cet effet, à reconnaître d'une manière bien précise le domaine de la science théorique, et à fixer les limites dans lesquelles elle peut aider à lever les difficultés de la guerre, limites qui, sous certains rapports, nous paraissent plus restreintes que ne l'admettent quelques écrivains de renom et, sous d'autres, nous semblent devoir renfermer encore certaines vérités que l'on a omises, et qui sont cependant importantes et susceptibles d'une utile application.

Au sujet de l'art d'employer le mieux dans les combats les différentes armes qui composent les armées, un fait saillant a particulièrement fixé notre attention.

Nous avons reconnu que les effets de l'artillerie sont, sous plusieurs rapports, imparfaitement connus et mal appréciés, et que de là naissent, relativement à son emploi le plus avantageux, et par suite relativement à celui des autres armes fréquemment subordonné au sien dans la tactique des batailles, des doutes et des erreurs que des connaissances plus approfondies et mieux raisonnées pourraient lever ou détruire.

Après avoir signalé le mal, nous avons cherché naturellement à en indiquer le remède.

Nous avons cherché aussi à placer l'artillerie au rang qui lui revient et lui est généralement contesté; à démontrer que, dans l'avenir, cette arme est destinée à être le plus souvent l'arme prépondérante, l'âme des combats et des batailles, comme elle le fut d'ailleurs dans la plupart des grandes circonstances du passé où ses ressources furent bien connues et bien dirigées, où les chefs d'armées surent l'employer comme savait le faire l'empereur Napoléon.

Nous ne nous dissimulons ni les difficultés ni la hardiesse de notre entreprise; et si nous considérons les conditions défavorables dans lesquelles elle a été en grande partie exécutée, au milieu des devoirs, des fatigues, des loisirs restreints et sans cesse interrompus d'une vie de bivouac, nous sommes obligé de reconnaître que notre plus grand titre aux faveurs de la fortune, est dans la vérité proverbiale qu'elle protège les audacieux.

Parmi les défauts de notre écrit, il en est qui étant inhérens à notre position particulière, constituent en quelque sorte un mal obligé; et, par une fatalité préjudiciable à nos intérêts, c'est précisément au début qu'ils se rencontrent. Voici l'explication de ce fait, sinon son excuse.

En divisant notre travail suivant l'ordre qui nous a paru le plus convenable, nous nous sommes proposé, en commençant, deux objets principaux :

1° Celui de justifier notre œuvre et d'arriver à nous faire lire;

2° Celui de faire ressortir l'état d'imperfection de la science théorique, et de démontrer que le principe donné par un des écrivains les plus célèbres de l'époque, M. le général Jomini, comme le principe fondamental de l'art, n'est pas rigoureusement exact dans toutes ses parties et est d'un faible secours pour la solution des principales difficultés de la guerre.

Relativement au premier objet, il fallait, à défaut d'un nom connu qui pût, par son autorité, capter l'attention du public, chercher à exciter sa curiosité par l'attrait d'un sujet intéressant clairement indiqué, et suffisamment esquissé dans un aperçu général, pour qu'on pût juger de la réalité et de la grandeur de son importance. De là l'origine d'un sommaire convenablement explicatif et nécessairement un peu long en raison de l'étendue de l'ouvrage.

Pour remplir le second objet, nous ne pouvions, eu

égard au talent reconnu du maître que nous nous donnions pour adversaire, nous munir de trop de précautions en entrant en lice; et il fallait que notre cause rachetât, par les témoignages irrécusables de sa bonté, le faible mérite et l'obscurité de celui qui était chargé de la défendre. Il était indispensable que nous fournissions, à l'appui de nos opinions, des preuves palpables, multipliées, puisées dans toutes les circonstances de la guerre, et cela sans nous laisser arrêter par des considérations secondaires, telles que la crainte de nous répéter dans nos raisonnemens, dans nos conclusions, et de trop insister sur des vérités dont la reconnaissance nous était nécessaire. De là l'obligation de faire l'analyse complète de toute une campagne, d'établir son but général, de déduire logiquement et dans l'ordre naturel les conditions à remplir pour la mener à bon terme; enfin, d'apprécier intégralement et avec justesse les difficultés principales des opérations dont elle se compose et les conséquences qui découlent de ces difficultés.

Le concours des causes précitées et des exigences qui en sont les effets a dû nécessairement gêner, au début, le libre et naturel essor de nos idées; rendre, pour l'assurer, la marche de notre livre circonspecte, méthodique, lentement progressive; et peut-être que, dans le soin difficile d'observer avec une juste mesure les conditions que notre position nous forçait à remplir, nous nous sommes laissé entraîner à une exagération digne de critique.

Quoi qu'il en soit des défauts de notre œuvre qu'il nous est donné d'entrevoir nous-même et de ceux que nous n'apercevons pas, nous avons l'espérance de n'avoir pas échoué dans toutes les parties de notre tâche; d'avoir, dans la tactique de l'artillerie, redressé certaines erreurs, éclairci certains doutes communément répandus, et qui, par une corrélation naturelle, rejaillissent d'une manière funeste sur la tactique des autres armes; d'avoir enfin énoncé quelques vérités qui ont répandu un peu de lumière sur l'art important d'engager et de faire combattre les différentes espèces de troupes de la façon la plus avantageuse.

C'est en effet un espoir qui nous semble légitime que celui d'avoir émis et soutenu des idées justes et avantageusement applicables sur le terrain spécial que des études longues et sérieuses nous ont permis de considérer comme le nôtre.

Si nous manquons du talent nécessaire pour faire briller de tout son éclat la bonne cause que nous avons embrassée, nous avons la confiance que de plus habiles nous viendront en aide et auront plus de succès que nous.

Nous nous estimerons heureux si nos travaux et nos recherches peuvent leur être de quelque secours; car, quelque modeste que soit notre part, nous aurons contribué alors à produire un résultat utile, et nous n'aurons perdu par conséquent ni notre temps ni nos peines.

Disons, enfin, en terminant ce préambule, que nous comptons également sur l'indulgence de nos lecteurs, qui ne verront pas exclusivement dans notre œuvre la grandeur des résultats, mais nous tiendront compte aussi de ses difficultés, des circonstances défavorables de son exécution, de nos efforts vers un but louable et de nos labeurs.

Du moins, s'il est permis, en fait de bienveillance, de conclure du petit au grand, sommes-nous autorisé à exprimer cette espérance par l'accueil encourageant fait à un opuscule (1) que nous publiâmes, il y a quatre ans, sur une question de métier; accueil par lequel nos lecteurs spéciaux d'alors se rendirent en quelque sorte complices de la tâche longue, difficile et pénible que nous entreprenons aujourd'hui.

Alger, juin 1847.

E. DUSAERT.

---

(1) *Essai sur les obusiers.* — Paris, 1843.

INTRODUCTION.

INTRODUCTION.

CHAPITRE PREMIER.

CONSIDÉRATIONS GÉNÉRALES SUR L'ART DE LA GUERRE

SECTION PREMIÈRE.

De l'art de la guerre appliqué sur le terrain.

SOMMAIRE.

Aperçu général des principales difficultés de la guerre. — L'art de la guerre peut se résumer dans l'application la plus avantageuse de deux vérités capitales. — Analyse de ces vérités : conditions de leur application et difficulté de remplir ces dernières. — Conséquences principales des difficultés précédentes en stratégie et en tactique. — Difficultés du meilleur emploi des différentes armes en tactique. — L'expérience seule de la guerre est impuissante à les lever. — Preuves et motifs. — Conclusion. — Défauts et fautes des généraux les plus habiles. — Qualités des grands capitaines.

Aperçu général des principales difficultés de la guerre.

Il n'est pas nécessaire de s'occuper longtemps de l'étude sérieuse de l'art de la guerre pour être convaincu des immenses difficultés qu'il présente, tant dans son application pratique que dans la juste appréciation des opérations militaires, et dans l'établissement des vérités théoriques qui peuvent servir à les diriger.

Ces difficultés, en effet, sont une conséquence naturelle :

Du nombre et de la variété des élémens qui concourent à déterminer, dans une circonstance donnée, les chances de succès d'une entreprise de guerre;

De ce qu'il est excessivement épineux et délicat d'apprécier rigoureusement l'importance relative des susdits élémens, variable avec la force et les qualités des armées;

Enfin, de ce que les moyens d'exécution à employer sont différens, suivant qu'on prend en plus grande considération les uns ou les autres.

L'art de la guerre peut se résumer dans l'application la plus avantageuse de deux vérités capitales.

L'art de la guerre, en ce qui concerne ses opérations, peut se résumer dans celui d'appliquer, de la façon la plus avantageuse selon les circonstances, les deux vérités capitales qui suivent :

1° Dans une entreprise quelconque de guerre, la grandeur du projet que l'on embrasse doit toujours être mesurée à celle des ressources dont on dispose pour l'exécuter, comparées aux ressources de l'ennemi;

2° Pour battre une force armée composée d'élémens matériels et d'élémens moraux, il faut l'attaquer avec une force d'une puissance intrinsèque plus grande, et mettre celle-ci en action de la manière la plus profitable et la plus habile.

Analyse de la première vérité. — Conditions de son application. — Difficultés qu'il y a à les remplir.

Pour observer la première de ces vérités, un chef d'armée doit avoir assez de détermination pour entreprendre tout ce qu'il peut raisonnablement espérer d'exécuter ; car, s'il pousse la circonspection à l'excès, s'il est trop timide, il laisse échapper de bonnes occasions qui peuvent ne plus se présenter ; il donne à l'ennemi un temps précieux, dont il profite pour créer et organiser de nouveaux moyens d'action ; enfin, il amollit et démoralise son armée au lieu de l'aguerrir.

D'un autre côté, il faut qu'un chef d'armée ne soit pas trop téméraire ; car, quelque talent qu'il ait, quelque braves que soient ses troupes, il s'expose manifestement à des désastres, s'il projette une entreprise au-dessus de ses forces, au-dessus des moyens qu'il possède pour la mettre à exécution.

Se conformer scrupuleusement aux prescriptions qui précèdent, et éviter à la fois d'être trop circonspect et trop entreprenant, est chose généralement fort difficile dans la pratique de la guerre.

En effet, les ressources d'une armée se composent d'élémens matériels et d'élémens moraux : parmi les premiers, il faut compter le nombre des troupes ; parmi les seconds, leur courage, leurs qualités, le caractère, le talent et l'esprit de leur chef. Lorsqu'on projette une entreprise, il faut que l'évaluation des ressources que l'on possède soit faite relativement à celles de l'ennemi. Or, ces dernières étant la plupart du temps incomplètement connues, ladite évaluation doit être souvent fort épineuse, surtout à cause de la nécessité d'apprécier comparativement les qualités morales des deux partis, à travers la partialité, la tendance à l'exagération et tous les défauts inhérens à l'esprit humain. En outre, il est à observer que les avantages et les inconvéniens d'une entreprise quelconque, les facilités ou les difficultés qu'elle présente, ne peuvent être établies à l'avance que sur des données en partie hypothétiques, non seulement parce qu'on ne connait qu'imparfaitement les ressources actuelles de l'ennemi et qu'on connait bien moins encore celles dont il disposera ultérieurement, mais aussi parce qu'il est impossible de prévoir tous les obstacles qu'on aura à surmonter en suivant le cours naturel des opérations. Si donc on a égard à toutes ces considérations, on conçoit, *a priori*, qu'entre les deux écueils d'une témérité dangereuse ou d'une timidité préjudiciable, il doit souvent y avoir une difficulté extrême à adopter le parti le meilleur, à établir une complète et irrécusable harmonie entre le projet d'une entreprise et les moyens que l'on a de l'exécuter, à faire en un mot l'application la plus juste et la plus avantageuse de la grande vérité que nous avons énoncée la première.

La deuxième vérité capitale que nous avons posée est aussi incontestable que celle dont nous venons de faire une succincte analyse, et sa judicieuse observation peut être considérée comme la base principale de l'art de défaire les armées. Elle a été reconnue de tout temps, et une de ses applications les plus ingénieuses a été faite, il y a vingt-cinq siècles, dans le mémorable combat des Romains contre les Albins, par celui des Horaces qui demeura vainqueur.

Quoi qu'il en soit, les applications habituelles de la susdite vérité, dans le système compliqué de la guerre moderne, sont loin d'offrir le degré de simplicité que son application présenta dans la lutte d'un seul homme intact et vigoureux, contre trois hommes blessés et accablés de fatigue, et sont au contraire, comme nous allons le voir, de nature à susciter un grand nombre de difficultés fort sérieuses.

Analyse de la deuxième vérité. — Conditions de son application. — Difficultés qu'il y a à les remplir.

Lorsqu'on possède une armée manifestement supérieure à celle de l'ennemi, la question de l'attaquer avec des forces plus puissantes que les siennes, de le faire de la manière la plus habile et la plus favorable pour le battre et pour atteindre le but final de la guerre, exige sans nul doute du jugement, de la perspicacité, du talent, de la part de celui qui commande, et sa bonne solution a l'avantage de terminer promptement les entreprises, en n'y sacrifiant que le monde nécessaire pour les mener à bonne fin; mais comme dans un cas semblable on peut être supérieur à l'ennemi sur tous les points où il se trouve, il est incontestable aussi que la question précitée n'a pas toutes les difficultés et toute l'importance vitale qu'elle présente dans les cas où l'on est égal ou inférieur en forces à l'adversaire que l'on doit combattre. Les fautes que l'on commet dans ces derniers cas ne peuvent pas être rachetées, comme dans l'autre, par la supériorité des moyens dont on dispose, et c'est dans l'art de vaincre un ennemi avec des ressources inférieures aux siennes que brille tout le talent d'un chef d'armée, de même que c'est dans la solution de cette question délicate que gisent les difficultés de bien appliquer la vérité dont nous nous proposons de faire l'analyse.

Lorsque l'on a affaire à un ennemi dont les forces matérielles sont supérieures ou au moins égales à celles que l'on possède soi-même, hors l'existence d'une circonstance exceptionnelle qui permette de l'intimider et d'affaiblir sérieusement ses forces morales formant la partie principale de sa valeur intrinsèque, par la nature même de l'attaque dirigée contre lui, il faut manifestement, pour appliquer de la façon la plus avantageuse la vérité en question :

1° Par d'habiles mouvemens et d'ingénieuses ruses susceptibles d'inspirer à l'ennemi des craintes sur des points qu'il a intérêt à couvrir, trouver le moyen de lui faire diviser ses forces, s'il ne s'est décidé de lui-même à les diviser ;

2° Les troupes de l'ennemi se trouvant divisées, écraser successivement, avec des forces supérieures, ses divers corps isolés, en opérant assez rapidement pour ne pas donner à ceux-ci le temps de se réunir en forces égales à celles avec lesquelles on les assaille, et réglant l'ordre de ses attaques successives de la manière la plus avantageuse pour atteindre le but général qu'on se propose et qui consiste principalement, mais non pas exclusivement, à détruire la plus grande partie possible des troupes opposées tenant la campagne.

3° Lorsqu'on se trouve en présence de son adversaire et sur le point d'en venir aux mains avec lui, l'attaquer d'abord principalement sur la partie de la ligne de bataille qui, tout considéré, présente le plus de bonnes chances; chercher encore à le battre partiellement et successivement avec des forces supérieures, en trouvant le moyen de contenir et de paralyser momentanément une certaine quantité de ses troupes avec une quantité moindre; enfin, mettre ses propres troupes en action, dans le combat, de la manière la plus habile et la plus profitable.

Les deux premières parties de cette triple condition à remplir sont du ressort de la Stratégie, et la troisième est de celui de la Tactique.

Nous ne nous étendrons pas, dans cet aperçu général, sur les moyens à employer, suivant les circonstances, pour décider une armée ennemie à diviser ses forces, ni sur le plus ou moins d'habileté qu'un général en chef peut déployer pour arriver à ce résultat important.

Nous nous bornerons à observer que la tâche sera d'autant plus difficile, qu'on aura affaire à un adversaire plus habile et plus actif, que le théâtre de la guerre aura moins d'étendue, et que les points importans que l'ennemi aura à couvrir et à défendre seront moins nombreux.

Relativement à la deuxième partie de la condition précitée, si, l'armée opposée se trouvant divisée en parties que nous supposerons au nombre de trois, ces parties étaient à peu près d'égale force; qu'on fût sûr de pouvoir les atteindre et les combattre toutes, soit qu'elles ne voulussent, soit qu'elles ne pussent pas s'échapper; que chacune d'elles fût séparée des autres par une distance assez grande et telle que les parties extrêmes ne pussent se réunir, à cause de leur éloignement, qu'après plusieurs journées de marche; qu'en arrière de la partie centrale, il n'y eût pas de place forte ou de terrain favorable et difficile où elle pût se retirer en sûreté, en attendant que les autres vinssent la rejoindre et la secourir, ou faire une diversion dangereuse sur les flancs de leur adversaire; si, en outre, on avait soi-même ses troupes réunies et disponibles au point voulu, et qu'affranchi de toute considération étrangère, on n'eût pour but exclusif que de battre et de ruiner le plus possible, en s'exposant le moins, l'armée ennemie tenant la campagne; il est manifeste que la partie de cette armée qu'on aurait le plus d'avantages à attaquer d'abord serait la partie centrale, parce qu'en le faisant on séparerait ses différens corps les uns des autres, et qu'on n'aurait à combattre successivement que le tiers environ de sa force totale.

Mais la question est bien loin de se présenter avec ce degré de simplicité, et comme son énoncé le prévoit et l'indique, il faut, pour le résoudre convenablement dans la généralité des cas, embrasser une multitude de considérations qui rendent sa solution compliquée. Les principales de ces considérations se rapportent

A la diminution des avantages et à l'accroissement des dangers des attaques centrales, lorsque les armées contre lesquelles on les dirige n'ont pas leurs corps séparés par de grandes distances;

A l'intérêt qu'on a souvent de battre d'abord le corps le plus important d'une armée ennemie à cause de l'effet moral que sa défaite produit sur les autres, surtout si c'est celui qui se trouve sous le commandement immédiat du général en chef;

A la plus grande difficulté de surprendre l'ennemi sur son centre que sur une de ses ailes, et à la nécessité de contenir, dans une attaque centrale, ceux de ses corps qui n'y sont pas soumis, tandis qu'on peut s'affranchir d'une précaution analogue dans le cas d'une attaque dirigée contre une des extrémités de son front d'opérations;

Au puissant intérêt qu'il y a à s'emparer des principales communications de l'adversaire, qui mènent généralement à sa capitale;

A l'importance d'attaquer primitivement, lorsque l'ennemi attend des renforts, celui de ses corps qui est le plus à portée d'être secouru;

A la nécessité d'avoir des moyens de subsistance, de bons points d'appui, des communications commodes et sûres, etc., nécessité qui influe naturellement sur l'opération du rassemblement des troupes, et par suite sur les convenances de la direction et de l'ordre à assigner aux différentes attaques;

Enfin, à la nature mixte du but d'une armée, but qui, en supposant celle-ci offensive, ne peut pas embrasser exclusivement la ruine des forces actives de l'ennemi, mais doit tendre encore à l'occupation d'une partie importante de son territoire et principalement de sa capitale.

Sans entrer dans des explications plus détaillées, on peut conclure des observations précédentes, que, vu le grand nombre et la diversité des intérêts qu'il faut prendre en considération pour attaquer, dans l'ordre le plus convenable, les parties séparées d'une armée sur un théâtre de guerre, le choix de cet ordre doit être souvent très délicat à faire.

En stratégie et en tactique, les difficultés d'appli-

On peut en conclure encore, que les difficultés d'appliquer, en stratégie, la seconde vérité capitale, ont pour conséquence de rendre incertaine la direction qu'il convient de donner successivement aux principales masses agissantes, ou, si l'on veut, la position des objectifs sur lesquels il faut agir successivement avec des forces supérieures à celles de l'ennemi.

quer les vérités capitales ont pour principales conséquences de rendre incertaine la position des objectifs sur lesquels il convient de battre successivement l'ennemi avec des forces supérieures.

Quant à la partie qui concerne la tactique, dans l'application de la susdite vérité, elle offre des difficultés analogues à celles signalées dans la stratégie, relativement à l'ordre dans lequel il convient d'attaquer les diverses parties de la ligne ennemie, pour que le succès de la première attaque puisse contribuer le plus puissamment à celui des autres et à faire atteindre le but complexe auquel on vise. Seulement, le rapprochement beaucoup plus grand des corps ennemis sur leur ligne de bataille que sur leur front d'opérations, et la difficulté qui en résulte de contenir longtemps un quelconque d'entre eux avec des forces sensiblement inférieures, rendent plus douteux, dans les opérations que nous considérons ici, le triomphe d'une faible armée par la tactique que par la stratégie, et modifient, en les rendant plus saillans, les avantages et les inconvéniens des attaques centrales ou autres, en ce sens, qu'en cas de succès on tient, pour ainsi dire, l'ennemi sous la main pour l'accabler, et qu'en cas de revers on a au contraire peu de chances de lui échapper.

Indépendamment des difficultés précitées, qui ont

Difficultés du meilleur emploi des différentes armes en tactique.

pour conséquence de rendre incertain, dans une bataille comme dans une opération stratégique, le choix des objectifs sur lesquels il convient de porter et de faire agir successivement des forces supérieures à celles de l'ennemi, il existe encore sur un champ de bataille la difficulté de mettre ses troupes en action de la façon la plus habile et la plus avantageuse, sur les points où elles doivent combattre, c'est-à-dire, celle qui est inhérente au meilleur emploi des trois armes, infanterie, cavalerie et artillerie, qui composent les armées.

L'expérience seule de la guerre est impuissante à les lever.

Preuves et motifs.

Or, ce qui prouve à la fois que cette question du meilleur emploi des trois armes est épineuse, et que l'expérience de la guerre est impuissante à la résoudre, à elle seule, d'une manière satisfaisante; ce sont les doutes, les désaccords et, l'on peut ajouter, certaines erreurs dans lesquelles beaucoup de généraux, les plus habiles et les plus expérimentés, sont relativement à elle, et qui portent principalement sur les ordres les plus convenables à adopter pour l'attaque et pour la défense, et sur la part d'importance et d'effet qu'il faut attribuer à l'artillerie dans l'une et l'autre de ces dernières.

C'est qu'en effet, ces incertitudes, ces dissentimens, ces erreurs, sont une conséquence naturelle de l'état d'imperfection où se trouvent, comme nous le verrons tout à l'heure, les connaissances des hommes de guerre, relativement à l'artillerie, dont les ressources et les effets ne peuvent guère être appréciés à leur exacte et entière valeur que par les hommes spéciaux du métier, et dont la science complète s'acquiert bien mieux par les études sérieuses et approfondies du cabinet, et les enseignemens d'expériences particulières qui peuvent rigoureusement s'observer, que par les leçons le plus souvent insaisissables du champ de bataille.

Conclusion relative à l'art pratique de la guerre.

Sans aller plus loin, il est permis de conclure de ce qui précède, qu'eu égard à la nécessité d'observer de la façon la plus avantageuse, dans toutes les opérations militaires, les deux vérités capitales ci-dessus énoncées, l'art pratique de la guerre doit être un art excessivement difficile et délicat. Ses applications, en effet, se trouvent assujetties à toutes les faiblesses, à toutes les inconséquences, à toutes les contradictions, à toutes les erreurs de la nature humaine.

Les généraux les plus habiles ont des défauts et commettent des fautes.

Si les généraux les plus habiles possèdent ces défauts à un degré moindre que les chefs médiocres, ils sont loin cependant d'y échapper entièrement; et il n'est pas rare de trouver dans leurs opérations des fautes palpables, sans qu'il soit permis de conclure pour cela que ceux qui les découvrent et les signalent ne les auraient pas commises, mais par la simple raison qu'il est beaucoup plus facile de juger une entreprise lorsqu'elle est achevée, que de la bien conduire à travers les impressions saisissantes des champs de bataille, et lorsqu'on ne connaît qu'imparfaitement une partie des données dont elle dépend.

La manière d'agir des plus grands capitaines, loin d'être toujours soumise à la saine raison et aux bonnes règles de l'art, n'est parfois que le résultat de leurs dispositions physiques et morales et de leurs inspirations du moment. Tantôt audacieux et imprudens, tantôt circonspects et timides, sans que la différence des circonstances justifie toujours cette opposition dans leur conduite, ces chefs, dans maintes circonstances, s'exposent à un blâme mérité et montrent dans l'exécution de leurs entreprises des déterminations contradictoires.

Si, malgré leurs erreurs palpables et leurs contradictions manifestes qui sont aussi des fautes, les généraux célèbres remportent des victoires nombreuses et signalées qui leur procurent finalement de grands avantages, cela tient d'abord à ce qu'ils se trompent moins souvent et moins gravement que leurs adversaires; cela tient ensuite à la supériorité avec laquelle ils exécutent leurs projets, supériorité qui a une influence prédominante sur les résultats des entreprises militaires, et dépend, avant tout, des qualités des troupes intimement liées à l'habileté et à la fermeté existantes et reconnues de leur chef; cela tient enfin au grand ascendant moral que les antécédens de la victoire donnent sur l'ennemi pour les événemens à venir.

Quand un chef d'armée a su conquérir la confiance de ses soldats; qu'il les a rendus actifs, vigilans et braves; qu'il possède lui-même un courage personnel à toute épreuve, et de plus le courage de la responsabilité; qu'il est doué d'un caractère ferme, tenace, sans entêtement et calme au milieu des plus grands dangers; qu'il a de l'imagination, un grand esprit d'expédiens et beaucoup d'activité; que, sans pousser la résolution jusqu'à l'imprudence, il est cependant plutôt entreprenant que timide, il a les plus grandes chances d'obtenir des succès à la guerre. En effet, s'il projette des entreprises au-dessous de ses ressources, il les mènera incontestablement à bonne fin, et si parfois ses tentatives excèdent un peu les limites raisonnables qu'il conviendrait de leur assigner, eu égard aux moyens d'exécution dont il dispose, l'extrême bonté de ceux-ci et son imagination, son esprit d'expédiens, lui viendront en aide pour le tirer d'embarras, et peut être pour le faire triompher dans des circonstances ou de moins habiles eussent infailliblement trouvé leur perte.

Les qualités qui constituent les grands capitaines, sont des qualités natives perfectionnées par la méditation et l'étude.

Or, il est à remarquer que les qualités que nous venons d'énumérer, et qui constituent le grand général en lui donnant le talent, le génie, l'instinct de la guerre, sont des qualités natives dont une partie est susceptible de se perfectionner par la méditation et l'étude, et par lesquelles les qualités qui s'acquièrent exclusivement par l'expérience sont complètement éclipsées.

C'est là ce qui explique comment les plus grands capitaines des temps anciens et modernes, Alexandre, Scipion, Annibal, César, le grand Condé, Frédéric II, Napoléon, se sont révélés maîtres dès leur début, et comment certains d'entre eux ont jeté, dans leurs premières entreprises, le plus vif éclat de leur gloire.

Ainsi, tout en faisant la juste part que, dans les succès des opérations militaires, il convient d'attribuer à l'expérience qui procure les connaissances utiles du maniement des troupes, du mécanisme de leur organisation, de leur entretien, de leurs mouvemens, et, sous certains rapports aussi, instruit dans l'art important de les bien mener au combat, on est forcé de reconnaître que les qualités prédominantes d'un général en chef, de même que certaines notions essentielles concernant la tactique des trois armes, ne peuvent s'acquérir par elle, et sont le résultat exclusif des faveurs de la nature, et le fruit de l'étude et de la méditation.

Telles sont à peu près les conclusions à tirer d'une analyse rapide des difficultés de la guerre, relativement à l'art de la pratiquer sur le terrain.

Cela posé, examinons quelles sont les conséquences naturelles des mêmes difficultés par rapport à l'art écrit, art que nous diviserons en deux parties distinctes : la relation critique ou apologétique des opérations, et la discussion et l'établissement des principales règles ou vérités propres à les faire bien diriger.

SECTION II.

De l'Art de la guerre dans les écrits.

PARAGRAPHE PREMIER.

Relation critique ou apologétique des opérations.

SOMMAIRE.

Qualités essentielles pour raisonner avec justesse sur les opérations militaires. — Examen de diverses catégories d'écrivains. — On peut raisonner sensément et écrire utilement sur les opérations de la guerre, sans l'avoir pratiquée. — Il convient de n'accepter qu'avec réserve les jugemens des critiques militaires.

Qualités essentielles pour raisonner avec justesse sur les opérations militaires.

Pour raisonner avec justesse sur les opérations militaires, il faut d'abord connaître exactement toutes les circonstances de ces opérations ; il faut ensuite posséder un bon jugement et un caractère rigoureusement impartial. La difficulté de rencontrer des hommes qui remplissent convenablement toutes les conditions que nous venons d'énoncer, donne la mesure de la rareté des bons écrivains militaires.

Un chef d'armée rendant compte de ses opérations.

Considère-t-on un chef d'armée qui rend compte de ses opérations, il se trouve dans les meilleures conditions possibles pour connaître toutes les données de la question qu'il traite, toutes les particularités des circonstances dans lesquelles il a agi ; mais les intérêts de sa responsabilité et de son amour-propre sont incontestablement de nature à porter préjudice à son impartialité.

S'il a été malheureux, il est porté naturellement à se justifier de ses fautes aux dépens de la vérité; et s'il a été favorisé par la fortune, bien qu'il ait généralement peu d'intérêt à n'être pas véridique, il possède rarement assez d'abnégation d'amour-propre et de désintéressement, pour faire au hasard, aux faits en dehors de la volonté et des prévisions du chef, la part qui leur revient toujours, à un degré plus ou moins élevé, dans les succès de la guerre.

Un homme de guerre n'ayant pas participé aux opérations sur lesquelles il écrit.

S'agit-il d'un homme de guerre écrivant sur des opérations auxquelles il n'a pas pris part, il se trouve, pour les juger, dans de meilleures conditions d'impartialité que le chef qui les a conduites; mais il faut convenir qu'il ne peut connaître aussi bien que celui-ci tous les détails des circonstances dans lesquelles les événemens se sont passés, et qui ont pu exercer des influences plus ou moins grandes sur les déterminations qu'il convenait de prendre. Quoi qu'il en soit, comme la méditation de récits verbaux dignes de foi, et l'étude sérieuse et comparée de bonnes relations écrites, peuvent l'amener à apprécier complètement les données principales de la question et convenablement les données secondaires; comme le chef qui a dirigé les opérations peut, ainsi que nous l'avons observé, n'être pas d'une entière franchise, ou, si l'on veut, d'une rigoureuse impartialité dans l'exposition détaillée des faits et des causes d'influence qu'il connaît; nous ne pensons pas que ce dernier, en supposant qu'il ait été heureux, mérite, en thèse générale, dans ses écrits, une confiance bien plus grande que l'autre; et nous affirmons au contraire qu'il en est tout différemment s'il a éprouvé des revers.

Un écrivain n'ayant pas l'expérience pratique de la guerre.

Le fait de n'avoir jamais pratiqué la guerre est, incontestablement, pour l'écrivain militaire une cause le rendant moins digne de confiance que celui qui, toutes choses égales d'ailleurs, aurait pour lui l'expérience des choses sur lesquelles il écrit; cependant il serait injuste et faux d'affirmer qu'un écrivain placé dans les conditions défavorables de l'inexpérience pratique, est impropre à émettre de bonnes opinions, à prononcer des jugemens empreints d'équité et de raison sur les opérations de la guerre.

Il résulte, en effet, de la clarté, de la simplicité d'énoncé, et du nombre restreint des grands principes qui régissent l'art; de cette vérité ci-dessus reconnue, que la bonne conduite des opérations militaires dépend bien plutôt des qualités natives du chef qui les dirige, que de celles qu'il peut acquérir par l'expérience, et est principalement une affaire de sain raisonnement, d'heureux instinct et de tact; il résulte de cette autre vérité que l'expérience, loin de tout apprendre, est au contraire impropre à procurer certaines notions importantes concernant le meilleur emploi des troupes dans le combat; et que, parmi les enseignemens qu'elle donne, beaucoup d'ailleurs sont des faits acquis et à la portée de tout le monde; il résulte, disons-nous, de ces vérités, qu'avec un jugement impartial et droit, une intelligence suffisamment développée, le goût de l'art militaire et l'étude sérieuse de ses opérations, on peut apprécier convenablement, sans connaître tous les rouages de son mécanisme, les efforts et les effets de cette puissante et intelligente machine qui s'appelle une armée, et juger si ces effets répondent à la grandeur des moyens qui les ont produits, si ces efforts atteignent le but auquel ils devaient tendre. Sans remonter aux écrits remarquables d'Onosander, de Végèce et d'autres écrivains militaires des temps passés, qui ne pratiquèrent pas le métier des armes, on ne contestera pas, à l'époque présente, le mérite des premiers ouvrages du général Jomini, bien qu'il les écrivit avant d'avoir acquis l'expérience des champs de bataille; et on ne reprochera pas non plus au célèbre auteur de l'*Histoire de la Révolution Française* d'avoir mal raisonné sur les grandes opérations de la guerre, qu'il n'a pourtant jamais faite. Les mêmes causes générales de difficultés existant pour le chef d'armée qui agit sur le terrain et pour l'écrivain militaire qui écrit dans le cabinet, les effets de ces causes doivent être semblables pour l'un et pour l'autre; et de même qu'on rencontre des généraux doués pour la guerre d'une aptitude instinctive qui leur permet de bien opérer sans expérience pratique, de même on doit rencontrer des écrivains qui, sans avoir fait par eux-mêmes ou vu faire sous leurs yeux des applications de l'art militaire, en raisonnent cependant sensément et produisent des écrits recommandables et dignes de considération.

On peut raisonner sensément et écrire utilement sur les opérations de la guerre sans l'avoir pratiquée.

Quoi qu'il en soit, et quels que soient les titres à l'estime, d'un écrivain militaire quelconque, ayant ou n'ayant pas l'expérience pratique de la guerre, rendant un compte raisonné d'opérations qu'il a dirigées en personne ou auxquelles il est resté étranger, on ne saurait, il faut bien le dire, avoir dans ses opinions et ses jugemens une foi aveugle et absolue; et il convient de se tenir à cet égard dans une prudente réserve, parce qu'en raison des difficultés extrêmes de leur tâche, les plus habiles sont sujets à se tromper.

Il convient de n'accepter qu'avec réserve les jugemens des critiques militaires.

Les principales de ces difficultés, dans la relation critique ou apologétique des opérations militaires, comme dans les applications de l'art sur le terrain, tiennent naturellement à l'existence des différentes manières de faire la guerre et de mener à bonne fin une même entreprise, et à la nécessité de choisir entre elles celle qui, dans des circonstances et pour une armée données, est la plus propre à faire observer simultanément et le plus avantageusement possible les deux vérités capitales ci-dessus énoncées.

PARAGRAPHE II.

Discussion et établissement des principales règles de la théorie.

SOMMAIRE.

Puissance bornée de la théorie. — Motifs. — Ce que peut la théorie pour la conduite des grandes opérations. — Nature et portée de ses principes. — Elle est susceptible de s'étendre et de se perfectionner par l'étude et le raisonnement. — Insuffisance de l'expérience de la guerre. — Du meilleur emploi des troupes dans le combat. — L'expérience est impuissante à résoudre la question, mais des connaissances spéciales acquises par la méditation et l'étude peuvent aider à le faire. — Preuves et exemples. — Conclusion. — Imperfection de la science théorique. — Moyens d'y porter remède. — Conditions d'aptitude à signaler et à corriger certains de ses défauts. — Pour contribuer à son perfectionnement, il n'est pas indispensable d'avoir l'expérience pratique de la guerre.

Puissance bornée de la théorie.

Relativement à la partie théorique de l'art écrit, les difficultés succinctement analysées ci-dessus de l'art pratique indiquent assez l'insuffisance des secours que l'on peut attendre d'elle; car il est évident que ces difficultés n'existent que parce que la théorie est impuissante à les aplanir.

Motifs.

Cette impuissance de la théorie s'explique naturellement par l'impossibilité où elle se trouve d'embrasser et d'apprécier, dans des principes qui, par essence, doivent être explicites, absolus et fixes, le nombre infini de causes morales et matérielles qui ont de l'influence sur les opérations militaires. Il en résulte que, parmi les moyens d'exécution susceptibles d'être employés dans un cas donné et qui sont variables avec des armées et des chefs différens placés dans des circonstances identiques, aussi bien qu'avec les mêmes chefs et les mêmes armées placés dans des circonstances différentes, la théorie ne peut indiquer sûrement les moyens les meilleurs pour appliquer, de la façon la plus convenable et la plus avantageuse, les deux grandes vérités que nous avons établies comme bases.

La difficulté extrême, pour ne pas dire l'impossibilité, d'apprécier à sa rigoureuse valeur la part d'importance revenant à chacun des élémens multiples qui ont de l'influence sur les entreprises, empêche non seulement d'établir des maximes simples, sûres et complètes, qui indiquent directement et infailliblement à chaque chef d'armée, d'après les données de sa situation particulière, les points d'un théâtre de guerre ou d'un champ de bataille qu'il doit considérer comme objectifs principaux, et sur lesquels il faut qu'il dirige et fasse agir successivement des forces supérieures à celles de l'ennemi, mais encore de réduire à un petit nombre la quantité de considérations nécessaires à embrasser dans une circonstance donnée.

Ce que peut la théorie pour la conduite des grandes opérations.

Tout ce que la théorie peut faire pour la conduite des grandes opérations, de celles qui, concernant la Stratégie et une partie importante de la Tactique, ont pour but de diriger les principales forces agissantes d'une armée sur les objectifs les plus convenables, se borne à ce qui suit :

Elle peut, dans des cas simples choisis pour types,

cas bien caractérisés, nettement définis et desquels sont élaguées toutes les considérations secondaires, donner des indications générales sur les avantages et les inconvéniens respectifs de tel ou tel mode d'opérations; mais sans fournir les moyens d'apprécier la valeur relative de ces inconvéniens et de ces avantages, dans des cas particuliers se rapprochant plus ou moins des cas pris pour types; sans offrir aucune garantie sûre de succès pour une application quelconque; sans prescrire aucune règle absolue, dont l'observation entraîne forcément une façon particulière d'agir.

Nature et portée des principes de la théorie.

Les principes, renfermant implicitement ces indications, et en général tous ceux qui sont susceptibles de servir de guides dans les applications de l'art de la guerre, doivent être simples, évidens comme des principes mathématiques, reconnus par tous, déduits plutôt d'un sain raisonnement, de la connaissance des hommes et du mobile de leurs actions, que de l'observation des faits souvent contradictoires et difficilement appréciables de l'histoire militaire.

Des combinaisons ingénieuses et justement faites de ces principes, de leurs déductions logiques, doivent émaner, pour chaque chef d'armée et sous sa responsabilité personnelle, s'il en fait une mauvaise application, les règles directrices de sa conduite dans la détermination des objectifs stratégiques ou tactiques qui sont à sa propre convenance, et, en général, dans toutes ses opérations.

Ces principes, inaptes à embrasser toutes les causes ayant de l'influence sur le résultat des événemens, seront loin d'apprendre tout ce qu'il faudrait savoir dans chaque circonstance particulière, pour régler sûrement ses projets et ses moyens d'exécution de la manière la plus rationnelle et la plus avantageuse : ils ne préserveront pas les chefs d'armée de commettre, en dehors d'eux, des erreurs et des fautes préjudiciables; ils ne permettront pas toujours, eu égard aux limites de leur étendue et aux causes d'influence qui leur échapperont, d'assigner exactement et d'une manière irrécusable les motifs des succès et des revers, et de distinguer infailliblement, dans les discussions soulevées à ce sujet, l'opinion de la raison d'avec celle de l'erreur; mais ils seront d'un secours réel à tout général doué de jugement et de perspicacité, qui appréciera justement et impartialement l'état des choses, sa situation propre et celle de l'ennemi, et apprendront tout ce que l'étude, l'expérience et la science théorique peuvent apprendre relativement à l'application pratique d'un art, dont les difficultés sont aussi grandes et les limites aussi peu précises et aussi variables que celles de l'art de la guerre.

S'il est permis d'affirmer, d'après l'examen sérieux des immenses difficultés qu'elle a à vaincre, que la science théorique restera toujours impuissante à désigner sûrement, en toutes circonstances, les objectifs les plus convenables à adopter dans les opérations stratégiques et tactiques; on ne saurait affirmer de même que, sous ce rapport et dans le système général de guerre usité maintenant, elle a atteint son apogée, qu'elle a exposé toutes les vérités susceptibles d'éclairer la question, fourni tous les enseignemens, tous les moyens qu'elle pouvait fournir; enfin, qu'elle a dit son dernier mot.

La science théorique est susceptible de s'étendre et de se perfectionner, en ce qui concerne la conduite des grandes opérations.

Ses ressources, en effet, sont manifestement susceptibles de s'étendre et de se perfectionner dans certaines limites; et pour en donner en passant une preuve que nous trouvons frappante, nous citerons une vérité incontestable dont ne parlent pas les traités d'art militaire, bien qu'elle ait pourtant une grande portée, que ses applications soient de nature à procurer de grands avantages principalement en Tactique, et que la réalisation de ces avantages doive avoir, dans beaucoup de circonstances, une influence décisive sur le choix des objectifs à adopter.

Exemples.

Cette vérité évidente d'elle-même, que nous développerons ultérieurement suivant son importance, et que nous citons ici sans commentaire, parce qu'on peut avec un peu de réflexion en prévoir les applications, consiste :

En ce qu'entre deux corps de troupes, d'une diffé-

rence donnée de forces, le corps le plus fort a d'autant plus de chances de vaincre le plus faible, que ces deux corps sont moins considérables.

Les ressources de la théorie devant nécessairement augmenter avec celles des moyens d'exécution, nous dirons encore, à l'appui de notre assertion, que la science théorique, au point où elle est arrivée, n'insiste pas assez sur l'immense avantage de la grande mobilité des troupes; ne tire pas de cet avantage tout le parti qu'elle pourrait tirer pour ses prescriptions générales relatives aux grands mouvemens des armées; ne s'occupe pas, dans ses prescriptions de détails, des moyens praticables d'augmenter cette mobilité, dont l'accroissement réalisable est cependant de nature à amener son perfectionnement et à faire cesser, dans beaucoup de cas de guerre, des incertitudes fâcheuses relativement à la position des meilleurs objectifs.

Secours que peuvent apporter à la théorie, l'étude et le raisonnement.

Sans entrer en ce moment dans la citation d'un plus grand nombre d'exemples, on voit, par ce que nous venons de dire, que l'étude et le raisonnement sont susceptibles d'apporter à la Théorie, pour ses prescriptions relatives au choix des meilleurs objectifs, comme pour son perfectionnement général, des secours que ne peut lui donner la seule expérience de la guerre.

Insuffisance de l'expérience de la guerre.

Celle-ci, en effet, offre dans ses résultats généraux

trop de faits contradictoires, pour qu'il soit permis d'en tirer, relativement à la conduite des grandes opérations, des conclusions importantes et suffisamment justifiées, et son concours, dont on ne saurait nier l'utilité, doit servir principalement à établir les vérités élémentaires concernant la bonne organisation des armées, leur entretien, la durée probable de leurs mouvemens à travers des chemins plus ou moins difficiles, et suivant qu'elles sont plus ou moins nombreuses, plus ou moins embarrassées d'équipages et d'empêchemens de toute nature, etc.

Comme ces vérités élémentaires, enseignemens de l'expérience pratique, sont des notions acquises à tout le monde, et sur l'application desquelles il n'est guère possible, avec un peu d'esprit d'observation, de commettre de graves erreurs, il est permis de tirer de ce qui précède cette conclusion que nous tenons à établir:

Que pour émettre des idées susceptibles de contribuer au perfectionnement de la partie importante de la science théorique, embrassant la direction des opérations stratégiques et tactiques sur les objectifs les plus convenables, il n'est pas indispensable d'avoir fait la guerre et d'avoir acquis l'expérience personnelle des champs de bataille.

Du meilleur emploi des troupes dans le combat.

Quant à la branche de la théorie, concernant le meilleur emploi des troupes sur les points où elles doivent agir et qui est du ressort de la tactique, nous avons déjà avancé ci-dessus que la question de cet emploi est fort délicate et difficile, et qu'on peut conclure des doutes, du désaccord et des erreurs dans lesquels beaucoup de généraux des plus habiles et des plus expérimentés sont relativement à elle, que l'expérience de la guerre est impuissante à la résoudre convenablement.

L'expérience de la guerre est impuissante à résoudre la question.

Pour convaincre de l'existence des causes dont cette conclusion est la naturelle conséquence, nous citerons, entre autres, la question si controversée du meilleur ordre à adopter pour marcher à l'attaque des positions ennemies et dans laquelle, pour les circonstances générales, les uns préfèrent l'ordre profond, comme ayant plus d'ordre, de consistance, de vitesse et de force d'impulsion; et les autres, l'ordre mince comme moins exposé au tir de l'artillerie ennemie, comme embrassant plus de terrain et étant plus susceptible de préparer par ses feux la réussite de l'attaque à la baïonnette.

Preuves.

Nous citerons encore les doutes et l'embarras dans lesquels les partisans de l'ordre profond se trouvent relativement à la profondeur exacte qu'il convient de donner aux colonnes d'attaque, pour que, d'une part, elles aient assez de solidité et de vigueur d'impulsion, et que de l'autre elles possèdent une mobilité convenable et ne soient pas trop en prise aux feux de l'ennemi.

Nous citerons enfin cette erreur si commune, de recommander invariablement aux troupes d'infanterie et de cavalerie de rester liées entre elles coude à coude ou botte à botte, soit qu'elles attendent dans l'immobilité le moment de donner, soit qu'elles marchent à une attaque; lorsque, dans le premier cas, une semblable disposition ne peut servir presque exclusivement qu'à faire tuer inutilement un grand nombre d'hommes; lorsque, dans le second, cette disposition indispensable pour enlever la position attaquée au moment où on y arrive, ne l'est nullement quand on en est encore éloigné, qu'on n'a rien à craindre d'une surprise et que la disposition différente qu'on aurait adoptée permettrait d'ailleurs de passer rapidement à celle-là; lorsqu'enfin, dans ce même cas, il serait le plus souvent possible de s'épargner, sans inconvéniens, la moitié des pertes auxquelles on est exposé depuis le point de départ jusqu'à trois cents ou quatre cents mètres de l'ennemi, en laissant entre les hommes d'un même rang de petits intervalles d'environ un demimètre, de manière à présenter au feu une masse ayant autant de vide que de plein.

Utilité de connaissances spéciales acquises par la méditation et l'étude pour la solution des questions concernant le meilleur em-

Si l'expérience de la guerre est impuissante à venir au secours de la théorie, pour la solution de la plupart des questions irrésolues qui se rattachent au meilleur emploi des trois armes dans les batailles, comme en général pour l'extension du domaine de la science théorique, il n'en est pas de même des connaissances spéciales qui s'acquièrent par l'étude et par la méditation.

ploi des trois armes.

Preuves et exemples.

Nous allons montrer, en effet, qu'à l'aide de ces connaissances il est possible de jeter une plus grande lumière sur les trois questions précitées, de lever en partie les doutes dont la résolution des deux premières est l'objet, et de faire ressortir clairement l'erreur dans laquelle beaucoup se trouvent relativement à la troisième.

Les motifs principaux auxquels il faut attribuer le désaccord des généraux et des écrivains militaires sur la première question, motifs qui empêchent de la trancher et rendent oiseuses les discussions soulevées à son sujet, tiennent à ce que les partisans de l'ordre mince ou de l'ordre profond n'envisagent cette question que sous un point de vue vicieusement restreint, et en outre à ce que leurs assertions, pour défendre leur système ou attaquer le système opposé, sont trop vagues et dénuées de preuves positives.

Ainsi disent les partisans de l'ordre mince et des feux :

Un ordre d'attaque en lignes déployées embrasse et couvre une grande quantité de terrain; il a moins à souffrir du tir de l'artillerie ennemie qu'un ordre d'attaque en colonnes plus ou moins profondes; les décharges nombreuses de mousqueterie qu'il permet d'exécuter contre l'ennemi, avant de l'aborder à la baïonnette, doivent jeter le désordre dans ses rangs et rendre sa défaite plus facile.

Ces raisons, sans doute, ont du bon; mais ceux qui les donnent ne tiennent pas compte de l'extrême difficulté de marcher avec ordre et ensemble en lignes déployées, de la consistance, de la mobilité, de la force d'impulsion qui conviennent essentiellement à une disposition de troupes d'attaque et que ne possèdent manifestement pas de semblables lignes; en outre, ils ne songent pas à établir positivement, comme ils devraient chercher à le faire pour justifier leur opinion et la présenter sous le jour le plus favorable :

Que les pertes totales éprouvées par une ligne déployée, marchant à l'attaque d'une position, depuis son point de départ jusqu'à son point d'arrivée, et en tenant compte des différentes espèces de tir que l'ennemi peut employer contre elle, doivent être, en général, moins considérables que celles qu'éprouveraient des colonnes d'une raisonnable profondeur formées avec le même nombre de troupes;

Que l'avantage qu'ils attribuent aux lignes déployées de pouvoir diriger contre l'ennemi un grand nombre de feux de mousqueterie avant de l'aborder à la baïonnette, est un avantage bien réel et non pas illusoire, et que le dommage matériel et moral, que dans l'arrêt de leur marche ces lignes doivent causer à l'ennemi, est bien manifestement supérieur à celui qu'elles doivent éprouver elles-mêmes par le feu de ce dernier.

D'un autre côté, voici le thème des partisans d'un ordre d'attaque raisonnablement profond, pour soutenir leur opinion et combattre celle de leurs adversaires :

Il faut, disent-ils, pour enlever une position ennemie, adopter une disposition d'attaque qui ait de l'ordre, de la solidité, de la vitesse et de la force d'impulsion, et telle n'est pas celle de troupes déployées en lignes, mais bien celle de troupes formées en colonnes.

Pour enfoncer une ligne de l'ennemi ou s'emparer d'un point important qu'il occupe, il ne faut pas, disent-ils encore, à moins de circonstances exceptionnelles, perdre son temps à tirailler avec lui, mais marcher droit et rapidement au but; parce que rien n'est plus propre à imposer qu'une détermination aussi hardie; parce que d'ailleurs, dans le temps qu'on passerait à s'arrêter, à apprêter les armes, à faire feu et à se remettre en marche, on éprouverait soi-même plus de dommages qu'on n'en ferait subir à un adversaire immobile et tout préparé.

On ne saurait contester qu'il y ait encore du vrai dans ces affirmations-là; mais, de même que les partisans de l'ordre mince et des feux, les partisans de l'ordre profond ne songent pas à combattre leurs contradicteurs sur le seul terrain commun où, à cause de la précision des allégations des uns et des autres, ils pourraient le faire d'une façon décisive, sous un point de vue important. Ils ne cherchent pas, en un mot, à démontrer numériquement et contrairement à l'opinion de leurs adversaires :

Que, dans les circonstances générales de la guerre, les pertes totales qu'une colonne raisonnablement profonde doit éprouver par le feu de l'ennemi, et principalement par celui d'une batterie d'artillerie tirant à boulet et à mitraille, conformément au meilleur emploi de cette arme, depuis son point de départ jusqu'à celui où elle aborde l'ennemi, ne sont pas sensiblement plus fortes que celles qu'éprouverait une ligne déployée, formée du même nombre de troupes;

Que, pendant le retard qu'elle est forcée de mettre dans sa marche, pour s'arrêter, apprêter ses armes, faire feu et se remettre en mouvement, une ligne déployée marchant à une attaque doit éprouver généralement des pertes considérables, qui ne peuvent être compensées par celles qu'elle fait elle-même subir à l'ennemi.

Cela posé, si, mettant à part la considération des convenances à remplir par un ordre d'attaque, sous le rapport de l'union de ses parties, de sa solidité, de sa vitesse et de sa force d'impulsion, etc., convenances auxquelles les ordres minces et les ordres profonds satisfont à des degrés dont il n'est pas possible de préciser la différence, parce que cette appréciation n'est pas une affaire de calcul, mais de sentiment et de tact; si, disons-nous, à part cette considération, on était bien nettement fixé sur les points plus facilement saisissables que nous venons de signaler; la question de la valeur relative des ordres minces et des ordres profonds serait, sinon résolue, du moins éclairée d'une vive lumière. Or, cette lumière peut être produite par la connaissance de résultats en quelque sorte mathématiques, déduits de l'application du calcul des probabilités aux effets connus du tir des différentes armes.

Des observations analogues aux précédentes peuvent être faites relativement à la question si embarrassante, pour les partisans de l'ordre profond, de fixer exactement la profondeur convenable à donner aux colonnes d'attaque; et cette question est susceptible d'être vivement éclairée par le calcul numérique des effets probables d'une batterie d'artillerie judicieusement employée, contre des colonnes d'attaque d'un même nombre déterminé de troupes, et qui seraient ployées sur six ou sur neuf, ou sur douze, etc., hommes de profondeur.

Enfin, au sujet de la troisième question, l'application du calcul des probabilités aux effets des armes à feu, et cette vérité d'expérience que ces armes ont dans leur tir, aux différentes distances, un maximum d'écartement latéral qu'elles ne dépassent pas, démontrent :

Que les pertes éprouvées par une troupe d'attaque, dont le front dépasse en étendue le double de cet écartement, sont très-sensiblement proportionnelles à la quantité de surface que les hommes d'un même rang occupent sur la partie de leur front correspondante à ce double écartement ; et que c'est par conséquent une erreur fort préjudiciable de forcer les hommes à rester liés entr'eux, coude à coude ou botte à botte, lorsque, comme il arrive souvent, on peut s'en dispenser sans dangers et sans inconvéniens.

Conclusion.

De tout ce qui précède, il est permis de tirer les conclusions suivantes, tant relativement à la conduite des grandes opérations de la Stratégie et de la Tactique, que relativement à la question de l'emploi le plus convenable des trois armes, aux points où elles doivent agir, sur un champ de bataille :

Imperfection et état incomplet de la science théorique.

1° La science théorique, dans son état actuel, est imparfaite, incomplète et susceptible de perfectionnement et d'extension.

Impuissance de l'expérience de la guerre à y porter remède.

2° L'expérience de la guerre ne peut amener ce perfectionnement et cette extension, et paraît aussi impuissante à augmenter le nombre des vérités directrices susceptibles d'éclairer directement ou indirectement la question si épineuse du choix des meilleurs objectifs stratégiques ou tactiques, qu'à lever les doutes, à signaler les erreurs, dans lesquels les généraux les plus habiles et les plus expérimentés se trouvent relativement à la meilleure manière de mettre les troupes en action sur les points où elles sont destinées à combattre.

3° Sous le rapport du bon choix des objectifs, l'étude et le raisonnement sont susceptibles de procurer à la Théorie des secours que ne peut lui donner l'expérience pratique de la guerre. Sous celui du meilleur emploi des trois armes, les doutes et les erreurs dont nous venons de parler, tenant en grande partie à une appréciation mauvaise et incomplète, à un défaut de connaissance des effets de l'artillerie et de la mousqueterie, ne peuvent être, quant aux premiers, levés en totalité ou en partie, quant aux secondes, entièrement déracinés, que par l'établissement exact de ces effets et à l'aide de preuves, pour ainsi dire mathématiques, déduites de l'application du calcul des probabilités à des faits notoires et irrécusables d'expérience.

Secours que la théorie peut tirer de notions acquises par l'étude et le raisonnement.

Les doutes et les erreurs répandus sur le meilleur emploi des trois armes, tiennent en grande partie à une mauvaise appréciation et à un défaut de connaissance des effets de l'artillerie.

4° Pour être entièrement apte à apprécier et à établir, avec une rigoureuse exactitude, les effets de l'artillerie, et fournir les preuves que nous venons de mentionner, il faut connaître, dans tous leurs détails, les ressources de cette arme, et avoir fait de toutes les sciences qu'elle embrasse une étude spéciale et approfondie.

Conditions d'aptitude à lever ces doutes et à détruire ces erreurs.

5° Enfin, les perfectionnemens et l'extension de la science théorique de la guerre, tant en ce qui concerne l'art de diriger successivement les troupes sur les objectifs les plus convenables, qu'en ce qui est relatif à celui de les mettre le plus habilement en action sur les points où elles doivent combattre, n'exigent pas impérieusement l'expérience pratique du champ de bataille; et on peut, sans avoir fait la guerre, émettre, relativement à ses opérations, des opinions et des vérités susceptibles d'être utilement appliquées.

CHAPITRE II.

BUT ET PLAN DE L'OUVRAGE.

SOMMAIRE.

But général de l'ouvrage. — Sa composition comprenant trois parties.

Plan de la première partie : Établissement du but général de la guerre, et analyse des difficultés principales que présente, pour atteindre ce but, l'exécution d'une entreprise, depuis son commencement jusqu'à sa fin. — Preuves et confirmation de toutes les assertions données dans les considérations générales qui précèdent. — Défense de ces assertions contre l'opinion de M. le général Jomini, qui leur est contraire, et analyse critique du principe que le célèbre écrivain donne comme le principe fondamental de l'art de la guerre. — Énumération des vérités importantes qui ont paru les plus aptes à servir de guides dans la conduite des opérations militaires.

Plan de la deuxième partie : Développemens et démonstrations des vérités directrices énoncées dans la première partie; appréciation de leur application. — Revue rapide de quelques-unes des principales guerres de la république et de l'empire, rendant lesdites vérités plus frappantes en en montrant la confirmation et les applications.

Plan de la troisième partie : De la bonne organisation des armées et des conditions générales auxquelles elle doit être soumise. — Étude du meilleur emploi des trois armes dans le combat. — Examen des ressources et de la tactique de chaque arme en particulier et des trois armes réunies. — Reconnaissance d'imperfections et d'erreurs, et recherche des moyens d'y remédier. — Moyens praticables d'augmenter la mobilité des troupes d'infanterie; nécessité de modifier pour ces troupes certaines manœuvres de l'ordonnance actuelle. — Recherche des moyens de perfectionner le mode usité et inefficace d'éclairer les armées par la cavalerie. — De la meilleure allure à adopter pour les charges de cavalerie. — Convenance de distinguer à cet égard les différentes espèces de cavalerie, et surtout les charges qui s'exécutent contre l'infanterie et celles qui s'exécutent contre la cavalerie. — Recherche des meilleurs ordres d'attaque et de défense, basée sur la connaissance des effets de l'artillerie. — Ressources et importance prédominantes de l'artillerie contre un ordre d'attaque donné. — Manière dont la question a été résolue. — Résultats principaux des investigations faites sur la tactique de l'artillerie. — Appréciation du degré d'influence qu'ont sur les opérations de la guerre, la direction des bases et des lignes d'opérations et la configuration des ordres de bataille. — Le général Jomini exagère parfois l'importance de ces élémens. — Aperçu général des modifications probables qu'amèneront dans l'art de la tactique les nouveaux et puissans moyens d'action que vient de conquérir l'artillerie.

Quel doit être le meilleur système général d'opérations dans les guerres à venir? — Analyse succincte de la question. — Complication et difficultés qu'elle présente. — Présomptions relatives à la solution générale.

Les considérations qui viennent d'être exposées renferment implicitement les raisons principales, qui nous ont à la fois décidé à prendre la plume et tracé le but de notre ouvrage.

But général de l'ouvrage.

Ce but, dans sa généralité, a été de faire ressortir et de démontrer, avec les développemens qu'elles comportent, les vérités essentielles énoncées dans les considérations précédentes; de signaler les défauts, les imperfections et les lacunes les plus notables de la science actuelle de la guerre, et d'en indiquer, autant que possible, le remède, qui se trouve en partie dans l'extension plus grande et dans la propagation des connaissances relatives aux ressources, aux effets et au bon emploi de l'artillerie.

Sa composition comprenant trois parties.

La composition de notre ouvrage a été la conséquence naturelle de son objet. Il a été formé de trois parties.

Sommaire de la première partie.

Établissement du but général de

Dans la première, après avoir donné la définition générale de l'art de la guerre, établi son but principal et posé les conditions essentielles à remplir pour atteindre ce but, nous avons cherché à faire ressortir clairement toutes les difficultés à vaincre pour satisfaire à ces conditions; et, pour nous mettre en harmonie de vue avec la généralité des écrivains militaires, nous avons ramené les difficultés en question à celles de diriger et de mettre successivement en action, avec le plus d'habileté possible, les principales forces agissantes d'une armée sur les objectifs les plus convenables pour elle.

la guerre et analyse des difficultés principales que présente, pour atteindre ce but, l'exécution d'une entreprise, depuis son commencement jusqu'à sa fin.

A cet effet, nous avons fait une analyse complète et détaillée des opérations les plus importantes dont se compose une entreprise de guerre, depuis son début jusqu'à sa fin. Cette analyse nous a démontré d'une manière irrécusable toute la vérité des assertions données dans les considérations qui précèdent, tant relativement aux difficultés de bien mener les opérations militaires dans la pratique, que relativement à celles de les bien juger dans les écrits, et d'établir les principes ou vérités théoriques dont l'application peut servir à les bien diriger.

Preuves et confirmation de toutes les assertions données dans les considérations générales qui précèdent.

Sous ce dernier rapport, nous avons été obligé de reconnaître, comme une conséquence logique de l'examen consciencieux auquel nous nous sommes livré, que les limites dans lesquelles les règles de la théorie peuvent aider à lever les difficultés de l'art de la guerre sont fort resserrées; qu'il est impossible d'établir des principes assez généraux, et en même temps assez complets, pour indiquer directement et sûrement à chaque chef d'armée les objectifs les plus convenables sur lesquels il doit diriger et faire agir successivement des forces supérieures à celles de l'ennemi, et que tout ce que la science théorique peut faire à cet égard, c'est d'indiquer un certain nombre de vérités simples, irrécusables, applicables à tous, susceptibles d'aider les généraux en chef dans le choix des meilleurs objectifs qui leur sont propres, mais tout en leur laissant pour ce choix une grande latitude, tout en leur laissant à vaincre des difficultés fort nombreuses, fort graves et de nature à induire en erreur les plus habiles et les plus expérimentés.

Défense des assertions susdites contre l'opinion de M. le général Jomini, qui leur est contraire, et analyse critique du principe que le célèbre écrivain donne comme le principe fondamental de l'art de la guerre.

Ces conséquences de notre analyse des difficultés que présentent les opérations militaires, se trouvant en opposition avec le sentiment émis par un des écrivains militaires les plus justement renommés, M. le général Jomini, nous avons été conduit naturellement à défendre nos opinions contre les siennes. M. Jomini rattache les principales causes des succès et des revers à la guerre, à l'observation ou à l'inobservation d'un grand principe fondamental, dont il prétend les applications faciles, et qui consiste :

« 1° A porter, par des combinaisons stratégiques, le » gros des forces d'une armée, successivement sur les » points décisifs d'un théâtre de guerre, autant que » possible sur les communications de l'ennemi, sans » compromettre les siennes;

» 2° A manœuvrer de manière à engager ce gros de » forces contre des fractions seulement de l'armée en» nemie;

» 3° Au jour de la bataille, à diriger, également par » des manœuvres tactiques, le gros de ses forces sur » le point décisif du champ de bataille, ou sur la partie » de la ligne ennemie qu'il importerait d'accabler;

» 4° A faire en sorte que ces masses ne soient pas » seulement présentées sur le point décisif, mais qu'elles » y soient mises en action avec énergie et ensemble, de » manière à produire un effort simultané. »

Nous avons donc examiné la maxime ci-énoncée, avec un soin scrupuleux, et de notre examen nous avons cru pouvoir tirer la conclusion suivante :

D'après la définition même que M. Jomini donne des points décisifs, les première et troisième prescriptions de son principe manquent de clarté, de précision, de rigoureuse exactitude, et ont besoin d'être modifiées dans leurs termes.

L'application de ce principe nécessite la résolution de grandes difficultés, que le célèbre écrivain, malgré ses assertions, ne donne pas les moyens de lever, et qui la rendent parfois si délicate et si épineuse, qu'il est impossible de reconnaître d'une manière bien précise comment elle doit s'effectuer.

Enfin la maxime de M. Jomini qui, dans son esprit général, et sauf les imperfections de son énoncé et les restrictions qu'elle exige, n'est en définitive qu'une déduction des vérités simples établies ci-dessus, pouvait manifestement donner un enseignement lumineux et utile, lorsque, dans leur incurie à déduire les conséquences de ces vérités, les armées s'attaquaient en détail, sur tout le développement de leurs fronts. Mais dans l'état actuel de la science militaire, et après les leçons si patentes données par Napoléon, cette maxime constitue plutôt une vérité en quelque sorte évidente d'elle-même, comme celles dont elle dérive, et à peu près morte pour l'art, ou si l'on veut, l'indication vague d'un but à poursuivre, qu'une règle-mère, d'une portée et d'une utilité fort grandes pour la conduite des opérations militaires.

Énumération des vérités importantes qui ont paru les plus aptes à servir de guides dans la conduite des opérations militaires.

Cela posé, revenant aux vérités simples et incontestables d'elles-mêmes ou clairement démontrées, qui seules, et dans des limites restreintes, peuvent aider les généraux en chef dans le choix des objectifs qui sont le mieux appropriés à leurs armées, nous avons terminé la première partie de notre ouvrage par l'énumération de celles de ces vérités qui nous ont paru les plus importantes, sans nous occuper des vérités de détail se rapportant au meilleur emploi des trois armes sur le champ de bataille, et que nous nous sommes proposé d'établir dans la troisième partie de notre travail concernant plus particulièrement leur tactique.

Sommaire de la deuxième partie.

Parmi les vérités simplement énumérées à la fin de

la première partie, et dont la plupart sont incontestables d'après leur seul énoncé, plusieurs, généralement admises, nous ont semblé n'être pas appréciées à leur juste valeur; et quelques-unes nous ont paru ou contestées ou ignorées, ou admises tacitement, mais sans être mentionnées dans les classiques militaires.

Développemens et démonstrations des vérités directrices énoncées dans la première partie; appréciation de leur importance et des chances principales de leur application.

Nous avons dû en conséquence nous attacher à donner sur ces dernières vérités tous les développemens qu'elles comportent; à insister, en la rendant manifeste, sur l'importance mal jugée des unes; à démontrer les autres en en faisant ressortir également l'utile application.

C'est ce qui a été l'objet principal de la deuxième partie de notre travail.

Pour remplir cet objet le plus complètement possible, nous avons, après avoir établi d'abord les vérités directrices de l'art et leurs corollaires, par le simple raisonnement et les déductions logiques de faits incontestables (comme il convenait de le faire pour n'avoir pas à recourir à des enseignemens d'expérience pratique, souvent contradictoires), cherché à rendre ces vérités sinon plus irrécusables, du moins plus frappantes, et à en montrer les constantes applications par de nombreux exemples tirés de l'histoire militaire.

Revue de quelques-unes des guerres les plus remarquables de

A cet effet, nous avons passé en revue quelques-unes des guerres les plus remarquables de la République et de l'Empire, et nous en avons analysé les

la République et de l'Empire, rendant lesdites vérités plus frappantes en en montrant la confirmation et les applications.

événemens les plus saillans, dans leur ensemble et dans leurs principaux détails; en en recherchant, dans des investigations scrupuleuses, les causes les plus essentielles et les plus décisives.

Rapprochant ensuite ces causes d'influence de celles de nos vérités directrices qui s'y rapportaient, nous avons reconnu, comme cela était inévitable, que leurs effets s'expliquaient toujours naturellement, et sans offrir de contradictions qui choquassent la raison et le bon sens, en admettant ces vérités dans leur simplicité et leur latitude; tandis qu'il n'en était pas de même lorsqu'on voulait rapporter la généralité des résultats des opérations de la guerre à la cause prédominante de l'observation ou de l'inobservation du principe donné par le général Jomini, comme le principe fondamental de l'art.

Sommaire de la troisième partie.

Enfin, la troisième partie de notre ouvrage a été principalement consacrée à l'étude et à la détermination des élémens entrant, comme parties constitutives, dans les vérités directrices précédemment établies et démontrées, mais simplement indiqués dans l'énoncé de ces dernières.

De la bonne organisation des armées et des conditions générales auxquelles elle doit être soumise.

C'est ainsi que nous avons été amené à nous occuper d'abord de la bonne organisation des armées et des conditions générales qui doivent la régir et la régler.

Étude du meilleur emploi des

Nous avons dû nous livrer ensuite, dans l'étude des causes qui ont une majeure influence sur le résultat des opérations tactiques et le gain des batailles, à celle du meilleur emploi des trois armes dans le combat.

trois armes dans le combat.

A cet effet, nous avons commencé par examiner chaque arme en particulier, par discuter à part l'organisation de chacune d'elles, ses ressources sur le champ de bataille, la tactique qui lui est propre, les circonstances les plus favorables à son emploi, et la manière dont il convient que cet emploi soit dirigé dans un cas et dans un but déterminés, pour produire les résultats les plus favorables.

Examen des ressources et de la tactique de chaque arme en particulier.

Supposant ensuite les trois armes appelées, deux à deux ou toutes les trois ensemble, à se prêter un mutuel appui sur le champ de bataille, nous avons recherché de quelle manière la tactique de chacune d'elles devait, suivant les circonstances, s'employer, se modifier et se plier au besoin à celle des deux autres, pour donner le résultat final le plus avantageux.

Examen de la tactique des trois armes réunies.

Cet examen nous a conduit à reconnaître, dans l'emploi généralement usité des trois armes, certaines erreurs et imperfections préjudiciables, que nous avons signalées, et dont nous avons cherché à indiquer le remède dans des vérités directrices spéciales, établies à cet effet et complémentaires des vérités plus générales exposées et développées dans les deux premières parties de notre ouvrage.

Reconnaissance d'imperfections et d'erreurs et recherche des moyens d'y remédier.

Dans le chapitre consacré à l'infanterie, prenant en importante considération la vérité relative à l'extrême

Moyens praticables d'augmenter la mobilité

des troupes d'infanterie ; nécessité de modifier, pour ces troupes, certaines manœuvres de l'ordonnance actuelle.

avantage d'obtenir dans cette arme une grande rapidité de mouvemens, nous avons insisté sur les moyens praticables d'augmenter la mobilité de ses troupes, de même que sur la nécessité de modifier certaines manœuvres de l'ordonnance actuelle, qui ne peuvent s'exécuter, dans beaucoup de circonstances, qu'avec une lenteur préjudiciable.

Recherche des moyens de perfectionner le mode usité et inefficace d'éclairer les armées par la cavalerie.

Dans le chapitre relatif à la cavalerie, ayant égard à un intérêt analogue au précédent et non moins important, celui d'éclairer sûrement les armées et de reconnaître de la manière la plus prompte et la plus complète tous les mouvemens de l'ennemi, nous avons cherché à indiquer les moyens les meilleurs d'arriver à ce résultat par l'organisation d'une cavalerie spécialement destinée à le produire, après avoir constaté par l'expérience de la guerre, que les moyens employés jusqu'à ce jour dans les armées d'Europe étaient généralement imparfaits et d'une efficacité insuffisante.

De la meilleure allure à adopter pour les charges de cavalerie.

Dans le même chapitre nous avons, par une analyse approfondie, cherché à jeter quelque lumière sur la question si importante, si controversée et si irrésolue, de la meilleure allure à adopter pour les charges de cavalerie, et nous croyons n'avoir pas entièrement échoué dans notre tentative. Le résultat de notre analyse et de nos investigations a été le suivant :

Convenance de distinguer, à cet égard, les diffé-

Au lieu de vouloir donner à la question une solution générale et uniforme pour toutes les circonstances, il convient au contraire d'établir, à son sujet, une distinction entre les différentes espèces de cavalerie, et surtout de distinguer les charges qui doivent s'exécuter contre des troupes d'infanterie, de celles qui s'exécutent contre des troupes de cavalerie. Relativement à ces dernières, nous sommes arrivé, par des raisonnemens sains et en quelque sorte mathématiques, à une conclusion importante que nous nous bornons à énoncer ici :

rentes espèces de cavalerie, et surtout les charges qui s'exécutent contre l'infanterie, et celles qui s'exécutent contre la cavalerie.

Toutes les fois que, dans l'exécution d'une charge contre des troupes de cavalerie, l'on n'a à prendre en considération que les meilleurs moyens de la faire bien réussir, l'allure qu'il convient le mieux de prendre pour charger, est celle qui permet de conserver le plus d'ordre et d'ensemble, cette allure fût-elle celle du petit trot (1).

Recherche des meilleurs ordres d'attaque et de défense basée sur la connaissance des effets de l'artillerie.

Nous avons aussi recherché, comme essentiellement inhérens au bon emploi des trois armes, et ayant une influence manifeste sur le résultat des batailles, les ordres d'attaque et de défense les meilleurs pour enlever de front une position ou la défendre.

(1) Cette vérité explique la juste prédiction du général Lassalle dans une circonstance où il culbuta, au petit trot, la cavalerie ennemie qui accourait au galop; mais on ne saurait en induire, comme M. Jomini semble le faire dans son *Précis sur l'Art de la Guerre* (vol. II, pages 251 et 252), que Lassalle fût, pour tous les cas, même pour ceux qui se rapportent aux attaques contre l'infanterie, un partisan des charges au trot.

A cet égard, nous nous sommes appuyé, pour ce qui concerne l'infanterie et la cavalerie, sur des résultats incontestables d'expérience et de calcul; résultats tirés de l'étude des effets de l'artillerie contre des formations de troupes données, et qui ont jeté sur la question, objet de tant de contestations et de tant de doutes, une lumière plus grande que celle qui l'a éclairée jusqu'à ce jour.

Le chapitre de l'artillerie a été naturellement l'objet de nos investigations les plus scrupuleuses, pour tout ce qui se rattache au domaine de l'art militaire.

Ressources et importance prédominantes de l'artillerie, généralement mal appréciées par les chefs d'armée.

Après avoir discuté et indiqué en détail le meilleur emploi de cette arme dans les principales circonstances de la guerre, nous avons cherché, dans une récapitulation générale, à en faire ressortir toutes les ressources et toute l'importance, malheureusement mal appréciées et imparfaitement connues par le plus grand nombre des généraux qui dirigent les armées: nous avons cherché, enfin, à justifier par des preuves cette conviction, profonde chez nous, qu'en employant l'artillerie comme savait l'employer Napoléon, en profitant en outre, comme on l'a fait en France, des enseignemens que l'expérience des dernières guerres et les applications de la science théorique ont donnés pour son perfectionnement, on doit trouver désormais en elle, pour la plupart des combats et des batailles, la cause prépondérante des succès et des revers.

Dans l'étude de la tactique et de l'emploi de l'artillerie, une question surtout a particulièrement fixé notre attention, parce qu'ainsi que nous l'avons observé plus haut, sa solution est propre à jeter de la lumière sur un point fort obscur et fort irrésolu de la tactique des deux autres armes, principalement de l'infanterie: nous voulons parler de la détermination numérique des effets probables de l'artillerie contre un ordre d'attaque de telle ou telle formation donnée, dans un terrain supposé uni.

Détermination numérique des effets probables de l'artillerie contre un ordre d'attaque donné. Manière dont la question a été résolue.

Voici de quelle manière cette question a été résolue:

On a commencé par déterminer, pour toutes les pièces de bataille, les espèces de tir les plus favorables à employer, aux différentes distances, contre des ordres d'attaque d'un même nombre de troupes, mais de formations diverses, en ayant égard

1° Au nombre probable de boulets, d'obus, ou de balles de mitraille, devant atteindre le front d'un ordre d'attaque donné, dans une salve d'un même nombre de coups;

2° A l'effet probable produit par chaque boulet, chaque obus, ou chaque balle de mitraille, eu égard à sa force d'impulsion;

3° A l'effet probable produit par l'explosion de chaque obus.

Cela posé, supposant une batterie composée d'un certain nombre de pièces et ayant un approvisionnement convenablement déterminé, chargée de défendre une position contre l'attaque d'une troupe donnée d'infanterie, on a considéré les différentes espèces de formations raisonnablement admissibles que cette dernière était susceptible de prendre, et calculé les effets probables que la batterie, tirant le plus favorablement possible, produirait contre chacune d'elles marchant à l'attaque avec une vitesse rationnellement réglée, depuis le commencement jusqu'à la fin de son tir.

Les résultats comparatifs obtenus de cette manière ont permis de juger quelle serait, pour enlever une position occupée par l'ennemi, la formation qui, suivant les probabilités, aurait le moins à souffrir du feu de son artillerie, et cette considération, jointe aux autres considérations de convenance qu'il est essentiel d'embrasser dans la question des meilleurs ordres d'attaque, a simplifié, en l'éclairant d'un nouveau jour, cette question si embarrassante, si controversée et si irrésolue.

Résultats principaux des investigations faites sur la tactique de l'artillerie.

En résumé, dans nos recherches et nos investigations sur la tactique de l'artillerie, nous avons eu pour but principal de faire connaître les ressources de cette arme, avec des détails qui, en indiquant, pour ainsi dire numériquement, les effets, permissent d'en régler toujours l'emploi de la manière la plus favorable aux circonstances; et les conséquences les plus saillantes de nos recherches ont été:

De procurer, relativement aux effets de l'artillerie,

des renseignemens, sous quelques rapports, plus justes, plus précis et plus complets que ceux connus jusqu'à ce jour; de détruire par là certaines erreurs existantes sur le meilleur emploi de l'arme dans plusieurs circonstances de guerre, notamment contre les diverses formations d'attaque, et d'indiquer pour l'artillerie française, particulièrement en ce qui concerne l'espèce de ses pièces et la nature de ses approvisionnemens, quelques modifications utiles, de nature à en perfectionner le système;

De détruire également certaines opinions erronées sur les dispositions les plus convenables à prendre contre l'artillerie par les troupes d'infanterie ou de cavalerie, soit que ces troupes soient exposées à ses effets dans l'attitude passive du repos, soient qu'elles veuillent s'emparer d'une position défendue par elle; et surtout de rendre plus facilement soluble, en l'éclairant d'une lumière plus vive, la question si obscure et si sujette à contestations des meilleurs ordres d'attaque. Le choix des bases et des lignes d'opérations, la configuration des ordres de bataille, ayant sur les opérations de la guerre une influence plus ou moins étendue, mais toujours réelle, nous avons essayé d'apprécier le degré de cette influence, en recherchant quelles étaient relativement à elle les conséquences de celles de nos vérités directrices qui pouvaient s'y rapporter. Il nous a paru ressortir de nos investiga-

Appréciation du degré d'influence qu'ont sur les opérations de la guerre, la direction des bases et des lignes d'opérations, et la configuration des ordres de bataille.

Le général Jomini exagère parfois l'importance de ces élémens.

tions, que le général Jomini, le plus zélé et le plus habile défenseur de l'importance des élémens indiqués, exagérait parfois cette importance, dans son désir de soumettre l'art à des règles qui l'affranchissent, autant que possible, des applications arbitraires; attribuait notamment une trop grande part à la configuration des ordres de bataille; distinguait parmi ces ordres un trop grand nombre d'espèces différentes, et enfin grossissait le domaine de l'art d'un nombre superflu de définitions et de prescriptions de détail, plus propres à embarrasser les esprits qu'à les éclairer.

Aperçu général des modifications probables qu'amèneront, dans l'art de la tactique, les nouveaux et puissans moyens d'action que vient de conquérir l'artillerie.

Nous avons enfin terminé la troisième et dernière partie de notre ouvrage par un aperçu général et raisonné des modifications probables qu'amèneront, dans la Tactique des batailles et dans l'organisation, la répartition et l'emploi des différentes armes dans les armées, les moyens nouveaux et puissans d'action que vient de conquérir l'artillerie; nous voulons parler de l'emploi facile et rendu exempt de dangers des fusées à la congrève, et de fusils qui, par certaines dispositions particulières, atteignent avec une incroyable justesse à des distances de 600 ᵐ et 800 ᵐ, sans être plus lourds, sans donner plus de recul que les fusils ordinaires, et, par suite, sans causer aucun dommage aux hommes qui les tirent.

On comprend que, sans y mettre de partialité de corps, nous n'ayons pu garder le silence sur des découvertes qui sont de nature à révolutionner l'art de gagner les batailles.

Pour compléter notre ouvrage, il eût été sans contredit d'un puissant intérêt de chercher à reconnaître, dans une discussion approfondie, quel sera, parmi les systèmes généraux d'opérations offensives, le système le plus fréquemment convenable pour les armées européennes dans les guerres à venir. Ce système sera-t-il modelé sur celui de l'empereur Napoléon, rapide, hardi, aventureux même, allant droit aux résultats les plus prompts et les plus décisifs, et ayant pour but principal et presque exclusif, la destruction des armées ennemies et l'occupation de leurs capitales? ou bien se rapprochera-t-il davantage du système plus méthodique, plus lent et plus circonspect, usité du temps de Gustave-Adolphe et de Frédéric II, où les armées, beaucoup moins mobiles, campaient au lieu de bivouaquer, et se faisaient une guerre de position, dont le but final était pour l'agresseur l'occupation ou la prise de quelque province ou partie de territoire appartenant à l'ennemi? ou bien enfin, participera-t-il à la fois des deux systèmes dont nous venons de parler?

Quel doit être le meilleur système général d'opérations dans les guerres à venir?

Mais cette question, comme il est facile d'en juger, nous eût entraîné trop loin et eût augmenté outre mesure les proportions d'un travail déjà fort étendu. Il nous semble, en effet, que pour la résoudre d'une

Analyse succincte de la question.

manière satisfaisante et à peu près complète, pour lui donner tous les développemens que comporte son importance, il aurait fallu établir une classification générale des différentes guerres offensives dans lesquelles leurs intérêts les plus patens peuvent, d'ici à un avenir raisonnablement limité, engager les principales nations de l'Europe; discuter quels devraient être, dans chacune de ces guerres, le but rationnel de l'agresseur et les meilleurs moyens à employer pour l'atteindre; enfin, tirer de ce long examen une conclusion générale et logique, relativement au système d'opérations qu'il serait le plus fréquemment convenable d'adopter dans les guerres à venir.

Or, pour mener à bonne fin la tâche difficile et compliquée que nous traçons ici en quelques mots, il eût été nécessaire de considérer à part chacun des principaux états de l'Europe, et de déterminer :

1° Quels sont ses intérêts de guerre et les buts vers lesquels ces intérêts doivent naturellement le pousser, en ayant égard à son organisation, à sa puissance, à la forme géographique et à l'étendue de ses possessions, soit en Europe, soit au-dehors, enfin aux causes générales qui peuvent être pour lui des causes d'agrandissement ou de prospérité;

2° Quels sont les intérêts contraires des autres états et les luttes probables qui peuvent résulter de ce conflit d'intérêts opposés ;

3° Quelles doivent être, dans chacune des combinaisons de ces luttes, les alliances naturelles formées en raison d'un lien d'intérêts communs, soit par l'État agresseur, soit par celui ou ceux que principalement il attaque;

4° Enfin, quel doit être, dans chaque cas, pour la nation qui entreprend une guerre offensive, le mode général d'opérations le plus avantageux et le plus rationnel, en ayant principalement égard à ses ressources propres, à celles de ses alliés, aux moyens et à la volonté de résistance de l'ennemi, à la position et à la configuration du théâtre de la guerre et, en résumé, au but qu'elle peut raisonnablement se proposer d'atteindre.

Complication et difficultés que la question présente.

Comme on le voit, il résulte de l'analyse succincte que nous venons d'en faire, que la question du meilleur système général d'opérations offensives dans les guerres à venir, si toutefois elle est susceptible d'une solution satisfaisante, est beaucoup trop difficile, trop compliquée et trop étendue, pour n'être pas comprise dans une cadre spécial exclusivement destiné à la renfermer.

Aussi, avons-nous renoncé à l'idée qui nous était d'abord venue de la traiter comme partie complémentaire de l'ouvrage que nous publions aujourd'hui.

Présomptions relatives à sa solution générale.

Mais nous pouvons, il nous semble, pressentir quelle eût été la conclusion générale du long examen auquel nous aurions pu nous livrer à cet égard.

En effet, d'une part, l'empereur Napoléon a enseigné aux nations de l'Europe un système de guerre nouveau, hardi, allant rapidement aux résultats décisifs, basé sur l'extrême mobilisation des armées, et ayant pour but principal la prompte destruction des forces actives de l'adversaire; destruction qui livrait nécessairement la nation attaquée au libre envahissement du vainqueur, à une époque où les troupes en campagne constituaient la presque totalité des moyens de résistance armée, et où les capitales, cœurs des États, n'étaient pas protégées par des obstacles formidables qui les missent à l'abri de l'occupation étrangère.

D'une autre part, l'expérience de la malheureuse campagne de Russie a démontré que le système général d'opérations offensives préféré par Napoléon, et plus profitable qu'aucun autre quand il était habilement dirigé par le grand capitaine contre des nations qui n'y étaient pas préparées, exigeait dans son emploi, à côté d'une grande résolution, une convenable réserve; qu'ainsi ce système ne pouvait s'appliquer sans dangers à des expéditions trop lointaines, où l'ennemi, se retirant sans engagemens décisifs, empêcherait d'atteindre dans un délai raisonnable, le but essentiel de défaire ses armées, et soumettrait l'assaillant au grave inconvénient d'avoir des lignes d'opérations démesurément profondes.

Enfin, depuis la paix, toutes les puissances continentales ont profité des leçons de la guerre pour multiplier et rendre formidables les obstacles qui s'opposent à l'invasion de leur pays, soit en augmentant considérablement leurs moyens de défense active par l'armement et l'organisation en milices, des citoyens ne faisant pas partie des troupes réglées; soit en fortifiant avec les secours de l'art les points les plus importans et les plus exposés de leurs territoires, et principalement leurs capitales.

Or, n'est-il pas permis de tirer de tous ces motifs réunis les conclusions suivantes?

La soumission complète et absolue d'une nation puissante et courageuse, par le double ascendant de la défaite de ses armées et de l'occupation de l'intégralité ou d'une partie considérable de son pays, et particulièrement de sa capitale, doit être regardée désormais comme une entreprise gigantesque et téméraire, à laquelle il n'est plus guère permis de songer.

A l'avenir, la guerre offensive devra généralement être moins envahissante, et avoir un but moins ambitieux que celle que fit Napoléon.

Tout en profitant des leçons données par le grand capitaine, et des perfectionnemens introduits dans l'art de la guerre, pour mener leurs entreprises avec toute la résolution, toute l'activité et toute l'habileté désirables, les chefs des armées offensives devront se contenter de conquêtes moins étendues, plus voisines, plus à portée de protection et de conservation que celles de l'Empire, et se borner en général à l'occupation d'une ou de quelques provinces appartenant à l'ennemi, et dont la perte puisse décider ce dernier à faire la paix. En un mot, le mode de guerre qu'il conviendra le mieux d'adopter, dans la généralité des circonstances de l'avenir, participera à la fois du système de Napoléon et du système moins impétueux, plus méthodique et plus approprié à la défensive, usité du temps de Gustave-Adolphe et de Frédéric II : du premier, par la rapidité, le caractère de vigueur des opérations stratégiques et tactiques, et la fixation de son but principal tendant à la destruction des armées; du second, par la nécessité de borner ses prétentions à des conquêtes de territoire raisonnablement limitées, et, quand on aura fait ces conquêtes, d'employer exclusivement ses soins et sa vigilance à les conserver, en ne combattant plus l'ennemi que pour repousser ses agressions, et employant d'ailleurs contre lui toutes les ressources énergiques et actives de l'art moderne.

ESSAI
SUR L'ART DE LA GUERRE.

PREMIÈRE PARTIE.

PREMIÈRE PARTIE.

CHAPITRE PREMIER.

De l'objet de la guerre. — Des conditions principales à observer dans ses opérations. — Des vérités directrices de l'art qui la concerne.

SOMMAIRE.

Définition de la guerre, de son but, de l'art qui la concerne. — Analyse du but d'une guerre défensive ou offensive, se décomposant en deux buts partiels qui doivent être poursuivis simultanément. — Recherche des conditions les plus importantes à remplir pour atteindre le but général d'une guerre. — Nécessité de mettre, dans toute entreprise, ses projets en accord avec les ressources dont on dispose pour les exécuter, comparées avec celles de l'ennemi. — Vérité primordiale relative au but spécial de défaire une armée ennemie, et distinction de deux espèces de moyens dont l'emploi peut servir à atteindre ce but, les uns matériels, les autres moraux. — L'emploi simultané des susdits moyens est de tous les modes d'action le plus puissant et le plus efficace. — Moyens de battre une armée ennemie, en appliquant la vérité primordiale qui concerne spécialement ce but. — Établissement des vérités capitales relatives à la conduite des opérations militaires. — L'art de la guerre consiste à faire, en toutes circonstances, l'application la meilleure des susdites vérités. — Opérations principales et répartition d'une armée sur un théâtre de guerre ou sur un champ de bataille. — Bases et lignes d'opérations; bases d'opérations éventuelles d'une armée offensive.

La guerre, son but, son art.

La guerre est la lutte armée de deux partis, dont l'un veut imposer par la force sa volonté à l'autre, qui la repousse également par la force.

Le but général de la guerre est, pour le premier parti, de soumettre l'ennemi, et, pour le second, de le contraindre à renoncer à ses projets. L'art qui la concerne et qui se divise en différentes branches, consiste à la préparer et à la conduire de manière à forcer son adversaire à une paix dont les conditions soient les plus avantageuses au vainqueur.

Plus une entreprise militaire est grande et plus elle exige aussi de sacrifices, plus elle offre de difficultés et de périls.

Il suit de là que, d'une part, pour pouvoir atteindre le résultat général auquel on vise, et, de l'autre, pour ne pas faire de sacrifices superflus, n'avoir pas à surmonter de difficultés trop grandes, ne pas s'exposer à des dangers inutiles; pour se placer, en un mot, dans les conditions les meilleures et se donner le plus de chances favorables, il faut, dans une guerre, régler son but et les moyens à employer pour l'atteindre, d'après un certain nombre de considérations différentes.

Au nombre de ces considérations doivent être mises en première ligne la puissance et les ressources relatives des deux partis opposés, les circonstances qui ont amené la guerre, et ont fixé sa nature et son degré d'importance et d'acharnement. Il ne convient pas de pousser ses prétentions aussi loin avec une nation puissante et forte qu'avec une nation faible, et de combattre pour la poursuite d'un intérêt secondaire, comme pour celle d'un intérêt vital, dans lequel serait engagé, par exemple, l'existence ou l'honneur du pays pour lequel on a pris les armes.

Sans nous occuper, pour le moment, de la fixation précise du but d'une guerre, en ayant égard à tous les élémens dont elle dépend, nous allons chercher à établir les conditions générales et les plus importantes à observer dans cette fixation, ainsi que dans la poursuite du but en question, conditions desquelles dérivent les règles fondamentales de l'art.

A cet effet, il convient de distinguer deux cas généraux, celui d'une guerre offensive et celui d'une guerre défensive.

Analyse du but d'une guerre défensive, pouvant se décomposer en deux buts partiels qui doivent être poursuivis simultanément.

Dans le dernier qui est le plus simple dans ses combinaisons, le but immédiat de celui qui se défend est de conserver son territoire et d'empêcher l'assaillant de s'en emparer. Or, le moyen le plus direct, le plus sûr et le plus efficace, sinon le moyen exclusif d'atteindre ce résultat, consiste à marcher à la rencontre de l'assaillant, à le combattre et à le vaincre. Si, en effet, l'on parvient quelquefois à arrêter une armée envahissante et à la faire rétrograder, en se jetant sur ses flancs et en menaçant ses communications, ou en envahissant son propre territoire, les circonstances dans lesquelles on peut raisonnablement opérer de la sorte constituent de rares exceptions.

En outre, tout en cherchant à battre et à repousser l'ennemi, l'armée défensive doit couvrir soigneusement la partie la plus importante de son pays et principalement sa capitale; car si cette partie se trouvait découverte, l'assaillant, après un succès majeur de ses armes, pourrait s'en emparer et acquérir ainsi un immense avantage pour la stipulation de la paix et les résultats de la campagne. Il est permis de déduire de là que le but d'une guerre défensive peut être, pour la généralité des circonstances, divisé en deux buts partiels, devant se poursuivre simultanément et consistant, savoir :

1° A défendre et à couvrir la partie la plus importante du territoire menacé par l'assaillant;

2° A battre l'armée ennemie.

Lorsqu'une armée qui gardait la défensive a atteint son double but primitif en battant son adversaire et l'obligeant à rétrograder, il ne faut pas qu'elle s'en tienne là : pour forcer celui-ci à renoncer à ses projets et à conclure une paix avantageuse pour elle, il convient qu'elle poursuive ses succès et cherche, à son tour, à le léser dans ses intérêts les plus chers, en s'emparant d'une partie de son territoire : mais il est à observer, qu'en complétant ainsi sa tâche conformément à son avantage et à la raison, l'armée en question change de rôle, et, de défensive qu'elle était, devient offensive.

Dans une guerre offensive, le but général de l'assaillant est de s'emparer d'une partie plus ou moins notable du territoire de l'ennemi, et de la conserver assez longtemps pour tirer de son occupation des avantages qui obligent celui-ci à demander la paix.

Analyse du but d'une guerre offensive, pouvant aussi se décomposer en deux buts partiels qui doivent être poursuivis simultanément.

Or, comme un semblable résultat ne peut manifestement être obtenu qu'après avoir battu préalablement les forces ennemies qui tiennent la campagne, il en résulte que le but général d'une guerre offensive peut se diviser, comme celui d'une guerre défensive, en deux parties distinctes, dont l'une est l'occupation opportune d'une portion plus ou moins considérable du territoire de l'ennemi, dont l'autre est la défaite de son armée.

Dans une guerre défensive, le but qui consiste à défendre et à couvrir la partie la plus importante du territoire menacé, ne peut être fixé d'avance d'une manière précise, parce qu'il est entièrement subordonné aux projets et à la conduite de l'adversaire. Il n'en est pas de même du but géographique d'une lutte offensive qui doit, autant que possible, être déterminé à l'avance.

Recherche des conditions les plus importantes à remplir pour atteindre le but général d'une guerre.

Cela posé, recherchons quelles sont ostensiblement les conditions générales les plus importantes et les plus immédiates à remplir pour atteindre convenablement l'objet d'une guerre, et examinons, de préférence, le cas d'une guerre offensive dans laquelle ces considérations sont le plus nombreuses et le plus compliquées.

D'abord, nous commencerons par observer qu'aucun des deux buts partiels dans lesquels se décompose le but général, ne peut être poursuivi à l'exclusion de l'autre et que tous les deux doivent, au contraire, être pris simultanément en considération sérieuse. Il faut que les opérations militaires soient dirigées en conséquence, de façon à satisfaire le plus avantageusement à l'ensemble de toutes les convenances, et il est possible que telle direction qu'il conviendrait le mieux de donner à une opération, sous le rapport de la poursuite de l'un des deux buts, doive être écartée parce qu'elle éloignerait trop de l'autre.

Les deux buts partiels, en lesquels se décompose le but général d'une guerre, doivent être poursuivis ensemble, et ne peuvent l'être séparément, l'un après l'autre.

Le but géographique ne peut pas être poursuivi isolément, avec une préoccupation exclusive, parce qu'il est impossible de s'établir solidement et sûrement sur le territoire de l'ennemi sans avoir préalablement battu et dispersé son armée.

Le but mobile consistant dans la défaite des troupes ennemies, et qui est le plus important et celui qu'il convient d'atteindre d'abord, parce qu'il facilite beaucoup les moyens d'arriver à l'autre qui, généralement, est à lui ce que l'effet est à la cause, ne peut pas l'être non plus, malgré l'intérêt prédominant qu'il présente.

Si l'ennemi, en effet, au lieu d'opposer une vigoureuse résistance et de chercher à couvrir et à défendre de front la partie la plus riche et la plus considérable de son territoire, battait en retraite à travers un pays pauvre, dénué de ressources et d'importance, sans vouloir accepter aucun engagement décisif, on s'exposerait, en le poursuivant indéfiniment pour le combattre, à marcher à l'aventure, en aveugle, sans savoir où l'on va, ni où on pourra s'arrêter : on verrait chaque jour diminuer ses ressources par la nécessité de garder ses communications, tandis que les ressources de l'ennemi en forces actives, iraient, au contraire, en augmentant ; et sans parvenir à imposer la paix, on pourrait, à cause de ces motifs réunis, essuyer facilement un grand désastre.

A la vérité, le cas que nous admettons ici d'une armée défensive, se retirant devant l'ennemi qui envahit son pays, sans le combattre avec acharnement, et en laissant découverte la partie la plus importante de son territoire, est excessivement rare.

Il arrive, en effet, généralement, que par le fait même que deux armées opposées ont à remplir un double but se rattachant, pour toutes deux, aux mêmes intérêts immédiats, l'armée offensive rencontre l'autre sur le chemin qui l'a conduit à peu près directement au but géographique qu'elle convoite, de sorte qu'une seule et même direction générale convient alors à ses opérations sous le rapport des deux buts qu'elle doit se proposer d'atteindre. Mais le cas précité, quoique rare, ou un cas analogue et ayant les mêmes conséquences, ne peut pas moins se présenter et suffit à établir que, pour forcer un ennemi à conclure la paix, on ne peut pas songer exclusivement à battre son armée.

Enfin, il est à observer encore à ce sujet, que lors même que les deux buts que doit se proposer une armée offensive, se trouvent placés sur la même direction générale, par le fait ordinaire de la retraite de l'ennemi vers ses possessions les plus importantes, il ne convient pas toujours de choisir sur cette direction générale, qui détermine une certaine zône de terrain, les directions particulières qui seraient les plus favorables pour défaire son armée, par la raison irrécusable que, dans maintes circonstances, un rapprochement opportun du but fixe, ayant, par exemple, pour résultat l'occupation d'une cité importante ou consistant dans une démonstration menaçante contre la capitale de l'ennemi, produit beaucoup plus de retentissement et d'effet qu'un nouvel échec essuyé par ses troupes.

Relativement à la détermination et à la poursuite du but géographique qui, ainsi que nous le verrons bientôt, ne peut guère, à un moment donné, être fixé d'une manière irrévocable; sans analyser ici toutes les causes qui doivent influer sur la façon convenable d'y procéder, il est à remarquer :

Que plus ce but sera grand et éloigné dans le pays qu'on veut envahir, plus sa réalisation aura d'influence pour décider l'ennemi à la paix, mais plus aussi elle présentera de difficultés et de périls et demandera de forces et de ressources de toute espèce;

Que plus ce but sera modéré et voisin, moins, pour l'atteindre, on aura de dangers à courir, de difficultés à surmonter, de troupes et de moyens à employer, mais moins aussi, en l'atteignant, on aura d'action et d'influence sur l'ennemi pour le déterminer à entrer en composition.

Il suit de là que, pour ne pas s'épuiser et se compromettre en s'imposant des difficultés trop grandes, et pour obtenir cependant le résultat auquel elle vise de forcer son adversaire à la paix, une armée offensive, prenant en considération principale ses ressources et celles de cet adversaire, doit fixer, autant que la chose est possible, le but géographique qu'elle veut atteindre, de manière qu'il ne soit ni trop éloigné ni trop rapproché de son point de départ ; qu'il ne dénote pas des prétentions exagérées, mais ait néanmoins une importance suffisante ; il faut qu'elle sache prendre un moyen terme convenable entre une détermination trop téméraire et une détermination trop timide ; il faut, en un mot, qu'elle sache mettre son projet en rapport avec les moyens dont elle dispose pour l'exécuter, comparés à ceux de l'ennemi.

Nécessité de l'accord entre les projets et les ressources dans la fixation et la poursuite du but général d'une guerre, et des buts

Cette nécessité de l'harmonie entre les projets et les ressources est une condition générale et essentielle de la bonne conduite des opérations militaires, aussi bien applicable à celles qui ont pour but mobile la défaite des troupes de l'ennemi, qu'à celles qui se rapportent

partiels en lesquels il se décompose.

particulièrement au but fixe de s'emparer opportunément d'une partie de son territoire.

En effet, d'un côté, s'il est manifeste que plus on battra complétement une armée, plus on aura, toutes choses égales d'ailleurs, de puissance pour lui imposer des conditions de paix avantageuses; il n'est pas moins évident que plus on voudra pousser au loin ses succès contre elle, plus il sera nécessaire d'y employer de temps et de moyens, plus on courra de chances de s'épuiser, et par suite, de n'être plus en mesure de garder solidement le territoire envahi.

On ne peut donc pas s'appliquer outre mesure à la destruction des forces ennemies, sans s'exposer en partie aux inconvéniens et aux dangers auxquels on s'expose en s'y acharnant d'une manière exclusive; et il faut d'autant plus éviter de le faire, que dans maintes circonstances, ainsi que nous l'avons observé tout à l'heure, un succès de plus contre ces forces peut n'être pas aussi avantageux pour la conclusion de la paix, que l'occupation opportune d'un point territorial important, ou même qu'un simple mouvement qui aurait pour conséquence de menacer un point semblable.

D'un autre côté, si l'on évite les inconvéniens que nous venons de signaler, en se contentant d'obtenir sur l'armée ennemie des avantages qui ne soient pas trop poussés à l'extrême, on ne saurait nier que ces avantages doivent néanmoins avoir un degré d'importance suffisant; parce que, s'ils étaient trop minimes, ils ne permettraient manifestement pas d'atteindre le but de forcer l'adversaire à la paix, en occupant et gardant, avec sûreté et pendant un temps convenable, une portion importante de son territoire.

Ainsi donc, il faut que dans la poursuite de son but mobile, comme dans celle de son but géographique, une armée offensive sache garder une juste mesure; que d'une part, poussant ses avantages d'autant plus loin que ses ressources sont plus grandes, et toujours assez loin pour acquérir un incontestable ascendant, elle ait, de l'autre, le tact de s'arrêter à temps pour ne pas se compromettre, pour ne pas s'épuiser et devenir impuissante à défendre sa conquête, pour ne pas perdre un temps précieux qui pourrait, parfois, être plus utilement employé d'une autre façon; il faut enfin, comme nous l'avons dit : *qu'elle sache établir un accord convenable entre la grandeur de son entreprise et celle des ressources dont elle dispose pour la mettre à exécution, comparées aux ressources de l'ennemi.*

Telle est la première condition à remplir dans la fixation même du but général d'une guerre aussi bien que dans l'exécution des opérations qui doivent y mener; condition qui ressort, immédiate et saillante, du premier aperçu analytique jeté sur la question, et dont l'énoncé peut être considéré comme une des vérités capitales de l'art militaire.

Sous le rapport de la détermination des entreprises,

la réalisation de cette condition est autant du ressort de la politique que de celui de la guerre.

Aux hommes qui ont dans leurs mains le gouvernement d'un État, elle doit servir de guide pour fixer, dans un cas extrême, ce qu'ils peuvent entreprendre avec la totalité de leurs moyens d'action, et pour établir, dans les circonstances générales, la mesure des moyens à créer, suivant le degré d'importance et d'intérêt d'une guerre, suivant les ressources de l'ennemi, et les résultats qu'ils veulent obtenir.

Au chef d'armée auquel les ressources sont confiées, à qui il est indispensable de laisser dans la conduite des opérations une grande latitude, et qui, après avoir éprouvé l'ennemi et s'être éclairé par l'expérience, peut être en désaccord avec les gouvernans sur le résultat précis qu'il lui est donné d'obtenir; elle doit servir de guide pour arrêter, autant que faire se peut, d'après ces ressources, le but général qu'il est possible d'atteindre; but qui peut être plus restreint ou plus grand que celui qui lui a été indiqué à l'avance, et dans la poursuite duquel, comme nous l'avons dit, il a à régler deux choses principales, à savoir :

Le degré convenable d'ascendant à acquérir par ses troupes sur les troupes ennemies, à la suite d'échecs subis par ces dernières;

L'occupation opportune d'un point du territoire ennemi, convenablement important.

A la partie du but général d'une guerre qui consiste

spécialement à défaire l'armée ennemie, et que nous avons reconnu la plus importante et la première à atteindre, se rattachent, outre la condition indiquée, d'autres conditions essentielles à remplir, plus précises dans leur énoncé que la précédente, et que nous allons chercher maintenant à établir dans une succinte analyse.

Vérité capitale relative au but spécial de défaire une armée ennemie. Recherche de ses conséquences.

Ces conditions sont celles qu'il faut observer pour faire, aux cas généraux de la guerre, l'application la meilleure de cette vérité incontestable et primordiale :

Que, pour battre une armée composée d'élémens inséparables entr'eux, et qui, réduite à la plus petite échelle, formerait, si l'on veut, l'unité de force armée, il faut l'attaquer avec une force d'une puissance intrinsèque plus grande que la sienne, et mettre cette force en action de la façon la plus habile et la plus avantageuse.

Pour déduire avec ordre les conséquences qui ressortent de cette vérité, relativement à la conduite des opérations militaires, il convient d'abord de bien l'expliquer, de la développer, et c'est ce que nous allons essayer de faire de la manière suivante :

Distinction de deux espèces de moyens dont l'emploi peut concourir à défaire une armée ennemie, les uns matériels, les autres moraux.

La valeur intrinsèque d'une armée se composant de deux forces distinctes, la force matérielle ou numérique et la force morale, il existe deux moyens différens dont l'emploi peut contribuer à la défaire.

Le premier de ces moyens consiste à la joindre et à l'assaillir avec des troupes plus nombreuses que les siennes ; le second, à abattre son moral par la nature particulière de l'attaque dirigée contre elle et essentiellement dangereuse pour son salut. Le dernier moyen, quand il peut s'employer, a généralement plus de puissance et d'efficacité que l'autre, non seulement pour le succès du moment, mais encore et principalement pour les résultats qui le suivent.

On ne saurait confondre les deux moyens en un seul, et admettre que l'effet moral produit sur des troupes ennemies soit toujours une conséquence nécessaire et exclusive du simple déploiement des moyens matériels qu'on peut leur opposer.

En effet, s'il est incontestable que le moral d'une armée soit influencé d'une manière favorable ou défavorable par le fait de sa supériorité numérique ou de celle de son adversaire; s'il l'est également que l'emploi exclusif du moyen matériel peut réunir et procurer à la fois les avantages des deux moyens contre des troupes peu aguerries ou déjà ébranlées que l'on met dans l'obligation de recevoir une bataille, il n'est pas moins évident, que ce n'est pas en abordant simplement une armée composée de bonnes troupes et possédant toute l'énergie de son caractère, avec des forces numériquement supérieures aux siennes, qu'on parviendra à exercer sur son moral une influence décisive.

D'ailleurs, en attribuant aux moyens matériels la part d'influence morale qui revient à leur emploi sur l'esprit des armées, il existe manifestement d'autres moyens d'agir moralement sur cet esprit, et l'on peut établir en thèse générale :

Qu'une armée quelconque recevra, de tout évènement qui menacera son salut et dont elle n'aura pas pu prévenir l'accomplissement, de toute attaque imprévue à laquelle elle ne sera pas en mesure de résister, une atteinte morale d'autant plus grave et plus préjudiciable à sa valeur intrinsèque, que ses troupes seront moins braves et moins aguerries, et que les conséquences de l'événement ou de l'attaque paraîtront plus immédiates et plus compromettantes pour elle.

Parmi les actions de guerre constituant des événemens importans susceptibles de menacer sérieusement l'existence d'une armée, et, par suite, d'affaiblir son moral, il en existe deux principales : la première s'accomplit en s'emparant des communications de cette armée et en lui coupant la retraite, ou tout au moins en l'assaillant sur un de ses flancs, de manière à lui faire craindre un semblable résultat; la seconde, en la coupant en deux et en interceptant les communications de ses deux parties, de manière que chacune d'elles, se voyant réduite à ses propres forces et ne pouvant plus compter sur le concours de l'autre partie, perde naturellement sa confiance, par le sentiment de son isolement et de sa faiblesse.

Quant à l'exécution des opérations destinées à produire de semblables événemens, et qui, suivant que l'ennemi est réuni en une masse compacte ou occupe un terrain étendu, s'adaptent plus avantageusement au but de s'emparer de sa ligne de retraite ou de couper son armée en deux, ce n'est pas le moment opportun de nous en occuper en détail. Nous nous bornerons à observer ici que, si l'adversaire est habile, actif et vigilant, et si, comme cela arrive le plus souvent, on ne peut menacer les communications qu'il possède sans compromettre plus ou moins les siennes propres, cette exécution n'est ni facile, ni exempte de dangers, et peut parfois, par son irréussite, produire un résultat totalement opposé à celui qu'on en attend, en portant une atteinte préjudiciable au moral même de l'armée qui l'a entreprise.

Relativement aux attaques imprévues, auxquelles l'ennemi n'est pas en mesure de résister, et qui le déconcertent et le troublent d'autant plus qu'elles sont dirigées avec plus de rapidité et de vigueur, nous ferons en ce moment les observations suivantes :

Surprendre et assaillir à l'improviste une armée ennemie doit être considéré comme une chose à peu près impraticable, par les mouvemens étendus et de longue durée qui s'exécutent sur le théâtre d'une guerre; lorsque le chef de cette armée et les généraux qui en commandent les grandes subdivisions sont actifs, vigilans, qu'ils ont su organiser de bons espionnages et s'éclairer convenablement par une intelligente répartition des troupes légères chargées d'observer leur adversaire.

Si une habile direction imprimée aux opérations stratégiques est fort susceptible d'amener des événemens qui portent atteinte au moral de l'ennemi, ceux-ci doivent être, en général, rangés parmi les événemens importans dont nous avons parlé tout à l'heure, et non parmi les attaques imprévues.

Les surprises du genre de celle qui réussit à Bonaparte, lors de son mémorable passage des Alpes en 1800, et dont il ne profita pas du reste pour attaquer rapidement l'ennemi disséminé dont il avait gagné les communications, sont excessivement rares, et pour ainsi dire exceptionnelles. Tout ce qu'on peut dire à cet égard dans des généralités, c'est que de semblables entreprises ont d'autant plus de chances de réussite que leur exécution est reconnue plus difficile.

Sur le terrain restreint d'un champ de bataille, une armée ne peut pas être, dans sa totalité, surprise et démoralisée par une attaque imprévue, puisque, se trouvant en présence de son adversaire, elle doit naturellement s'attendre à être attaquée si elle ne prend pas elle-même l'initiative de l'attaque; mais il n'en est pas de même d'une de ses parties.

En effet, généralement deux armées n'en viennent pas aux mains, dans le même moment, sur tout le développement de leurs lignes; ou du moins, les attaques, en chacun des points de ces lignes, ne sont pas également vigoureuses et également importantes. Or, si sur un point où l'ennemi a jugé qu'il serait momentanément ménagé, et où ses forces ne sont pas disposées pour opposer une résistance prompte et efficace, on exécute tout-à-coup, par des moyens énergiques et rapides, une vigoureuse attaque, il est plus que probable que l'étonnement et la crainte produits par elle démoraliseront et mettront promptement en déroute les troupes qui y seront exposées. Celles-ci, rejetées en désordre sur d'autres qui ne le sont pas, pourront les entraîner dans leur défaite, et le résultat final de la surprise partielle sera d'exercer une grande influence sur le sort de la bataille.

La distinction que nous venons d'établir, dans cet aperçu rapide, entre les principaux moyens matériels et moraux de battre une armée ennémie en s'attaquant aux deux forces différentes qui en constituent la valeur intrinsèque, indique d'une façon générale, en les séparant, les causes premières et les plus décisives des succès dans les opérations militaires.

L'emploi simultané des moyens d'action matériels et moraux est de tous les modes d'action le plus puissant et le plus efficace.

Il va sans dire que les moyens d'action les plus puissans et les plus efficaces étant incontestablement ceux qui résultent de la combinaison des moyens des deux espèces, un chef d'armée devra chercher à employer ceux-ci simultanément, toutes les fois qu'il pourra le faire, sinon sans compromettre en rien les forces matérielles et morales de son armée, du moins en assurant à cette dernière une valeur intrinsèque supérieure à celle qu'aura l'armée ennemie.

Le sens et la portée de la vérité primordiale énoncée ci-dessus se trouvant ainsi complètement expliqués et compris, recherchons les conditions principales de l'application la meilleure de cette vérité aux cas généraux de la guerre.

Nous distinguerons deux cas principaux :

1° Celui où l'on possède une armée numériquement supérieure à celle de l'ennemi;

2° Celui où l'armée que l'on commande est numériquement inférieure, ou tout au plus égale en nombre, à celle qui lui est opposée.

Moyens de battre une armée ennemie numériquement inférieure à celle que l'on possède, en appliquant la vérité capitale.

Dans le premier cas, si l'armée ennemie ne forme qu'une seule masse compacte et n'occupe pas une position exceptionnelle, par sa solidité et par les difficultés qu'elle présente à l'assaillant, la seule manière admissible d'employer contre elle les moyens d'action matériels, consistant manifestement à lui opposer toutes ses forces, l'application la plus favorable de la vérité susdite se réduit à choisir, parmi les moyens d'action moraux, ceux qui s'adaptent le mieux aux circonstances, et à employer ces moyens avec toutes ses troupes réunies.

Si l'armée ennemie se trouve divisée en deux ou trois corps sur le théâtre de la guerre, la meilleure application de la vérité capitale devient plus difficile et plus compliquée, par la raison que l'emploi simultané des moyens d'action matériels et moraux contre l'ensemble de cette armée présente des combinaisons plus nombreuses et plus variées, entre lesquelles l'option est plus délicate et plus embarrassante.

Toutefois, dans le cas particulier que nous examinons ici, le fait de la supériorité numérique que l'on possède sur l'ennemi simplifie la question, en ce qu'il permet de la décomposer en plusieurs questions partielles, semblables à celles que nous venons d'analyser et se résolvant, sinon d'une façon entièrement indépendante, du moins séparément, en opposant à chaque corps ennemi un corps plus nombreux destiné à le battre.

Cette combinaison, bien qu'elle ne soit pas toujours la meilleure et la plus avantageuse, est la plus simple, la plus naturelle, la moins hasardeuse et aussi la plus usitée. Seulement, en l'adoptant, il convient de régler de telle façon la mise en action de chaque masse particulière devant concourir au résultat général, que ce résultat soit le plus profitable possible, et de faire vigoureusement agir le premier, le corps opposé à celui de l'ennemi dont la défaite doit avoir le plus d'influence pour amener celle des autres parties de son armée.

Le point essentiel dans l'application de ce système est, comme il est facile d'en juger, de combiner et de diriger ses mouvemens et ses attaques, de manière qu'aucune de celles-ci ne porte à faux; c'est-à-dire que l'ennemi ne puisse, par une marche rapide, se dérober à aucune d'elles, paralyser par là une partie des forces de son adversaire, se trouver plus fort ou aussi fort que lui sur un point important, et y obtenir un avantage qui rétablisse l'équilibre.

Pour obtenir ce résultat, il faut, avant tout, déployer une grande activité et se tenir parfaitement et incessamment au courant de tous les mouvemens de l'ennemi, par un espionnage bien organisé et par de nombreux partis de cavalerie légère, audacieux et intelligens, dispersés en enfans perdus sur le théâtre de la guerre.

Moyens de battre une armée ennemie numériquement supérieure ou au moins égale à celle que l'on possède, en appliquant la vérité capitale.

Lorsqu'on a à combattre une armée numériquement supérieure, ou au moins égale à celle dont on dispose, les principaux moyens d'action morale contre cette armée sont les mêmes que dans les cas précédens, et consistent toujours, soit à l'attaquer sur ses derrières ou sur ses flancs, soit à la couper en deux, soit à la surprendre par une attaque imprévue à laquelle elle n'est pas en mesure de résister.

Seulement il est à observer que, toutes choses égales d'ailleurs, ces moyens produisant naturellement moins d'effet avec un petit nombre de troupes qu'avec un nombre considérable, et étant aussi de nature à compromettre d'autant plus l'armée qui en fait usage, que cette armée est moins nombreuse, ils doivent en général, et tout en demandant beaucoup de résolution, être employés ici avec plus de circonspection et de mesure que dans les cas où l'on a sur l'ennemi la supériorité numérique.

Quant aux moyens efficaces d'action matérielle dont l'emploi se fait en attaquant l'ennemi avec des forces plus nombreuses que les siennes, il est manifeste que, dans le cas actuel, on ne peut rendre cet emploi possible que de la manière suivante :

1° En forçant d'abord l'ennemi à diviser ses forces, s'il ne l'a fait préalablement de lui-même;

2° Les forces de l'ennemi se trouvant divisées, en réunissant rapidement et successivement sur les différens points où il se trouve, ou, du moins, sur les plus importans d'entre eux, des forces supérieures aux siennes, et en battant séparément ses différens corps, les uns après les autres.

Pour obtenir un résultat semblable, dont la réalisation est évidemment d'autant plus difficile qu'on a affaire à un adversaire plus habile, plus actif et occupant des positions plus rapprochées les unes des autres et même liées entre elles, il est clair qu'il est essentiel de déployer dans les opérations beaucoup d'adresse, de tact, de rapidité et d'énergie.

Relativement à l'exécution générale de ces opérations, il faut que les troupes que l'on veut y employer activement les premières soient concentrées sur une portion limitée du théâtre de la guerre, et à proximité du corps ennemi destiné à recevoir le premier choc ;

Il faut que ces troupes, par leur supériorité numérique et la rapidité de leurs mouvemens, puissent défaire et disperser ce corps assez promptement, pour que les autres corps ne puissent venir opportunément à son secours ;

Il faut enfin qu'après avoir battu le corps en question, elles se tournent sans délai et successivement contre les autres provisoirement observés et contenus, pour leur faire éprouver le même sort, en combinant leurs jonctions successives aux différentes troupes d'observation, de façon à se trouver partout dans les conditions favorables de la supériorité numérique relativement à l'adversaire.

Dans les calculs de l'esprit, la position qui apparaît comme la plus favorable pour atteindre le but que nous venons d'indiquer se trouve au centre des positions ennemies, d'où il semble que, rayonnant contre elles, on puisse battre séparément les corps qui les occupent, par des attaques rapides et faites dans un ordre judicieusement choisi. Mais il est à observer que, dans la pratique, l'occupation d'une position semblable présente souvent des inconvéniens, des difficultés et des dangers qui doivent y faire renoncer, dans le cas, que nous considérons, où l'on possède une armée numériquement inférieure à celle de l'ennemi.

Quoi qu'il en soit, sans nous occuper pour le moment de l'appréciation des difficultés majeures que présente un cas pareil, non plus que de l'importance prédominante qu'il y a à le traiter habilement, il est constant que, quand il se présente, il faut, pour appliquer le mieux la vérité capitale établie ci-dessus, savoir, parmi les moyens d'action matériels et moraux susceptibles d'être employés ensemble, découvrir la combinaison la plus avantageuse et l'adopter.

Établissement des vérités capitales relatives à la bonne conduite des opérations militaires.

Si l'on se reporte maintenant au but général d'une guerre, se subdivisant, ainsi que nous l'avons reconnu, en deux buts distincts qui doivent se poursuivre simultanément, et que l'on veuille récapituler les conditions premières et les plus importantes à remplir pour atteindre ces buts particuliers, et par suite le but général, on peut établir que ces conditions reviennent à appliquer à la conduite des opérations militaires les vérités suivantes, qui peuvent être considérées comme les vérités capitales de l'art :

Première vérité capitale.

1° Dans toute entreprise de guerre, il faut mesurer la grandeur de ses projets à celle des ressources dont on dispose pour les exécuter, comparées à celles de l'ennemi, et savoir mettre les uns en accord convenable avec les autres;

Deuxième vérité capitale.

2° Pour battre un corps d'armée ou une armée réunie, dont les différentes parties sont inséparables entre elles, il faut, autant que possible : d'abord l'assaillir avec une force d'une puissance intrinsèque plus grande que la sienne, en faisant concourir à la production de cette force l'emploi simultané de moyens d'action matériels et moraux, dont les uns consistent à aborder son adversaire avec une masse de troupes plus nombreuse que celle qu'il possède, et les autres à diriger contre lui une attaque qui, par sa nature, l'expose à un grand danger et ébranle son moral; ensuite faire combattre ses troupes, au point où elles en viennent aux mains, de la façon la plus habile et la plus avantageuse.

Troisième vérité capitale pouvant être considérée comme un corollaire de la précédente.

3° Pour avoir les plus grandes chances de battre et d'amener avantageusement à composition une armée opposée, dans les circonstances les plus difficiles et les plus importantes de la guerre où cette armée est numériquement supérieure, ou tout au moins égale à celle dont on dispose, il faut :

Premièrement, par d'habiles démonstrations menaçant l'ennemi sur les points qu'il a intérêt à couvrir, trouver le moyen de lui faire diviser ses forces, s'il ne l'a fait préalablement de lui-même;

Secondement, les troupes de l'ennemi se trouvant divisées, concentrer rapidement les siennes; assaillir successivement les uns après les autres, et assez rapidement pour qu'il ne puisse s'y opposer, ses divers corps isolés, ou du moins les plus importans de ces corps, avec des forces supérieures à chacun d'eux, en suivant l'ordre et le mode les plus avantageux pour atteindre le but général de la guerre;

Troisièmement, sur le champ de bataille, comme sur le théâtre de la guerre, avoir en vue de battre son adversaire par l'emploi simultané et la combinaison la meilleure des moyens d'action matériels et moraux : à cet effet, chercher à découvrir le point de sa ligne où une première et vigoureuse attaque présente, tout bien considéré, le plus de chances favorables; réunir à proximité de ce point, et le plus secrètement qu'on peut, une masse plus forte que la masse à combattre; contenir et paralyser momentanément celles des troupes opposées qui sont réparties sur les autres points, avec des forces moins considérables; choisir le moment opportun pour assaillir vigoureusement, et autant que possible à l'improviste, le premier point principal, et, ce point enlevé, les autres points pris dans l'ordre le plus avantageux, de façon à remplir le double objet d'attaquer l'ennemi, partiellement et successivement, avec des forces supérieures à celles qu'il est en mesure d'opposer, et de donner aux attaques ce caractère d'événemens imprévus qui rendent leur effet moral si efficace sur l'esprit des troupes qui les subissent;

Quatrièmement enfin, mettre les différentes espèces de ses troupes, se composant d'artillerie, d'infanterie et de cavalerie, en action dans le combat, de la façon la plus habile et la plus avantageuse.

La troisième de ces vérités capitales n'est, à proprement parler, qu'un corollaire détaillé de la deuxième, déduit en vue du but général d'une guerre; mais nous avons jugé convenable de l'énoncer ici avec tous les développemens que nous lui avons donnés, parce que, ainsi formulée, elle s'applique directement aux cas les plus difficiles et les plus importans, et renferme implicitement les prescriptions auxquelles il faut se conformer pour atteindre, dans une circonstance quelconque, le but, d'un intérêt prédominant, de défaire une armée ennemie.

L'art de la guerre, en ce qui concerne la conduite de ses opérations, consiste à faire, en toutes circonstances, l'application la meilleure des vérités capitales.

Cela posé, l'art de la guerre, en ce qui concerne la conduite de ses opérations, peut être regardé comme consistant à faire, dans les divers cas qui se présentent, et en vue du double but qui doit être poursuivi, l'application la meilleure des vérités que nous venons d'énoncer; et le talent d'un général en chef se déploie en dirigeant en conséquence les mouvemens stratégiques qu'il opère sur le théâtre de la guerre, ou les manœuvres tactiques qu'il exécute sur le terrain plus restreint du champ de bataille.

Une distinction bien précise et bien nette entre ces mouvemens et ces manœuvres étant nécessaire à l'intelligence de ce qui va suivre, nous allons chercher à l'établir avant d'aborder l'objet spécial de cette partie de notre ouvrage, qui est d'analyser les principales difficultés que présente l'application la meilleure des vérités capitales aux opérations de la guerre, et de faire ressortir la justesse des assertions données à cet égard dans les considérations générales placées ci-dessus.

Nous supposerons simplement le cas d'une lutte engagée entre deux nations voisines, l'examen de ce cas suffisant pour remplir notre but.

Opérations principales et répartition d'une armée sur un théâtre de guerre ou sur un champ de bataille.

En général, une armée se trouve répandue en différens corps sur un théâtre de guerre plus ou moins vaste, ou réunie sur le terrain beaucoup plus limité d'un champ de bataille.

Pour avoir une idée exacte de la répartition d'une armée sur un théâtre de guerre, il convient de distinguer deux cas principaux : celui où elle prend l'offensive, et celui où elle garde la défensive.

Bases et lignes d'opérations ; bases d'opérations éventuelles d'une armée offensive.

Dans le premier cas, elle a généralement sur ses frontières une base d'opérations couvrant son pays, composée d'un certain nombre de grandes forteresses qui contiennent de vastes magasins d'approvisionnemens, servent de dépôts à des troupes de réserve, et sont destinées à servir de réfuges en cas de revers.

De cette base part ordinairement une ligne d'opérations, c'est-à-dire une zône de terrain embrassant les cheminemens, les mouvemens et les combats de l'armée. Cette ligne se dirige vers le cœur du pays et contre ses défenseurs : sa largeur proportionnée à la force de l'armée, à l'étendue du territoire à envahir, et réglée, aussi en raison des ressources de celui-ci et du nombre de chemins praticables qu'il présente, peut être, pour pour fixer les idées, supposée moyennement de dix à vingt lieues.

Quelquefois, au lieu d'une seule ligne d'opérations, une armée offensive en adopte plusieurs, placées à des distances qui rendent indépendans les uns des autres les corps qui les suivent, bien qu'il convienne, par le fait qu'ils concourent à un but commun, que ces corps coordonnent ensemble les progrès et le mode général de leurs mouvemens. Mais, à moins d'avoir sur l'ennemi une grande supériorité numérique, à moins que la grande étendue du théâtre de la guerre ou des exigences impérieuses n'en imposent la nécessité, on ne peut suivre un semblable système sans inconvéniens et sans dangers, et pour ne pas laisser à son adversaire une faculté qui lui donne le plus grand avantage, celle de pénétrer avec des masses compactes entre des masses désunies, il convient, en général, d'adopter le moins de lignes d'opérations que l'on peut.

Quoi qu'il en soit, qu'une armée prenne une seule ligne d'opérations ou en prenne plusieurs, les combinaisons de ses mouvemens, de ses manœuvres, de sa répartition sur les différentes zônes de terrain qui les embrassent sont les mêmes, et il suffit de voir ce qui se passe généralement sur l'une quelconque de ces zônes, pour avoir une idée exacte de ce qui se passe sur toutes les autres, et, par suite, sur le théâtre de la guerre qui en est la réunion.

Chaque ligne d'opérations, outre sa largeur, a,

depuis sa base, un développement qui indique l'étendue des progrès faits par l'armée qui la suit. Lorsque ces progrès sont considérables, l'occupation simple de la ligne d'opérations ne suffisant plus pour préserver d'insultes les derrières de l'armée et assurer l'arrivée opportune des approvisionnemens et des troupes venant des dépôts de la base, on est obligé d'occuper de distance en distance, en travers de cette ligne, des bases d'opérations éventuelles, formées de quelques forteresses enlevées au pays ennemi, et établies, autant que possible, sur des fleuves ou des rivières dont elles assurent le cours aux troupes qui les possèdent.

Lignes de défense et lignes d'opérations d'une armée défensive.

Dans le cas où une armée garde la défensive, elle a également sur ses frontières une base qui forme sa première ligne de défense, dont nous supposerons l'étendue, fort variable du reste, d'une cinquantaine de lieues; et, en arrière de cette ligne, plusieurs lignes d'opérations déterminées à l'avance, parmi lesquelles elle adopte celles qui correspondent aux zônes des attaques choisies par son adversaire.

Ces lignes d'opérations conduisent à une ligne de défense située dans l'intérieur du pays, qui, couvrant généralement la partie du territoire qu'on a le plus d'intérêt à garder et principalement la capitale, est, à cet effet, approximativement perpendiculaire aux lignes d'opérations de l'ennemi auquel elle barre le passage; mais qui, parfois aussi, est oblique à ces dernières et a pour but d'empêcher l'adversaire de s'avancer, en menaçant ses communications.

Cette seconde ligne de défense, si le pays a de la profondeur et présente des ressources pour la défensive, mène quelquefois à une troisième ligne, liée à la précédente par des lignes d'opérations destinées à la retraite progressive des corps d'armée, et les dispositions de la défense se succèdent ainsi de ligne en ligne, jusqu'à ce qu'on arrive au point du pays qu'on a le plus d'intérêt de couvrir et de protéger, et qui en est généralement la capitale.

Cela posé, passons en revue les opérations principales de deux armées ennemies sur une zône quelconque d'un théâtre de guerre qui les embrasse, opérations qui déterminent sur ce théâtre la répartition générale des troupes.

Principales opérations et répartition générale de deux armées ennemies sur une zône quelconque d'un théâtre de guerre.

Nous avons reconnu plus haut que le but que devait se proposer une armée offensive ou défensive était complexe et se composait : 1° d'un but fixe qui était l'occupation opportune ou la défense d'une partie importante de territoire ; 2° d'un but mobile et essentiel à atteindre d'abord, qui consistait dans la défaite de l'armée ennemie.

Lorsqu'en raison de ce double intérêt se rattachant pour les deux armées aux mêmes choses, l'armée offensive, comme cela est naturel et comme cela arrive en effet ordinairement, trouve l'armée de défense purement et simplement établie, pour lui barrer le passage, sur le chemin qui la mène directement au but fixe qu'elle s'est proposé, les circonstances du choc des deux armées sont les plus simples possibles, et il en est de même de la répartition de leurs forces sur le théâtre de la guerre.

L'armée offensive ayant la masse de ses troupes en tête de sa ligne d'opérations, occupe avec une certaine partie la base établie sur ses frontières, et depuis cette base jusqu'au point où elle atteint l'ennemi, tout le développement de la susdite ligne, y compris, au besoin, des bases éventuelles, de manière à assurer ses communications.

L'armée défensive de son côté ayant réuni, autant et aussi promptement que possible, le gros de ses forces sur sa première ligne de défense naturelle établie sur ses frontières, garde derrière elle ses diverses autres lignes de défense et ses lignes d'opérations rétrogrades, qui ne sont autres que ses lignes de communication avec le pays et de retraite.

Au point où les deux armées se rencontrent, elles se massent, se déploient sur la tête de leurs lignes d'opérations respectives, et en viennent aux mains. Après la bataille, celle qui est battue se retire, poursuivie par l'autre, en suivant généralement la ligne qu'elle avait prise pour marcher en avant.

Comme on le voit, dans ce cas, les entreprises et

les mouvemens des deux armées se trouvent circonscrits dans une zône assez étroite du théâtre de la guerre, embrassant leurs lignes d'opérations, allant du point de départ de l'armée offensive au but fixe qu'elle s'est proposé d'atteindre, suivant une direction peu détournée et ne présentant que des déviations peu sensibles provenant du choix des positions prises par les troupes, pour combattre, avec le plus d'avantages, dans leurs divers engagemens.

Mais il est à observer que, bien que les combinaisons simples dont nous venons de parler soient assez habituelles pour les masses principales de deux armées adverses, ces combinaisons se présentent rarement dans leur totalité avec la simplicité de détails que nous leur avons prêtée.

Aucune des deux armées, en effet, ne perdant de vue le but, qui doit la préoccuper avant tout, de battre l'ennemi, doit chercher, pour y parvenir, à employer les moyens d'action reconnus les plus efficaces, parmi lesquels deux principaux consistent, ainsi que nous l'avons observé plus haut, à opérer, soit contre les communications de l'armée ennemie, sans compromettre les siennes propres, soit contre son centre reconnu dégarni, pour la couper en deux.

Or, si l'emploi de semblablesmoyens, avec des armées entières qui le rendent promptement et complètement décisif, est fort difficile, par la double raison que les circonstances s'y prêtent très-rarement, et que celui qui est menacé de le voir dirigé contre lui en connaît l'efficacité et cherche à se soustraire à ses résultats, il n'en est pas de même de l'emploi de ces moyens avec de simples détachemens susceptibles de produire des effets partiels fort recommandables.

Ainsi, un corps détaché de la masse principale d'une armée pour agir, en dehors de la direction générale suivie par les troupes de l'armée opposée, contre les flancs et les derrières de celle-ci pendant qu'elle se trouve arrêtée de front, peut devenir un auxiliaire puissant et qui décide le succès.

Lorsqu'une armée se trouve menacée par les entreprises d'un semblable détachement, elle peut, si ce détachement n'est pas considérable, se borner à envoyer contre lui un détachement capable de le contenir, et continuer avec le restant de ses troupes ses opérations principales, en suivant la ligne d'opérations adoptée par elle.

Dans ce cas, sur la zône du théâtre de la guerre comprenant les mouvemens des deux armées, se rattachent aux lignes d'opérations principales deux lignes secondaires, suivies par des fractions de ces armées momentanément indépendantes de leurs masses les plus fortes. Au point où ces lignes secondaires se rencontrent, ont lieu, entre les détachemens qui les ont suivies, un certain nombre d'engagemens, après lesquels celui qui a été battu se rabat généralement, poursuivi par l'autre, sur sa ligne d'opérations principale. Il va sans dire que celui des deux partis auquel le résultat de ces engagemens a été favorable, peut poursuivre le cours de ses opérations capitales, avec l'activité et la confiance qui résultent d'un succès, et de la certitude d'être, hors de sa propre sphère d'action, secondé d'une manière efficace, tandis que l'autre se voit obligé de rétrogader, dans la crainte de se trouver sérieusement compromis.

Lorsque, en dehors des circonstances ordinaires, la partie d'une armée ennemie, qui se jette sur votre flanc pour manœuvrer contre lui et contre vos communications, forme la partie la plus considérable de cette armée, vous ne pouvez plus vous borner à envoyer pour la combattre un simple détachement, et vous devez marcher contre elle avec la plus grande partie de vos forces.

Votre principale ligne d'opérations, dirigée d'abord vers le point géographique qui formait le but fixe de la campagne, se trouve alors, de même que celle de l'ennemi, brusquement détournée en vue du but mobile et d'un intérêt prédominant de défaire l'armée opposée; et vers le point où a lieu le changement de direction, il convient, en général, de laisser un détachement d'observation chargé de préserver d'insultes les flancs et les derrières de la grande masse agissante.

Au point où les masses principales se rencontrent à l'intersection de leurs nouvelles lignes d'opérations, a lieu un engagement qui est souvent décisif et dont les résultats peuvent être la perte totale de l'armée battue, si cette armée n'a pour rétrograder que le chemin détourné qu'elle a suivi pour se porter en avant, et si elle peut y être prévenue par un détachement considérable de troupes ennemies qui lui coupent la retraite.

Il est inutile d'ajouter que la portion de territoire qui formait le but géographique de la campagne, se trouve découverte et exposée à devenir la proie de celui qui la convoite, ou pour longtemps à l'abri de ses tentatives, suivant que la victoire s'est déclarée pour l'armée assaillante ou pour l'armée défensive.

Le cas que nous venons de considérer peut se présenter, lorsqu'une armée sur la défensive trouve des ressources qui la rassurent et lui donnent une grande liberté de mouvemens, soit dans les obstacles naturels ou artificiels qui couvrent la partie menacée de son territoire et n'exigent que peu de troupes pour leur défense, soit dans l'arrivée prochaine ou la rapide organisation de forces nouvelles destinées à combattre directement l'ennemi et à l'arrêter de front.

Lorsque l'une des deux armées qui se trouvent opposées sur la même partie d'un théâtre de guerre a adopté, par nécessité ou par convenance, deux lignes d'opérations séparées par un intervalle qui doit les faire considérer comme distinctes, l'autre armée, pour ne pas s'exposer à être attaquée de flanc ou par derrière en même temps que de front, doit prendre aussi, au moins à proximité de l'ennemi, deux lignes d'opérations qu'elle cherchera autant que possible à placer entre celles de ce dernier, pour pouvoir se concentrer avant lui, et exercer son premier et principal effort là où elle trouvera le plus d'avantages.

De là résulte, pour l'ensemble des grandes opérations des deux armées et la répartition de leurs forces sur le théâtre de ces opérations, une combinaison analogue à celle qui se présente lorsque ces armées forment de grands détachemens pour menacer les communications de leur adversaire ou protéger les leurs.

La seule différence qui existe entre les deux cas, c'est que, dans celui-ci, les lignes d'opérations suivies par les détachemens ne sont généralement que des branches qui se rattachent aux lignes d'opérations principales, s'en éloignant d'abord et y revenant ensuite; tandis que dans l'autre, les deux lignes suivies par l'armée qui a pris l'initiative de la séparation de ses forces, se rattachent directement à sa base d'opérations, de laquelle elles partent, soit parallèlement, soit en divergeant, soit enfin en convergeant vers un point placé à une certaine distance en avant d'elles et à partir duquel elles peuvent se confondre en une seule.

Il existe surtout une circonstance particulière où une armée trouve, dans la division de ses forces en deux parties et dans l'adoption de deux lignes d'opérations distinctes à partir de sa base, des avantages remarquables : c'est celle où cette base, établie naturellement sur ses frontières, forme du côté de l'ennemi un angle rentrant ne pouvant être abordé latéralement par ses côtés, et embrasse une partie du territoire que l'adversaire, suivant la nature de son rôle, doit défendre ou se proposer d'envahir.

Nous voulons parler, en un mot, d'une disposition de base analogue à celle que l'armée française avait en 1800 sur le Rhin, depuis Strasbourg jusqu'à Schaffouse, et qui formant un angle droit dont Bâle était le sommet, embrassait le terrain où se trouvaient réunies les principales forces de l'armée autrichienne.

Dans un cas semblable, en effet, l'armée qui possède la base en forme d'angle rentrant, peut, par l'adoption de deux lignes d'opérations perpendiculaires à ses côtés ou à peu près, assaillir à la fois l'ennemi sur son front et sur ses communications, de quelque part qu'il se présente dans l'intérieur de cet angle. Si, comme il a tout intérêt à le faire, il y arrive de deux côtés à la fois, pour s'établir sur un double front d'opérations, formant une ligne brisée et saillante, parallèle à la base de la susdite armée ; celle-ci peut, sans compromettre en rien ses propres communications, le retenir et le contenir habilement d'un côté, pendant qu'elle l'accable rapidement de l'autre avec des forces supérieures, et, après l'avoir ainsi battu et dispersé partiellement, détruire le reste de ses troupes en les attaquant de revers.

Outre les avantages que donne à une armée offensive ou sur la défensive-offensive, la possession d'une base d'opérations en angle rentrant, dans le terrain que cet angle embrasse, il faut compter encore ceux qu'elle lui procure hors de ce terrain, en lui présentant pour se retirer, en cas de revers, deux directions différentes entre lesquelles elle peut choisir, ou qu'elle peut adopter simultanément, pour sauver plus promptement ses débris par une retraite excentrique.

Quant à la disposition des lignes suivant lesquelles s'exécutent les opérations générales de deux armées ennemies dans le cas considéré, elles peuvent, en dehors du terrain embrassé par la base angulaire, être ce qu'elles sont dans la généralité des circonstances; mais sur ce terrain, il convient à l'une comme à l'autre des armées en question, d'avoir deux lignes d'opérations distinctes, perpendiculaires, ou à peu près, aux deux côtés de la base, et convergeant vers un point situé à la limite du susdit terrain, à partir duquel elles peuvent se confondre en une seule.

Enfin, outre les cas principaux que nous venons d'examiner et qui se rapportent aux opérations de deux armées opposées sur une zône d'un théâtre de guerre, il est possible encore qu'une armée employée sur une zône voisine, et ne pouvant y rendre que des services d'une importance secondaire, se dérobe, par une ruse habile et par des marches rapides, aux troupes chargées de l'observer et de la combattre, et vienne en totalité ou en partie prendre une part active aux opérations de la première en se portant sur le flanc de l'armée ennemie.

Dans un cas semblable qui rentre manifestement, pour ses conséquences, dans un de ceux que nous avons examinés, si la troupe qui fait diversion peut être contenue par un corps respectable, mais ne formant cependant qu'une partie assez faible, par exemple le quart de l'armée à laquelle elle s'attaque, celle-ci peut généralement poursuivre ses opérations les plus importantes, en se bornant à faire un grand détachement.

S'il en est autrement et que cette armée ne puisse, avec des chances de succès, faire face de deux côtés à la fois, il faut qu'elle se décide à porter tout son effort sur un seul. Ce qu'elle a ordinairement de mieux à faire alors, c'est de se dérober à l'improviste, avec toutes ses forces, à celles qui lui sont directement opposées, en ne laissant devant elles que quelques troupes d'observation; de se jeter à tire d'ailes, par un changement brusque de sa ligne d'opérations primitive, sur le corps ennemi qui menace son flanc; de chercher à écraser ce corps entre elle et les troupes dont il a trompé la surveillance et de venir ensuite poursuivre le cours ou du moins le but de ses opérations antérieures.

Telles sont à peu près les diverses circonstances qui donnent lieu aux combinaisons principales des lignes d'opérations et de la répartition des troupes sur une zône quelconque d'un théâtre de guerre et par suite sur ce théâtre lui-même.

Les conditions générales qui doivent régler le choix des bases et des lignes d'opérations, des lignes de défense, etc., rentrent dans l'observation des vérités capitales de l'art.

Les conditions générales qui règlent le choix de ces lignes, la distribution des forces des deux armées opposées, et doivent évidemment rentrer dans l'observation des vérités capitales de l'art, peuvent, d'après ce qui a été dit, se résumer dans les suivantes :

1° Atteindre le plus promptement et le moins indirectement possible, le double but auquel toute armée doit viser : c'est-à-dire, d'une part, battre l'armée ennemie ; de l'autre, s'emparer opportunément d'une province importante, d'une grande cité ou d'une capitale, si on est assaillant ; couvrir et conserver le territoire, objet de la convoitise de l'ennemi, si on est sur la défensive ;

2° Ne jamais perdre de vue les moyens les plus efficaces de défaire l'ennemi, dont les principaux à employer, autant que possible simultanément, consistent à l'attaquer en totalité ou en partie avec des forces numériquement supérieures aux siennes ; à diriger contre lui des attaques rapides et imprévues auxquelles il n'est pas en mesure de résister ; à couper son armée en deux avec des troupes compactes et bien liées entr'elles ; à manœuvrer contre ses flancs et à gagner ses communications sans se compromettre soi-même, avec toutes ses forces, si la chose est possible, ou sinon avec un détachement capable de produire un effet important;

3° Garder et couvrir convenablement, suivant les circonstances, ses bases d'opérations ou ses lignes de défense, les diverses lignes d'opérations qui y aboutissent et les bifurcations éventuelles de ces dernières, pour assurer la retraite de l'armée en cas de revers, et dans tous les cas l'arrivée des renforts et des approvisionnemens de toute espèce;

4° Enfin, observer l'ennemi sur tous les points, le combattre opportunément sur ceux qui ont de l'importance, et s'opposer aux tentatives faites en dehors de ses lignes d'opérations principales, avec des détachemens suffisans pour les réprimer, et au besoin, par une diversion rapide et momentanée de l'armée toute entière.

Dispositions générales d'une armée sur un champ de bataille, et observations à ce sujet.

Sur un champ de bataille, une armée faisant concourir toutes les forces dont elle peut disposer à un engagement général dont les résultats et les conséquences sont de la plus haute importance pour elle comme pour son adversaire, a ses troupes réunies sur une espace fort restreint du théâtre de la guerre, dont les dimensions ne dépassent pas généralement quatre à cinq lieues en longueur et une demi-lieue en profondeur.

Après les mouvemens préliminaires ayant pour but de disposer les troupes dans l'ordre de combat adopté pour la bataille, cet espace est assez ordinairement occupé d'une manière qui diffère peu de la suivante, lorsque la nature du terrain ne s'y oppose pas.

En avant, du côté de l'ennemi, se trouve une première ligne, formée d'un tiers environ des troupes d'infanterie, dont le front est couvert par des batteries d'artillerie, croisant leurs feux et placées, autant que possible, en avant des intervalles laissés par les troupes, au centre et aux ailes des divisions et corps d'armée qui forment la ligne.

A 150 ou 200ᵐ en arrière de celle-ci, se trouve une seconde ligne formée, comme la première, d'un tiers à peu près des troupes d'infanterie, et de la moitié ou des deux tiers de celles de la cavalerie placées sur les ailes des divisions et principalement sur celles des corps formés de deux ou trois divisions réunies.

Enfin à 500 ou 600ᵐ ou même à 1,000ᵐ en arrière de la seconde ligne, suivant les dispositions du terrain, se trouvent les troupes de la réserve, hors d'atteinte du tir de l'ennemi, soit par leur distance, soit par des plis de terrain qui les couvrent.

L'action s'engage par l'artillerie et par de nombreux tirailleurs répandus au loin sur le front et sur les flancs de l'armée, devient plus active à mesure que les distances se rapprochent, et se termine enfin, généralement, par des combats corps à corps à l'arme blanche.

Nous ne précisons pas l'espèce de formation adoptée par les troupes qui composent les deux premières lignes, parce qu'elle dépend du rôle offensif ou défensif que l'armée doit remplir, et que les opinions des juges les plus compétens et les plus éclairés diffèrent relativement aux formations qui conviennent le mieux dans telle ou telle circonstance donnée. Tout ce que nous pouvons dire sur ce sujet, avant de l'avoir traité nous-même avec des développemens qui nous permettront d'émettre une opinion appuyée de raisons plausibles, se borne aux observations suivantes:

Observations générales sur les dispositions d'une armée pour la bataille.

Les lignes d'infanterie complètement déployées, suivant l'ordre de bataille de l'ordonnance, semblent convenir mieux à la défense qu'à l'attaque, et celles qui sont favorables à cette dernière paraissent devoir être renforcées, du moins en certaines de leurs parties, par des troupes disposées en colonne.

Le motif qui milite pour le déploiement complet de la première ligne d'infanterie d'une armée sur la défensive, n'existe pas pour la seconde, qui ne peut agir par ses feux que secondairement, et lorsque la première a été enfoncée et mise en déroute par le choc de l'ennemi.

Or, dans un cas semblable, la première condition et la plus essentielle à remplir, c'est que les troupes battues puissent se rallier promptement derrière celles qui ne le sont pas, ce qui exige que la seconde ligne présente de larges intervalles pour l'écoulement de celles de la première.

Il suit de là que si l'on ne veut pas former la deuxième ligne de petites colonnes (1) destinées à arrêter l'ennemi à la baïonnette, en se précipitant sur lui tête baissée, après une première décharge ; et si l'on préfère adopter une disposition qui permette d'agir deux fois contre l'assaillant par l'efficacité des feux, il faut au moins que cette ligne ne soit pas complètement déployée comme la première.

Il existe toutefois une exception à cette prescription de convenance, exception qui se rapporte au cas où, par pénurie de cavalerie ou pour tout autre motif, on voudrait faire servir la seconde ligne d'infanterie à flanquer la première qu'elle déborderait sur ses deux ailes. On comprend en effet qu'alors cette seconde ligne, tout en étant complètement déployée comme la première, pourrait présenter, en raison de son plus vaste développement, des intervalles suffisans pour le rapide écoulement des troupes de celle-ci qui auraient été battues.

Lorsque, dans l'ordre de combat adopté par une armée qui prend l'offensive, la première ligne d'infan-

(1) Ces colonnes seraient, par exemple, composées chacune d'un bataillon de six pelotons formés sur deux rangs, ployé par divisions sur la division du centre, de manière à présenter six hommes de profondeur : elles auraient entre elles des intervalles égaux, et tels que la seconde ligne eût le même développement que la première.

terie est formée de petites colonnes d'attaque à intervalles de déploiement, ces colonnes, si elles sont repoussées, n'ont pas besoin de trouver dans la deuxième ligne de grands espaces pour s'écouler et venir se rallier derrière elle. Il résulte de là que cette dernière peut être en grande partie déployée, et il convient d'ajouter que son déploiement procurera aux troupes de la première, qu'elle pourra suivre à distance convenable, des feux de flanquement très-susceptibles de contribuer au succès de leur attaque.

Les troupes de cavalerie, tant à cause de la nature de leur armement qui les empêche de produire de bons effets par les feux, qu'à cause de l'embarras qu'occasionnent les chevaux, paraissent impropres à une défense passive, et semblent, à moins de circonstances exceptionnelles et forcées, ne devoir être employées qu'offensivement.

Les qualités essentielles de la cavalerie étant l'ordre et l'impétuosité, il convient, quand elle charge l'ennemi en lignes déployées, que ces lignes n'aient pas un développement assez vaste pour occasionner des flottemens et des retards préjudiciables aux qualités signalées.

Les charges de cavalerie ne doivent jamais s'exécuter en lignes pleines, parce qu'il faut que les troupes des premières lignes qui ont été repoussées, puissent s'écouler par les intervalles de celles qui suivent, sans arrêter ni retarder leur impulsion; et sous ce double rapport, les lignes les plus convenables sont celles qui sont disposées en échiquier.

Dans la position qu'elles occupent dans l'ordre de bataille, en attendant le moment opportun pour charger, les troupes de cavalerie, quel que soit le mode de formation qu'elles adoptent pour la charge, peuvent être formées en colonnes par escadrons, et même en colonnes d'un front moindre que celui de l'escadron, parce que la rapidité de leurs mouvemens leur permet de prendre promptement, en marchant, l'ordre de combat voulu. Leur disposition, dans leur position d'attente, doit être déterminée par les conditions qu'elles ne gênent pas les formations de l'infanterie, et qu'elles soient masquées le mieux possible, autant pour se soustraire au feu de l'ennemi, que pour pouvoir occasionner, par leur brusque et impétueuse mise en action, un de ces événemens imprévus dont les effets sont si puissans à la guerre, et dont la production appartient essentiellement au domaine de la cavalerie.

Nous bornerons à cette courte digression nos observations sur un sujet qui sera traité ultérieurement avec tous les détails que son importance comporte.

Cela posé, nous établirons qu'il faut entendre par mouvemens stratégiques, ceux qu'une armée exécute sur un théâtre de guerre, en dehors du temps où elle

Définition des mouvemens stratégiques et de la stratégie. Etendue fort variable des mouvemens stratégiques.

se trouve aux prises avec l'ennemi, et qui ont pour but de combattre celui-ci dans les conditions les plus favorables, soit dans une bataille générale, soit dans des engagemens partiels et successifs.

Ces mouvemens doivent être réglés de manière à appliquer, le mieux possible, les vérités capitales; et l'art de les bien diriger dans tout leur ensemble constitue la stratégie.

Il résulte de ce qui précède que, suivant que l'on opère de front, de côté ou par derrière, contre une ou plusieurs lignes d'opérations, ou contre une partie d'une base ou d'une ligne de défense, l'étendue des mouvemens stratégiques, proportionnée d'ailleurs à la force des armées, est très-variable et comprise entre des limites fort éloignées, comme par exemple entre cinq ou six lieues et soixante lieues, ou bien davantage.

Définition des mouvemens tactiques et de la tactique des batailles; étendue restreinte des mouvemens tactiques.

Les mouvemens tactiques, qui prennent le nom de manœuvres, sont ceux qui s'exécutent sur le champ de bataille, c'est-à-dire sur le terrain où deux armées (1) se sont mises en présence avec toutes les forces qu'elles ont pu réunir, pour en venir aux mains : ils comprennent les mouvemens préparatoires qu'exécutent les armées pour se former dans la disposition de combat

(1) Ce que nous disons ici pour des armées entières s'applique également à des corps d'armée opérant séparément pour leur propre compte.

qu'elles jugent la plus favorable, et tous ceux qui s'effectuent dans le courant de l'action. Leur étendue, variable d'ailleurs avec la force des armées, le déploiement de leur front et les dispositions du terrain, doit pouvoir être parcourue par les troupes dans un temps moindre que celui que dure généralement une bataille; et on peut, d'après cette considération, en fixer la limite supérieure à cinq ou six lieues.

Pour une armée quelconque, les manœuvres tactiques commencent là où s'arrêtent les mouvemens stratégiques, et l'art de les bien diriger constitue la tactique.

La discussion précédente ayant établi d'une manière précise et claire la distinction à faire entre les mouvemens qui s'effectuent sur le théâtre de la guerre et ceux qui s'exécutent sur le champ de bataille, revenons à notre objet spécial d'analyser les principales difficultés que présente, dans son entière exécution, une entreprise de guerre; difficultés qui consistent à diriger les mouvemens en question, de façon à faire l'application la meilleure des vérités capitales exposées ci-dessus.

A cet égard, et avant d'entrer en matière, nous profiterons de l'observation suivante pour présenter la question sous une forme plus précise et plus simple que celle qu'elle affecte ici.

De ce qui a été dit antérieurement, on peut conclure d'une part, que, dans une circonstance quelconque, l'emploi simultané et le plus avantageux des moyens d'action matériels et moraux contre une armée ennemie, ou si l'on veut, l'application la plus favorable des vérités capitales de l'art faite contre cette armée en vue du but général d'une guerre, revient, en définitive, à battre séparément et successivement ses différentes parties, avec une force d'une valeur intrinsèque plus grande que chacune d'elles; en choisissant d'abord la première, puis la seconde, puis les autres, s'il y a lieu; de telle sorte que la défaite des premières puisse contribuer le plus possible à celle des autres, et de manière à obtenir, finalement, le résultat le plus avantageux auquel on puisse prétendre, eu égard aux ressources dont on dispose.

D'une autre part, la poursuite du but fixe d'une guerre consistant dans l'occupation opportune ou dans la défense d'une partie importante de territoire, ne peut manifestement susciter, relativement à l'application la meilleure des vérités capitales et comme lui étant propres, que les difficultés provenant du choix à faire, dans certains cas, entre un mouvement de l'armée vers ce but et une attaque des troupes ennemies; c'est-à-dire, en d'autres termes, entre un objectif géographique et ce que nous appellerons un objectif d'armée.

Enfin, si l'on veut entrer dans les détails, il arrive aussi parfois que, dans une opération dirigée contre une armée ennemie, l'occupation préalable d'un point géographique fixe est susceptible d'exercer une grande influence sur les résultats de l'opération, et que, par suite, avant d'agir, il y a lieu à opter entre un objectif primitif de terrain et un objectif primitif d'armée.

Il résulte de là que les difficultés dont nous nous proposons de faire l'analyse peuvent se réduire en résumé :

L'analyse des plus grandes difficultés de la guerre qui consistent à en observer le mieux, en toutes circonstances, les vérités capitales, peut se réduire à celle des difficultés d'une seule opération principale divisible en deux parties.

1° A trouver, dans une circonstance quelconque et à un moment donné, la partie d'un théâtre de guerre ou d'un champ de bataille sur laquelle il convient d'écraser d'abord l'ennemi avec des forces supérieures aux siennes, ou qu'il convient d'occuper préalablement;

2° A diriger et à mettre ses troupes en action sur ce point de la façon la plus habile et la plus favorable, en ne perdant pas de vue dans cette opération, comme dans l'autre, le but général et mixte de la guerre.

C'est sous cette forme plus simple et plus usitée que nous envisagerons la question des principales difficultés de l'art de la guerre, en insistant surtout et presqu'exclusivement, dans cette partie de notre ouvrage, sur celles que présente le choix des objectifs stratégiques ou tactiques, sur lesquels il faut écraser successivement l'ennemi avec une force intrinsèque plus grande que celle qu'il y possède.

Pour remplir complètement la partie de la tâche que nous embrassons, nous allons passer scrupuleusement en revue toutes les opérations dont se compose une campagne entre deux puissances ennemies, en considérant de préférence le rôle de la puissance offensive, parce qu'il donne lieu à des combinaisons plus nombreuses, plus variées et plus difficiles que celui de la puissance défensive, dont les opérations sont nécessairement subordonnées à celles de l'assaillant.

CHAPITRE II.

Analyse des principales difficultés que présente, relativement aux choix des meilleurs objectifs, une entreprise de guerre, dans la série des opérations qui se succèdent depuis son commencement jusqu'à sa fin.

SECTION PREMIÈRE.

Du plan de campagne. — Du but géographique d'arrivée. — Du point de départ.

SOMMAIRE.

Impossibilité d'arrêter complètement à l'avance tout un plan de campagne. — De la détermination du but géographique à atteindre finalement en temps opportun, dans une campagne offensive. — Notions qu'exige l'application de la première vérité capitale. — Difficultés de cette application. — Exemple de fautes commises à cet égard. — Distinction de deux cas, celui d'une guerre opiniâtre et celui d'une guerre peu sérieuse, relativement à la détermination du but géographique d'une campagne. — Cas d'une guerre sérieuse et acharnée, dans lequel peuvent être rangées la plupart des guerres de l'Empire. — Système de guerre offensive de Napoléon. — Enseignemens laissés par son expérience. — Accroissement de la force des armées et de l'étendue des entreprises. — Diminution de l'importance des places fortes. — Prépondérance de l'action des armées qui tiennent la campagne. — Dans une guerre opiniâtre et acharnée le premier point est de détruire les forces actives de l'ennemi; le second point de s'emparer opportunément de sa capitale. — Le seul but géographique qu'une armée offensive puisse se proposer dans une guerre acharnée, est généralement la capitale ennemie. — Cas exceptionnel où l'ennemi se retire en laissant sa capitale à découvert. — Cas d'une guerre peu sérieuse. — L'occupation de la capitale ennemie n'est pas indispensable, mais peut être considérée encore comme le but géographique vers lequel doivent tendre les efforts. — Dans la plupart des cas, les difficultés qui se rapportent à l'occupation d'un but géographique sont relatives à l'opportunité de cette occupation. — Cas exceptionnel. — Conclusion. — De la détermination du point de départ d'une armée offensive pour marcher vers le double but qu'elle doit se proposer d'atteindre. — Difficultés que cette détermination présente. — Cas où la ligne des frontières est parallèle aux lignes naturelles de défense de l'ennemi et ne se rapproche sensiblement de sa capitale par aucun point. — Cas où la ligne des frontières se rapproche sensiblement, par un de ses points, de la capitale ennemie. — Exemple. — Conclusion.

Impossibilité d'arrêter d'avance tout un plan de campagne.

Ainsi que nous l'avons observé plus haut, il résulte de la nature mixte du but qu'une armée offensive doit se proposer d'atteindre et qui se compose :

De l'occupation opportune d'une partie du territoire de l'ennemi ;

De la défaite préalable et essentiellement importante de son armée dont il est impossible de connaître exactement d'avance les projets, les mouvemens et le système de défense ;

Qu'il est également impossible d'arrêter complètement, à l'avance, le plan d'une campagne, et de fixer le nombre et la direction des opérations partielles dont elle se composera.

Quoi qu'il en soit, comme on ne peut marcher au hasard, sans projet et sans guide, il faut nécessairement dans une entreprise de guerre, et tout en se réservant de faire de la défaite de l'armée ennemie sa préoccupation principale et constante :

1° Arrêter, aussi bien que possible, l'objectif géographique constituant le but d'arrivée, et à l'occupation opportune duquel doivent tendre les efforts;

2° Fixer le point de départ de l'armée pour marcher vers ce but.

Occupons-nous d'abord de ces deux points importans.

De la détermination du but géographique à atteindre finalement en temps opportun, dans une campagne offensive.

Pour déterminer d'une manière rationnelle et convenable le but géographique qu'il faut chercher à atteindre finalement et opportunément pour décider l'ennemi à conclure la paix, en en stipulant les conditions les plus avantageuses, il est essentiel que, prenant en considération principale la première vérité capitale ci-dessus établie, l'on se fasse une idée exacte de ses forces et de celles de son adversaire, pour mesurer la grandeur et les difficultés de son entreprise à la puissance et à l'efficacité des ressources que l'on possède, comparées aux ressources de l'ennemi.

Notions qu'exige l'application de la première vérité capitale.

Or, pour avoir la valeur de celles-ci au début d'une campagne, il ne suffit pas de bien évaluer la puissance absolue de son adversaire et la force numérique et morale de l'armée qu'il pourrait vous opposer, ce qui serait déjà chose difficile; mais il faut encore apprécier avec justesse la nature de la guerre, ses motifs, le degré d'intérêt moral ou matériel qu'y a l'ennemi, degré qui donne la mesure de ses dispositions, c'est-à-dire de son acharnement et de l'obstination qu'il mettra à combattre, ou de sa modération et de la facilité qu'il montrera à composer.

Difficultés que cette application présente.

Cette juste estimation d'élémens matériels et moraux, parmi lesquels il faut compter principalement le caractère plus ou moins belliqueux d'une nation, sa ténacité, son énergie, son amour-propre national, etc., est loin d'être facile. L'histoire militaire présente des cas nombreux où de grands capitaines, aussi bien que des chefs médiocres, se sont attiré des désastres, ou ont laissé échapper de grands avantages, pour avoir, dans leurs entreprises, mal apprécié les ressources, les intérêts et les intentions de l'ennemi; pour y avoir trop ou trop peu compté sur leurs propres forces; pour s'y être trompés sur le choix de leur but géographique, ou du moment favorable pour l'occuper.

Citons deux ou trois exemples choisis entre mille, à l'appui de nos assertions.

Exemples de fautes commises dans la détermination de l'objectif géographique final ou dans l'observation de la première vérité capitale.

En 1793, les armées coalisées contre la France, après avoir repris aux Français la Belgique, les avoir repoussés en Flandre et avoir atteint la première et la plus importante partie du double but auquel toute armée doit viser, la défaite de l'armée opposée, n'osèrent pas, à ce moment opportun, se proposer, pour seconde partie de ce but, l'occupation immédiate de Paris, dont ils se seraient vraisemblablement emparés dans l'état de division où les esprits se trouvaient alors.

Au lieu de profiter de leurs avantages pour marcher rapidement sur la capitale ennemie, s'en rendre maîtres et terminer la guerre par un seul coup décisif, ils perdirent leur temps à faire méthodiquement le siége des places fortes de la Flandre, et donnèrent au gouvernement français le loisir de lever de nouvelles armées, de créer et d'organiser de nouveaux moyens de résistance : ils laissèrent échapper ainsi l'occasion favorable de forcer leur adversaire à la paix, pour avoir mal jugé de ses ressources, n'avoir pas assez compté sur les leurs propres, et pour n'avoir pas occupé opportunément le point qui devait être le but fixe de leur entreprise.

Dans la campagne de Russie, en 1812, Napoléon, voulant d'abord atteindre le but essentiel de battre l'armée opposée avant d'occuper le point géographique important qui devait, après sa défaite, la forcer à conclure la paix, et avait été, dans son projet primitif, fixé à Saint-Pétersbourg, fut entraîné par la retraite excentrique de l'ennemi, dans une direction différente de celle qui conduisait à cette capitale. Toutefois, comme la direction suivie menait à la ville considérable de Moscou, cité sainte des Russes, centre de leur nationalité et de leurs grandes communications, immense entrepôt de leur commerce, cette direction pouvait être regardée comme bonne, sous le rapport de l'occupation d'un but géographique de nature à décider l'adversaire à la paix après la ruine de son armée, pourvu que cette occupation fût faite en temps opportun.

La condition d'opportunité consistait à battre et à refouler l'armée russe, de manière à arriver à Moscou assez tôt pour pouvoir, dans le cas d'un échec improbable mais possible sous ses murs, regagner les frontières de Prusse avant l'arrivée de la mauvaise saison; et cette condition, comme l'expérience le prouva, se trouva satisfaite, puisque les Français firent leur entrée à Moscou le 14 septembre.

Jusque là tout était donc pour le mieux; mais les Russes, au lieu de demander la paix à la prise de leur ville sainte, en avaient fait d'eux-mêmes le sacrifice héroïque et l'avaient incendiée en se retirant devant le vainqueur! Dès lors l'occupation de Moscou ne donnait pas le résultat avantageux qu'on en avait raisonnablement attendu, et quel parti convenait-il de prendre dans cette occurrence?

Poursuivre l'armée ennemie qui fuyait sans accepter la bataille était chose impossible, parce qu'on s'épuisait en prolongeant indéfiniment sa ligne d'opérations déjà fort longue, et qu'on s'exposait à périr de misère dans les rigueurs de l'hiver.

Marcher sur Saint-Pétersbourg qu'il était, à la rigueur, possible d'atteindre en partant de suite, avant l'arrivée de la mauvaise saison, était un projet bien hasardeux; car en l'exécutant, on exposait aux entreprise de l'armée russe ses flancs et ses communications, ce qui pouvait entraîner un désastre, surtout si, comme il était probable, on trouvait une force imposante organisée sur la direction nouvelle qu'il fallait suivre.

Il y avait d'ailleurs bien peu de chances d'amener les ennemis à composer par négociations, après la résolution désespérée qu'ils avaient prise d'incendier eux-mêmes Moscou.

D'après cela, le seul parti raisonnable à adopter n'était-il pas de battre en retraite sans retard, de regagner les frontières de Prusse et d'y attendre que le retour du printemps permît d'entreprendre une nouvelle campagne dirigée, cette fois, contre Saint-Pétersbourg?

Au lieu de s'arrêter à ce projet prudent et sage, Napoléon perdit plus d'un mois à Moscou en pourparlers inutiles, que les Russes n'entamèrent que dans l'intention de gagner du temps, de laisser arriver l'hiver et de forcer les Français à la retraite dans une saison dont les rigueurs devaient les faire périr.

Bien que les désastres de l'armée française soient dus en partie à la précocité inusitée de l'hiver de 1812, on peut, avec justesse, en attribuer aussi une part à son illustre chef, qui se trompa en appréciant les intentions de l'ennemi, le degré de son obstination à la guerre, les moyens qu'il pouvait et comptait employer pour la continuer; qui après s'être emparé opportunément du point fixe de Moscou, resta à l'occuper inopportunément, lorsque la résolution désespérée, prise par les Russes, montrait que sa possession n'était plus susceptible d'amener la paix, lorsqu'il convenait de l'abandonner sans retard et de choisir pour but fixe un autre point géographique, dont l'occupation opportune pouvait produire un résultat plus heureux; qui voulut rester agresseur, tandis qu'il fallait, bien que victorieux, battre momentanément en retraite; qui compta trop sur ses ressources et ne tint pas assez compte de celles de son adversaire; qui aspira, en un mot, à obtenir un résultat plus grand et plus immédiat que celui qu'il était possible d'atteindre, dans les circonstances particulières où il se trouvait placé.

Dans la campagne de 1813, lorsque Napoléon laissa plus de deux cent mille hommes de ses troupes dispersés dans les forteresses de la Vistule, de l'Oder et de l'Elbe, au lieu de les réunir à son armée active pour lutter avec des chances de succès réelles contre les forces innombrables de ses anciens et nouveaux ennemis, ne peut-on pas encore lui reprocher :

De n'avoir pas apprécié à leur juste valeur les ressources et tous les moyens d'action de ses adversaires;

D'avoir trop compté sur les seules forces de son armée active, et de n'avoir pas renforcé celle-ci pour la mettre en état de battre l'armée opposée dont la défaite était la partie essentielle et première du but qu'il avait à se proposer;

D'avoir projeté, dans son arrière-pensée, comme but fixe d'une campagne offensive, la reprise des lignes de l'Oder et de la Vistule, lorsque les moyens qu'il mettait en œuvre pour y arriver étaient insuffisans, et lorsqu'il convenait, au contraire, de prendre le rôle de la défensive, de réunir toutes ses forces pour couvrir la France, et de choisir pour but fixe de la défense la ligne du Rhin, au moins jusqu'à ce que de grands avantages obtenus contre les troupes coalisées permissent de changer de projet et de rôle;

D'avoir voulu, en un mot, exécuter une trop vaste entreprise avec de trop faibles ressources; faute qui, dans les circonstances où elle fut commise, eut les conséquences les plus fatales, puisqu'elle amena l'invasion de la France!

Quoi qu'il en soit des exemples que nous venons de citer, et qui témoignent que les chefs les plus habiles, comme les généraux médiocres, sont sujets à se tromper sur la détermination convenable et surtout sur l'opportunité de l'occupation du but fixe d'une campagne, on peut, relativement à cette détermination, distinguer deux cas dans le rôle, que nous nous sommes proposé d'examiner, de la puissance offensive :

Distinction de deux cas relativement à la détermination du but géographique d'une campagne.

1° Celui d'une guerre opiniâtre, engagée pour des motifs graves et importans, où l'amour-propre national de la puissance attaquée se trouve fortement mis en jeu; où il est impossible de décider cette puissance à conclure la paix, sans la réduire à la dernière extrémité, en détruisant son armée, en la mettant dans l'impossibilité d'organiser de nouveaux moyens de défense, et en la frappant dans ses intérêts les plus chers par la prise de possession d'une partie notable de son territoire;

2° Celui d'une guerre peu sérieuse, où la puissance défensive ne se trouve pas engagée par un intérêt capital, et peut être amenée à composition, à la suite d'un certain nombre d'échecs éprouvés par ses troupes et de l'occupation d'une portion assez faible de son territoire.

Cas d'une guerre sérieuse et acharnée dans lequel peuvent être rangées la plupart des guerres de l'Empire.

Dans le premier cas peuvent être rangées la plupart des guerres de l'empire, et nous allons examiner quel était le système offensif de l'Empereur Napoléon qui obtint, pendant près de vingt ans de sa glorieuse carrière, des succès si éclatans, et quels enseignemens découlent de l'emploi de ce système, relativement à la question qui nous occupe.

Système de guerre offensive de l'empereur Napoléon.

Napoléon, dans le plan qu'il arrêtait d'une campagne offensive, prenait généralement pour but fixe, à atteindre finalement en temps opportun, la capitale de l'ennemi; et ce point, par son importance et les intérêts majeurs de son occupation, est en effet le but suprême auquel puisse prétendre une armée envahissante, après avoir battu les troupes actives qui lui sont opposées.

Pénétré de cette juste idée que, dans l'exécution d'un plan de campagne, le succès dépend en très-majeure partie de la défaite et de la dispersion de l'armée ennemie, parce que les états tombent d'eux-mêmes quand ils n'ont plus de forces actives pour les défendre; estimant qu'il devait rencontrer cette armée sur le chemin de sa capitale, dont la protection était pour elle l'intérêt prédominant de sa mission et dont la perte était, après sa propre ruine, le plus grand désastre qui pût la forcer à accepter une paix stipulée par le vainqueur; confiant dans son habileté et dans la valeur de ses troupes qui lui permettaient d'employer, sans grands dangers, les moyens d'action les plus prompts et les plus décisifs, il procédait, en général, d'une manière uniforme et bien caractérisée, que l'on peut considérer comme base de son système de prédilection.

Résumé succinct du système de Napoléon.

Rassembler ses forces sur le point de ses frontières le plus voisin du but fixe qu'il voulait atteindre, c'est-à-dire de la capitale de son adversaire; partir de là pour marcher rapidement contre son armée, en cherchant à se placer entre elle et cette capitale; le forcer ainsi à combattre dans une situation rendue fort critique par la perte de ses principales communications, ou à faire en arrière, pour assurer sa position, un grand mouvement qui faisait gagner sans batailles à l'armée française une notable quantité de terrain et diminuait en les simplifiant le nombre de ses opérations partielles; enfin, après l'avoir atteint l'attaquer de la façon qui promettait les plus grands résultats, le battre et, après la victoire, le poursuivre immédiatement et sans relâche, pour achever de le désorganiser et de le détruire :

Tel était le mode préféré de Napoléon pour la guerre offensive.

L'exécution de son système reposait, comme on le voit, sur le sentiment intime et juste de sa supériorité et de celle de ses troupes, qui l'autorisaient à engager, dès le début, une partie décisive et à jouer, pour ainsi dire, le tout pour le tout avec de grandes chances de réussite.

Il faut bien le reconnaître, il est rare qu'à la guerre on puisse obtenir des résultats considérables et prompts sans s'exposer à des dangers, et Napoléon était loin d'éviter les périls en toutes circonstances et de garder, avec un soin minutieux et assuré, ses propres communications, lorsqu'il cherchait par une marche rapide à s'emparer de celles de son adversaire. Un général moins habile et moins sûr de ses troupes n'aurait pas pu, sans imprudence, suivre sa méthode dans les détails de son exécution aventureuse ; mais cette méthode, éprouvée par vingt années d'expérience, n'en a pas moins fortement modifié les procédés et les conditions de succès de l'ancien système de guerre et laissé, pour tous, les enseignemens suivans.

Enseignemens laissés par l'expérience du système de Napoléon.

Dans le système moderne que Napoléon a amené à un extrême degré de perfection et auquel sont initiées maintenant toutes les nations de l'Europe, les armées bivouaquant au lieu de camper; nourrissant, suivant le précepte de César, la guerre par la guerre, c'est-à-dire, vivant, à moins d'impossibilité, des denrées trouvées sur le théâtre des opérations; débarrassées, en grande partie, des lourds équipages que nécessitait anciennement le transport des vivres et des objets de campement; ayant des matériels d'artillerie et de ponts, simples et légers, qui leur permettent de parcourir des chemins difficiles, de passer avec facilité les fleuves et les rivières, et d'éviter la plupart des forteresses, soit pour marcher en avant, soit pour battre en retraite; les armées, disons-nous, ont acquis une grande mobilité et une grande liberté de mouvemens.

Les conséquences naturelles et les plus saillantes de ce perfectionnement, conséquences confirmées par l'expérience des dernières guerres, ont été :

D'augmenter la force numérique des armées actives et de leur permettre d'embrasser de plus vastes plans de campagne; — Accroissement de la force des armées et de l'étendue des plans de campagne.

De diminuer l'importance de la possession des forteresses, en réduisant celle d'un grand nombre d'entre elles à la seule importance de leurs garnisons; — Diminution de l'importance des places fortes.

De rendre entièrement prépondérante l'action des armées actives tenant la campagne, et indispensable la défaite complète d'une armée ennemie, pour l'amener à composition dans une guerre opiniâtre et achar- — Prépondérance de l'action des armées actives.

née; de rendre insuffisante, dans une semblable guerre, l'occupation d'une partie notable du territoire de l'adversaire, et, quelquefois même, celle de sa capitale, si son armée n'est pas en grande partie détruite et démoralisée, parce qu'une seule bataille gagnée peut lui faire reconquérir tout le pays perdu; de donner, après la première et la plus grande part qui revient à la destruction des troupes opposées, la seconde part d'influence, pour la conclusion de la paix, à la mesure la plus susceptible d'empêcher l'ennemi de créer et d'organiser de nouveaux moyens de résistance, de lui causer de profonds dommages, mesure qui consiste généralement à s'emparer opportunément du siége de son gouvernement, du centre de tous ses grands intérêts commerciaux et militaires, en un mot de sa capitale.

Dans une guerre opiniâtre et acharnée, le premier point est de détruire les forces actives de l'ennemi; le second de s'emparer opportunément de sa capitale.

Tels sont les principaux enseignemens, les principales conséquences qui découlent de l'emploi éprouvé du système de guerre offensive de l'empereur Napoléon. Il en résulte que, dans une lutte opiniâtre, le seul point géographique convenable dont une armée offensive puisse se proposer l'occupation, pour forcer son adversaire à la paix après avoir détruit le gros de ses forces actives, est en général la capitale de cet adversaire.

Le seul but géographique qu'une armée offensive puisse se proposer dans une guerre acharnée est généralement la capitale ennemie.

Dans la plupart des circonstances, ce projet d'occupation se poursuit en même temps que l'objet essentiel de battre préalablement l'armée ennemie, parce que celle-ci couvre sa capitale. Les seules difficultés qui peuvent surgir alors, au sujet de la prise de possession du but fixe de la campagne, sont relatives à son opportunité, c'est-à-dire au choix du moment favorable pour marcher rapidement et sans détours sur ce but, en évitant à la fois les chances de se compromettre et de manquer une bonne occasion.

Mais, comme on le sait, il n'y a pas de règles sans exception; et si l'armée ennemie, malgré l'intérêt puissant qu'elle a de couvrir sa capitale, se retire dans une direction qui la laisse à découvert, ainsi que les Russes le firent en 1812, il n'est plus possible, au moins momentanément, de songer à l'objectif géographique ordinaire, parce qu'il faut, avant tout, atteindre le but mobile et essentiel de battre les troupes opposées qui tiennent la campagne.

Cas exceptionnel où l'ennemi se retire en laissant sa capitale à découvert.

Dans ce cas, s'il existe sur la ligne suivie par l'adversaire une grande cité qui, par son importance et les avantages de sa position, réunisse à peu près les conditions et les intérêts d'une capitale, et qui ne se trouve pas en dehors des limites qu'il est permis d'assigner à l'expédition projetée, ce qu'il y a de mieux à faire, c'est de se la proposer comme objectif à occuper opportunément, ainsi que Napoléon le fit de Moscou.

S'il n'existe pas de semblable ville sur la ligne que nous venons de désigner, ou s'il en existe une, mais que son occupation ne produise pas le résultat espéré, il faut, après avoir battu complètement l'ennemi et reconnu l'inutilité et le danger d'une plus longue poursuite, se décider forcément à prendre sa capitale pour but géographique final, et alors les difficultés qui restent à surmonter, relativement à la prise de possession de ce but, se réduisent, comme dans le cas précédent, à une question d'opportunité.

Cas d'une guerre peu sérieuse.

Dans les guerres qui n'offrent pas le caractère sérieux de celles que nous venons d'examiner, l'occupation de la capitale de l'adversaire n'est pas indispensable pour le forcer à la paix; et il suffit généralement d'avoir battu plusieurs fois son armée et de s'être emparé d'une portion assez minime de son territoire, pour le déterminer à entrer en composition.

L'occupation de la capitale ennemie n'est pas indispensable.

A cet égard, il est à observer qu'il y a presque toujours avantage à choisir cette partie de territoire sur la direction qui mène à la susdite capitale, parce qu'elle offre des routes meilleures, plus nombreuses, présentant plus de ressources, et plus convenables, sous tous les rapports, pour la ligne d'opérations; et parce que l'occupation d'une province située sur le chemin de sa cité principale, de celle où s'agitent et se règlent toutes les grandes questions, tous les intérêts vitaux auxquels son existence se rattache, doit naturellement inspirer à l'ennemi des craintes plus sérieuses et plus susceptibles de le décider à la paix, que celle d'une province ayant une situation différente.

Dans une guerre d'un caractère peu sérieux, on peut considérer encore la capitale ennemie comme le but géographique vers lequel doivent tendre les efforts.

Les fortifications que les nations de l'Europe ont élevées, dans ces derniers temps, pour protéger leurs pays, et surtout leurs capitales, contre l'invasion étrangère, n'ôtent rien à la vérité de notre assertion; car ces obstacles, quelque formidables qu'ils soient, ne créent, en définitive, que des difficultés qui rendent plus ou moins hasardeuse, mais non pas matériellement impossible, l'entreprise de ceux qui tenteraient de les surmonter.

Ainsi donc, rien n'empêche de considérer encore, dans une campagne offensive d'un caractère peu sérieux, la principale cité ennemie comme le but fixe à la possession opportune duquel doivent tendre les efforts. La seule différence qui existe entre ce cas et le précédent, c'est qu'il convient que la marche des opérations y suive, généralement, une progression plus mesurée, plus lente, plus circonspecte, et qu'on occupe successivement les points d'un intérêt et d'un avantage respectables, échelonnés sur le chemin de la cité en question; c'est qu'on ne doit chercher à s'emparer finalement de celle-ci que si de grands succès et des circonstances entièrement favorables y autorisent, ou si on y est forcé par une obstination irréfléchie et inattendue de l'ennemi battu à ne pas vouloir composer.

Dans la plupart des cas, les difficultés qui se rapportent à l'occupation d'un but géographique

Dans la plupart des cas, lorsque le but final et le point de départ des entreprises ont été fixés, il est facile de distinguer, sur la direction générale allant de l'un à l'au-

dans une campagne sont relatives à l'opportunité de cette occupation.

tre, les diverses positions qui peuvent être considérées, tour à tour, comme objectifs intermédiaires, et alors les difficultés relatives à la prise de possession de tous ces objectifs successifs se réduisent à des questions d'opportunité.

Cas exceptionnels.

Cependant, il arrive aussi que les difficultés dont nous parlons se rattachent non seulement à l'opportunité de l'occupation, mais encore au choix même d'un but géographique. Cela a lieu particulièrement au début d'une campagne, lorsqu'on peut se proposer, pour les premiers objectifs, des points différens, sans s'éloigner sensiblement de la direction générale à suivre pour marcher sur la capitale ennemie; cela se voit encore dans le cours des opérations, lorsqu'une armée est forcée de modifier ses projets parce que l'ennemi a modifié les siens, ou qu'elle se trouve amenée, par la tournure imprévue des évènemens, à hésiter entre la continuation de son rôle, offensif ou défensif, et l'adoption d'un rôle contraire.

Quoi qu'il en soit, et lors même qu'il ne s'agit que de fixer le moment opportun pour s'emparer d'un point de territoire préalablement choisi comme objectif, cette question, il faut le reconnaître, peut être parfois embarrassante et épineuse, surtout si elle se rapporte au but final d'une campagne. Dans sa solution, en effet, il faut remplir des conditions pour ainsi dire contradictoires, et qui ne peuvent être satisfaites que les unes aux dépens des autres.

Ces conditions, en général, consistent, d'une part, à rendre l'occupation du but géographique assez prompte pour ne pas tomber dans la faute que les ennemis de la France commirent en 1793, c'est-à-dire pour ne pas laisser échapper une bonne occasion, et ne pas donner à l'adversaire le temps de se créer de nouvelles ressources; d'autre part, à ne pas vouloir s'emparer du point en question prématurément, et de manière à se trouver compromis entre une résistance de front contre laquelle on échouerait, et une diversion possible de corps opposés sur ses flancs et sur ses derrières.

Ce dernier cas aurait pu être celui de l'armée française dans la campagne de Russie, si de Moscou elle eût marché sur Saint-Pétersbourg, et eût été vraisemblablement le cas des armées coalisées en 1814, si Paris leur eût opposé une résistance plus énergique et que Napoléon fût tombé sur leurs derrières avec les quarante mille soldats d'élite qui lui restaient à Fontainebleau.

Cela posé, revenant à notre objet spécial de faire ressortir les difficultés qui se rattachent au choix des objectifs les plus convenables dans les diverses circonstances de la guerre, nous conclurons, en résumé, de ce qui précède, que ces difficultés se rencontrent, par fois, dans le projet même qui doit être arrêté le premier, c'est-à-dire dans celui du but géographique qu'il faut se proposer de poursuivre et d'atteindre, et se montrent Conclusion.

fréquemment dans la fixation du moment favorable à l'exécution de ce projet, ou à la prise de possession du but en question.

De la détermination du point de départ d'une armée offensive pour marcher vers le double but qu'elle doit se proposer d'atteindre. — Difficultés que cette détermination présente.

Quoi qu'il en soit, nous avons établi que, dans la généralité des cas, une armée offensive pouvait choisir la capitale de son ennemi, comme un guide-directeur de ses opérations, comme un dernier objectif à occuper opportunément pour le forcer à la paix après avoir battu ses forces actives.

Nous allons maintenant nous occuper de la détermination du point de départ des troupes assaillantes, c'est-à-dire de la partie de leurs frontières où elles se rassembleront, et de laquelle elles partiront, pour poursuivre le double but qu'elles doivent chercher à atteindre.

Cas où la ligne des frontières est parallèle aux lignes naturelles de défense de l'ennemi et ne se rapproche sensiblement de sa capitale par aucun point.

Lorsque la ligne des frontières présente une direction telle qu'aucune ligne d'opérations, dirigée d'un de ses points sur la capitale ennemie, n'est sensiblement plus courte qu'une autre; lorsque de plus, en raison de la position des lignes naturelles de défense de l'ennemi, le rassemblement de ses troupes doit s'effectuer sur une direction à peu près parallèle à celle desdites frontières, il n'est pas fort difficile, en général, de fixer le choix du point du rassemblement et de départ de l'armée offensive. Ce choix se détermine par les conditions principales que la ligne d'opérations, d'une largeur proportionnée à la quantité des troupes qui doivent la suivre, présente un nombre convenable de bonnes routes pour leur cheminement ; offre, avec des ressources suffisantes pour les subsistances, le moindre nombre d'obstacles à surmonter, et donne le plus de facilités possibles pour la garde des communications.

Cas où la ligne des frontières se rapproche sensiblement, par un de ses points, de la capitale ennemie.

Le choix du point de rassemblement et de départ n'est pas aussi facile, lorsque la ligne des frontières se rapproche sensiblement, par une ou plusieurs de ses parties, de l'objectif final formant le but géographique de la campagne, et les considérations diverses qu'il faut embrasser alors sont de nature à rendre la question épineuse et embarrassante.

En effet, si, d'un côté, il est manifeste qu'il y a avantage à restreindre le nombre des opérations partielles d'une campagne offensive, pour en rendre le résultat plus prompt et diminuer la quantité de mauvaises chances à courir ; de l'autre, il n'est pas moins évident qu'il est essentiel d'éviter les dangers et de rendre faciles et sûrs les moyens d'exécution que l'on emploie. Or, ce qui est facilement exécutable par un grand capitaine et d'excellentes troupes, peut l'être difficilement par un chef moins habile et des troupes moins aguerries, et rien de positif, rien de précis ne détermine la juste limite de ce qui est permis et de ce qui est défendu pour les uns et pour les autres.

Si, dans le but de diminuer le nombre des opérations partielles de la campagne, vous choisissez, pour lieu de rassemblement et de départ, le point des frontières le plus rapproché de l'objectif géographique que vous voulez atteindre, il peut arriver que vous ayez beaucoup plus de peine à déboucher, et une ligne d'opérations moins commode, moins sûre, moins avantageuse sous beaucoup d'autres rapports, qu'en adoptant un point de départ différent. En voulant suivre, dans vos opérations, une marche trop rapide et obtenir prématurément des résultats décisifs, vous pouvez vous exposer à des dangers qui vous compromettent, de même que vous pouvez, par trop de timidité et par une circonspection malentendue, laisser échapper des avantages que vous auriez obtenus avec un peu plus de confiance et de résolution. De part et d'autre enfin, il peut y avoir des avantages et des inconvéniens dont l'appréciation comparative soit difficile et délicate, et qui rendent fort embarrassant le choix du lieu de rassemblement et de départ le plus convenable.

Exemple.

Un exemple frappant de la vérité de nos assertions, c'est le désaccord qui éclata entre Bonaparte et Moreau, au sujet du point de passage du Rhin par l'armée française, en 1800.

La France était maîtresse de la Suisse, et la base d'opérations de son armée qui s'étendait le long du Rhin avait, par suite du crochet que le fleuve forme depuis Bâle jusqu'au lac de Constance, un point plus rapproché que les autres de la capitale ennemie qui était Vienne.

Bonaparte voulait profiter de cette disposition pour rassembler toute l'armée française aux environs du lac; la jeter de là sur le flanc gauche et les derrières des Autrichiens; battre ceux-ci, en refouler une partie sur le Rhin et la détruire, et rejeter l'autre partie, dispersée, au-delà du Danube. Un pareil plan, rapidement et vigoureusement exécuté, eût ouvert aux Français le chemin de Vienne dont ils se seraient emparés sans coup férir, après la destruction de l'armée chargée de la protéger : la campagne alors aurait pu être terminée en quinze ou vingt jours, en donnant les résultats les plus brillans et les plus complets.

Moreau, qui avait le commandement de l'armée française et, par suite, la responsabilité de ses opérations, trouva beaucoup trop hardi le projet de Bonaparte. Il fut effrayé par la difficulté de rassembler et de faire déboucher une armée de cent mille hommes sur un même point du Rhin, dans un pays difficile et en présence d'une armée nombreuse et aguerrie : il préféra attirer, par des démonstrations, l'attention de l'ennemi du côté de Strasbourg, et effectuer ensuite avec les différens corps de son armée, des passages successifs sur les points de Vieux-Brisac, de Bâle et de Schaffouse.

Le plan de Bonaparte était à la hauteur de ses talens, et, pour lui, son exécution était praticable, comme le témoignent maints exemples de sa glorieuse carrière et la preuve éclatante qu'il donna quelques jours plus tard, de sa science pratique, aussi bien que de son génie de conception, en effectuant le mémorable passage du Saint-Bernard, incomparablement plus difficile que ne l'eût été celui du Rhin, par l'armée d'Allemagne, sur le seul point de Schaffouse.

Mais Moreau, d'un caractère plus froid, d'un esprit plus lent, plus inquiet, plus facilement embarrassé, ne possédait pas toutes les qualités qu'exigeait la bonne exécution du projet de Bonaparte, et, par ce motif, il fit probablement bien de ne pas la tenter.

Il résulte en effet de la première vérité capitale ci-dessus établie, qu'une condition essentielle de succès à la guerre, c'est que le plan d'une opération soit bien approprié au caractère, à la conception d'esprit, et à l'habileté du chef qui l'exécute, lesquels constituent manifestement une partie très-importante des ressources que ce chef possède.

Or, si dans la circonstance que nous venons de rappeler, les moyens d'exécution, consistant dans les qualités de l'armée française, étaient aussi parfaits que possible, Moreau, malgré ses talens qui en faisaient un des généraux les plus remarquables de son époque, n'avait pas la conception assez étendue et assez prompte, pas assez d'esprit d'expédiens, de résolution et de confiance en lui, pour s'approprier complètement le projet de Bonaparte, et porter dans son exécution, la supériorité qu'y aurait déployée ce dernier.

Quoi qu'il en soit, s'il est permis d'admettre que Bonaparte et Moreau, au point de vue de leurs caractères et de leurs talens respectifs, choisirent tous deux raisonnablement, quoique d'une manière différente, les points de rassemblement et de départ qui étaient à leur convenance, on n'en peut pas moins conclure de leur dissentiment, que le choix de ces points, pour une armée qui se destine à prendre l'offensive en quittant ses frontières, est susceptible de présenter parfois de sérieuses difficultés. Conclusion.

Ce dissentiment, en effet, reporte à cette vérité incontestable, qu'il existe, suivant les qualités des chefs et des armées, différentes manières de conduire une même entreprise de guerre, et l'on est obligé de reconnaître alors cette autre vérité qui suit :

La nécessité d'approprier parfaitement un système d'opérations au caractère et à l'habileté d'un chef aussi bien qu'au nombre et aux qualités de ses troupes, pour que ce système soit aussi bon qu'il est susceptible de l'être; la difficulté de reconnaître exactement les avantages et les inconvéniens qui résultent pour l'application, de ce que cet accord existe ou n'existe pas, ou existe à un degré inférieur ; la difficulté d'apprécier, d'une manière comparative, les qualités des troupes opposées et de leurs chefs, surtout au début d'une campagne; l'ignorance des projets et du mode de défense de l'ennemi; la connaissance imparfaite des obstacles de toute nature que présente l'exécution de tel ou tel plan ; enfin d'autres causes encore doivent rendre parfois délicate et embarrassante, pour une armée offensive, l'option entre divers modes d'opérations, et, par suite, entre différens points de rassemblement et de départ susceptibles d'être choisis par elle.

Ceci se trouvant établi, nous allons supposer maintenant le lieu de rassemblement et de départ d'une armée offensive, déterminé, de même que le but géographique vers lequel doivent tendre ses efforts, et continuer l'analyse des difficultés que présente la série des opérations destinées à la mener du point de départ au but fixe d'arrivée.

SECTION II.

Des difficultés du choix des meilleurs objectifs stratégiques.

SOMMAIRE.

Analyse succincte et réduction de la question. — Option entre un objectif d'armée et un objectif géographique, au début ou dans le cours d'une campagne. — Cas où l'ennemi est réuni. — Si l'armée offensive a une grande supériorité de valeur intrinsèque. — Si l'armée offensive n'a pas une grande supériorité de valeur intrinsèque. — Exemple. — Cas où l'ennemi est disséminé. — Exemples. — Choix de l'objectif le plus convenable entre plusieurs objectifs possibles d'armée. — Cas où l'ennemi est divisé en deux corps dont on est également distant. — Si le terrain est uni et que le but géographique final soit placé en arrière et à égales distances des corps chargés de le couvrir. — Si le terrain est accidenté, et que le but géographique final soit placé en arrière et à des distances inégales des corps chargés de le couvrir. — Si l'armée offensive est sensiblement plus rapprochée d'un corps ennemi que de l'autre. — Si l'ennemi est divisé en plus de deux corps. — Si l'armée offensive n'est pas réunie. — Cas où les objectifs d'armée tirent la plus grande partie de leur importance de leur situation géographique. — Exemple. — Choix de l'objectif le meilleur entre plusieurs objectifs géographiques. — Cas où l'ennemi est divisé en deux corps. — Si on a sur l'ennemi une sensible supériorité. — Si on est inférieur à l'ennemi. — Si on se trouve dans un cas compris entre les deux précédens. — Résumé et conclusion.

Le but géographique d'arrivée et le point de départ d'une armée offensive étant fixés, il est à observer que, soit que cette armée se trouve au début de ses opérations sur les frontières, soit que le cours des évènemens l'ait conduite en un point quelconque du théâtre de la guerre, les seules questions immédiates qu'elle peut avoir à résoudre, parmi celles qui sont relatives à la direction convenable de son plus prochain mouvement, se réduisent aux suivantes :

Analyse succincte et réduction de la question.

Opter entre une attaque immédiate et directe de l'armée ennemie, ou ce que nous avons appelé un objectif d'armée, et un objectif géographique dont l'occupation, préalablement faite sans obstacles et dans le but principal de battre l'ennemi d'une manière plus décisive, procurerait à cet égard de grands avantages;

Suivant qu'elle s'est prononcée pour un objectif d'armée ou pour un objectif de terrain, adopter le point le plus favorable dans son espèce, balance faite des avantages et des inconvéniens qu'il présente.

Il résulte de là que toutes les difficultés qui se rattachent à la direction convenable des mouvemens d'une armée, ou au choix des meilleurs objectifs stratégiques à un moment donné, se réduisent en dernière analyse à celles qui sont relatives :

Au bon choix entre un objectif d'armée et un objectif géographique;

Au bon choix entre les différens objectifs possibles d'armée;

Au bon choix entre les différens objectifs possibles de terrain.

Nous allons apprécier successivement toutes ces difficultés, en cherchant à les rendre saillantes dans des exemples convenablement choisis, et à remplir le but principal que nous nous sommes proposé dans cette partie de notre ouvrage et que nous avons défini en commençant.

D'après l'intérêt prédominant et incessant que l'on a à défaire l'armée opposée, dans le système de guerre moderne, plus encore que dans l'ancien, il est manifeste que, pour qu'il puisse y avoir hésitation dans le choix entre un objectif d'armée et un objectif de terrain, au début ou dans le cours d'une campagne, il faut que ce dernier réunisse des conditions peu communes; que, par exemple, sa possession compromette gravement la situation de l'adversaire en le privant de ses approvisionnemens ou de ses communications.

Option entre un objectif d'armée et un objectif géographique au début, ou dans le cours d'une campagne.

Un chef d'un talent médiocre et qui n'a pas, en raison des qualités ou du nombre de ses troupes, une supériorité bien dûment établie sur l'ennemi, ne doit pas songer à marcher préalablement sur un point de cette espèce, à moins qu'il ne puisse le faire sans risques et sans compromettre ses propres communications, ce qui est fort rare. Quant à un chef habile, commandant à des troupes aguerries, il peut le tenter, même en s'exposant à quelques périls; mais, pour le faire raisonnablement, il faut qu'après avoir pesé avec justesse et impartialité tous les avantages et tous les inconvéniens de son entreprise, il y reconnaisse un intérêt bien positif et bien manifeste. Quoi qu'il en soit, et quelque rares que puissent être les cas d'hésitation que nous soumettons à l'examen, nous allons voir que les considérations à embrasser quand ils se présentent, sont de nature à les rendre fort embarrassans.

Nous admettrons deux hypothèses : l'une ou l'armée ennemie est concentrée et réunie, et l'autre où elle est disséminée en plusieurs corps, séparés par des distances qui ne leur permettent de se réunir qu'après plusieurs journées de marche.

Cas où l'ennemi est réuni.

Dans la première, la question est moins compliquée que dans la seconde, et il peut se faire alors que les difficultés de l'option entre un objectif d'armée et un objectif géographique s'effacent, en partie, par la possibilité de négliger les considérations secondaires, pour ne s'occuper que d'un point réellement important. Cela arrive lorsque le chef de l'armée offensive est doué d'un grand caractère et de talens tout-à-fait supérieurs; lorsqu'il commande d'excellentes troupes dont le nombre au pis aller, n'est pas de beaucoup inférieur à celui de l'ennemi; et qu'en raison des ressources de son génie et de ses puissans moyens d'action, en raison de l'infériorité morale de ce dernier, il est autorisé à regarder ses conceptions comme étant d'une exécution prompte, facile et peu dangereuse.

Si l'armée offensive a une grande supériorité de valeur intrinsèque.

Le point dont l'importance prédomine, dans la circonstance dont il s'agit, consiste à déterminer le lieu où il faut se porter pour avoir à combattre toute l'armée ennemie, où la plus grande partie possible de cette armée, et les considérations principales, d'après lesquelles cette question doit être résolue, se bornent aux suivantes :

Évaluer exactement les distances où l'armée offensive et celle qui lui est opposée se trouvent de l'objectif géographique, le temps nécessaire pour parcourir ces distances, en tenant compte de la difficulté des obstacles à surmonter, afin de juger s'il est possible à la première armée d'atteindre le point dont il s'agit, avant la seconde;

Apprécier avec justesse la nature et la force de la position géographique, ses ressources en tous genres, le parti qu'on peut en tirer, et surtout ses rapports avec les lignes d'opérations et de communications de l'adversaire, pour reconnaître, d'une façon précise, jusqu'à quel degré son occupation laissera à celui-ci la faculté de s'échapper;

Évaluer, d'une autre part, la distance où l'on se trouve de l'ennemi, les obstacles qui en séparent, le temps nécessaire pour l'atteindre, les chances qu'on a de lui faire accepter la bataille, de le battre dans la position où il se trouve, et de l'achever ensuite en le poursuivant sur sa ligne naturelle et probable de retraite;

Enfin établir, d'une manière comparative, les avantages et les inconvéniens respectifs des deux partis à prendre, en ayant surtout égard aux chances et à la volonté que l'ennemi aura de se soustraire à des engagemens décisifs, dans l'adoption de l'un ou de l'autre.

Bien que ces considérations n'embrassent que les moyens de causer à l'adversaire le plus de dommages possible, et soient affranchies de l'estimation des dangers auxquels l'emploi de ces moyens peut exposer, et que nous avons jugés minimes et négligeables dans l'hypothèse particulière que nous avons faite, elles renferment encore, comme on le voit, assez d'élémens dont l'appréciation exacte est difficile et souvent même impossible, pour rendre épineuse, dans beaucoup de cas, l'option entre un objectif d'armée et un objectif de terrain.

Si l'armée offensive n'a pas une grande supériorité de valeur intrinsèque.

Lorsque l'armée défensive, que nous supposons toujours réunie, a sur l'armée offensive une grande supériorité numérique qui rachète les désavantages de son infériorité morale, ou lorsque cette infériorité morale n'est pas aussi grande que nous venons de l'admettre, il faut, bien que ses qualités l'autorisent à courir quelques risques pour se donner la chance d'obtenir de grands avantages, que l'armée offensive, outre les considérations que nous venons d'énumérer, embrasse encore celles qui sont relatives à sa propre sûreté.

Il faut qu'elle tienne un compte rigoureux et impartial de toutes les causes d'influence qui constituent pour elle des avantages ou des inconvéniens, des chances de succès ou de revers, et qui, eu égard à la bonté et au nombre comparatifs des deux armées, militent pour l'adoption d'un objectif d'armée ou d'un objectif géographique. La question du choix de l'objectif le plus convenable se trouvant alors compliquée de l'appréciation nécessaire et souvent épineuse d'élémens nouveaux, présente, en général, des difficultés beaucoup plus sérieuses que dans la circonstance hypothétique précédemment examinée.

Un cas de ceux dont nous voulons parler se rapporte particulièrement aux opérations d'un bon général qui, ayant battu l'ennemi dans le cours d'une campagne, mais sans obtenir des succès qui lui assurent complètement l'ascendant des armes, se trouve, relativement à cet ennemi, dans une position qui lui permet, soit de l'attaquer directement, sans risques et avec la perspective d'avantages modérés, soit de lui couper préalablement la retraite par l'occupation d'un point géographique, et de le combattre alors avec des chances d'un succès décisif, mais en s'exposant à certains dangers, par exemple à celui de compromettre plus ou moins ses propres communications.

D'autres cas analogues au précédent pourraient encore être cités, et nous allons en donner un exemple tiré des opérations du général Moreau dans sa célèbre campagne d'Allemagne, en 1800.

Lorsqu'après la retraite des Autrichiens devant l'ar- Exemple.

mée française et la concentration de leurs forces dans le camp retranché d'Ulm, Moreau, ayant rallié toutes ses troupes par sa jonction avec Sainte-Suzanne, se trouva à cheval sur le fleuve en amont de la ville, il pouvait prendre deux partis: ou bien faire passer toute son armée sur la rive gauche et attaquer de vive force l'armée autrichienne dans ses retranchemens; ou bien la porter sur la rive droite, marcher avec elle sur le Lech, et dans le cas où cette démonstration sérieuse contre la Bavière n'aurait pas attiré les Autrichiens de ce côté et ne les eût pas décidés à sortir de leur camp retranché, passer le Danube au dessous d'Ulm pour les couper complètement de leurs communications et les combattre dans cette position critique.

Bien que l'armée française eût acquis sur les Autrichiens, par les engagemens précédens, un ascendant incontestable et bien dûment reconnu, ces deux projets présentaient l'un et l'autre des avantages et des inconvéniens qui embarrassèrent beaucoup l'indécis Moreau.

Attaquer de vive force les retranchemens formidables de l'armée autrichienne, lui parut une opération téméraire, bien que tous ses lieutenans, et entr'autres Saint-Cyr, esprit froid et tacticien des plus habiles, fussent de cet avis.

Marcher sur le Lech par la rive droite du Danube, avec toutes ses forces réunies, en laissant Kray établi à

Ulm avec 75,000 hommes en arrière de son flanc gauche, et le prince de Reuss à la tête de 20,000 hommes dans le Tyrol, en arrière de son flanc droit, lui parut une manœuvre plus imprudente encore; car Kray et le prince de Reuss, en se donnant opportunément la main, pouvaient lui couper la retraite.

Le premier de ces partis énergiques offrait à Moreau l'occasion d'en finir avec l'armée autrichienne dans une bataille générale et décisive; le second, celle de conquérir, sans combattre, tout le pays compris entre l'Iller et le Lech, dans le cas où cette armée abandonnerait Ulm pour suivre son mouvement par la rive gauche du Danube et aller en hâte couvrir la Bavière; et dans le cas contraire, celle de la détruire complètement, en lui livrant bataille après l'avoir coupée de toutes ses communications.

Moreau n'adopta aucun de ces plans et en essaya successivement deux autres plus mauvais et plus imprudens que ceux-là, en laissant tour à tour sa gauche abandonnée sur la rive gauche du Danube, et aventurée entre ce fleuve et l'Iller, pendant qu'avec sa droite, sa réserve et son centre, il marchait sur Augsbourg pour faire sortir Kray de son camp retranché et l'attirer à lui.

Ces démonstrations, en effet, n'ayant pas le caractère d'opérations sérieuses, ne pouvaient réussir; et dans la première comme dans la seconde, l'aile gauche de l'armée française eût été enlevée et détruite, si le général autrichien avait montré un peu plus d'habileté et de vigueur.

Lorsque Moreau eut vu échouer ses deux tentatives, il se décida enfin à passer le Danube au-dessous d'Ulm, à s'y mettre à cheval sur le fleuve pour couper entièrement les Autrichiens de leurs communications, et par conséquent à exécuter le mouvement qu'il n'avait pas osé entreprendre à deux reprises différentes.

L'exemple remarquable que nous venons de citer prouve évidemment, par les hésitations, et on peut dire même par les fautes du chef français, que le choix entre un objectif d'armée et un objectif géographique peut être souvent embarrassant et difficile.

Cas où l'ennemi est disséminé.

Les difficultés augmentent encore quand l'ennemi, au lieu d'être réuni, a les différentes parties de ses forces disséminées à plusieurs journées de marche les unes des autres.

Alors, en effet, il faut tenir compte des combinaisons différentes qui résultent, pour l'attaque, de la dispersion des corps opposés, et comparer les avantages et les inconvénients de la meilleure de ces combinaisons avec ceux de l'occupation préalable de l'objectif géographique.

Supposons, pour prendre un exemple fort simple, l'armée ennemie séparée en deux corps, A et B, distans entr'eux d'une quinzaine de lieues et ayant derrière elle, en travers de la direction naturelle de sa ligne de retraite, une rivière où elle ne possède que des points de passage peu solidement gardés. Supposons que, par une marche habile et rapide, l'armée offensive, C, soit arrivée avec ses forces concentrées en un point latéral duquel elle puisse, soit prévenir l'ennemi sur la rivière en lui laissant alors la faculté de se réunir, soit atteindre et écraser isolément le corps A, le plus voisin, sans que cette dernière chance soit pourtant certaine. Quel parti conviendra-t-il de prendre dans une semblable occurrence? Exemple.

Si l'on se porte sur le corps A, après avoir pris soigneusement ses mesures, il peut se faire, sinon qu'on le sépare du corps B et qu'on l'écrase entièrement, du moins qu'on le rejette avec pertes et en désordre sur ce dernier, et qu'en poursuivant activement ses avantages on batte les débris de l'un joints aux forces de l'autre, tandis qu'il eût été difficile de défaire ensemble les corps A et B, s'ils se fussent trouvés préalablement réunis. Mais il peut arriver également que le premier corps assailli, se dérobant assez promptement pour rester intact ou n'être que faiblement entamé, s'échappe en entraînant le second dans sa retraite, ou forme, par sa réunion avec celui-ci, une masse assez imposante pour tenter avantageusement le sort des armes.

D'un autre côté, si on prend le parti de se porter directement sur la rivière et qu'on batte l'ennemi après l'avoir préalablement coupé de ses communications, son armée sera vraisemblablement détruite ou forcée de capituler; mais si, au lieu de remporter une victoire, on éprouve un revers, on se trouvera le plus souvent soi-même dans une position fort critique.

Dans le cas où l'armée C a sur les corps réunis de l'armée opposée une supériorité notable, ou se trouve, à leur égard, dans une situation marquée d'infériorité, la question de l'option entre l'objectif géographique et l'objectif d'armée est généralement peu difficile, et il convient, dans la première hypothèse, d'opter pour le premier, et dans la seconde, pour le second: mais il n'en est pas de même dans les cas les plus nombreux, où la supériorité ou l'infériorité d'une armée, par rapport à l'autre, n'est pas bien tranchée, et où la différence numérique qui existe entr'elles est susceptible d'être rachetée par une différence entre les qualités des troupes et des chefs qui les commandent.

Ainsi un chef d'un notable talent, à la tête d'une armée brave et aguerrie, mais inférieure en nombre aux deux corps réunis de l'armée ennemie, peut éprouver des difficultés sérieuses et être fort embarrassé dans le choix de l'objectif qui lui convient le mieux. A plus forte raison, en est-il de même d'un général de moindre mérite, qui n'a pas les ressources d'esprit d'un grand capitaine, pour parer aux conséquences funestes d'une détermination fautive, et qui, soit qu'il commande une armée égale, ou un peu supérieure, ou un peu inférieure numériquement à celle son adversaire, doit tenir compte, dans la détermination de son choix, d'une foule de causes d'influence, dont la juste appréciation est d'autant plus difficile que la différence entre les qualités de deux armées est moins nettement accusée.

Des circonstances dont nous n'avons pas tenu compte, dans le cas simple à l'instant examiné, viennent encore, la plupart du temps, compliquer la question et la rendre plus embarrassante. Nous avons, en effet, supposé que les forces de l'armée C se trouvaient réunies : or, les cas dans lesquels tous les corps d'une armée arrivent au même moment en un point donné, sont fort rares.

Si un corps de l'armée C se trouve en arrière, et qu'on l'attende avant de s'engager, cela peut donner aux corps A et B le temps de se réunir pour combattre, ou de s'échapper. Si on se porte en avant, sans le corps resté en arrière, soit pour marcher contre l'ennemi, soit pour le prévenir sur la rivière et lui couper la retraite, il peut arriver que les corps A et B réunis, battent les troupes qui leur sont opposées, les acculent à la rivière et les y mettent dans la position la plus critique : il peut se faire encore que ces corps, se voyant coupés de leurs communications, se portent contre les forces retardataires de leur adversaire, les détruisent et viennent ensuite combattre le reste de son armée, avec le double avantage d'une supériorité numérique et d'une grande force morale puisée dans un succès récent.

Comme on le voit, l'hypothèse que nous venons de faire et qui se réalise souvent dans la pratique, donne lieu à des combinaisons nouvelles qui doivent augmenter encore les difficultés déjà reconnues du choix convenable entre les objectifs d'armée et les objectifs de terrain.

Parmi les exemples attestant ces difficultés dont fourmille l'histoire militaire, nous en rappellerons un fort remarquable qui se rapporte au cas actuellement considéré, et est puisé dans les opérations de la mémorable campagne d'Italie, en 1800.

Exemple

Lorsqu'après son célèbre passage des Alpes, Bonaparte fut arrivé à Ivrée avec l'armée de réserve dont l'avant-garde avait surpris, sur le Pô, un nombre de barques suffisant pour passer le fleuve, il eut à opter entre deux projets capitaux.

Le premier consistait à marcher contre l'armée autrichienne disséminée en trois corps principaux : l'un de 20,000 hommes couvrant Turin, commandé par le général en chef Mélas ; le second de 30,000 hommes faisant le siége de Gênes, sous les ordres du général Ott ; et le troisième de 15,000 hommes sur le Var, aux ordres du général Elsnitz, qui était en présence du corps de Suchet.

Le deuxième projet consistait à se porter sur Milan, pour se joindre à Moncey qui débouchait des bailliages italiens, amenant un renfort de 20,000 hommes de l'armée du Rhin, et à marcher ensuite, avec toutes ses forces réunies, contre l'armée autrichienne coupée de ses communications directes avec l'Autriche.

Chacun de ces projets présentait des avantages et des inconvéniens que nous analyserons ultérieurement dans une discussion approfondie, et dont nous nous bornerons ici à citer les plus importans.

Le premier, par une grande rapidité d'exécution, offrait une forte chance d'écraser successivement, avec un corps plus nombreux, chacun des corps isolés de l'armée ennemie, et l'avantage essentiel de délivrer promptement Masséna bloqué dans Gênes. Ses inconvéniens, peu à craindre, consistaient :

Dans la chance presque nulle que le corps de Mélas, exposé au premier choc de l'armée de réserve, parvînt à s'y soustraire en se rabattant promptement sur le corps d'Elsnitz, et que ces deux corps réunis, évitant par une marche rapide la poursuite de Suchet, qui aurait pu les placer entre deux feux, battissent l'armée de réserve d'une façon complètement décisive pour toute la campagne, en la séparant de Moncey et ne lui laissant pour retraite que la route de Suze et les défilés du mont Cenis occupés par le général Thureau;

Dans l'éventualité possible, quoiqu'invraisemblable, que Mélas s'échappât en se jetant rapidement sur Alexandrie, ce qui, à part la perte probable d'Elsnitz, eût fait manquer le but de la campagne en plaçant chaque armée dans une position naturelle, l'armée française appuyée au Mont-Blanc et au Dauphiné, et celle de Mélas, la gauche à Gênes, et ayant derrière elle les places de Mantoue, de Plaisance et de Milan.

Le deuxième projet offrait à Bonaparte l'avantage de réunir l'armée de réserve au corps de Moncey; d'assurer la retraite par le Saint-Gothard et le Simplon; de rétablir, par la prise de Milan, l'influence française dans un point fort important; de s'emparer d'une grande partie des magasins, des dépôts et des hôpitaux de l'armée ennemie, et de couper cette armée de ses communications directes avec l'Autriche et avec la place importante de Mantoue, pourvu qu'on gardât convenablement les principaux points de passage sur les deux rives du Pô: mais ce projet, d'un autre côté, présentait les inconvéniens graves :

De laisser aux Autrichiens le temps de se réunir et d'organiser leurs ressources; ce qui, en raison de la supériorité numérique qu'ils avaient, devait leur donner un grand avantage pour la bataille générale et décisive qui serait livrée ultérieurement;

De rendre presque infaillible la chûte de Gênes;

De donner aux Autrichiens, par la chûte de Gênes, une grande latitude pour s'échapper par le chemin de la Corniche, par la Toscane et le Duché de Modène, s'ils ne voulaient pas combattre; ou bien, la faculté de se renforcer de l'armée anglaise déjà réunie à Mahon, s'ils se décidaient à tenter, dans une bataille générale, le sort des armes;

Enfin, d'exiger, pour barrer à l'ennemi tous les passages sur les deux rives du Pô, et l'empêcher de rétablir directement ses communications avec l'Autriche, un déploiement considérable de forces mortes qui diminuerait d'autant l'armée destinée à livrer plus tard la grande bataille qui devait décider du sort de la campagne.

Une étude consciencieuse et approfondie de tous les élémens de la question a établi chez nous la conviction que, toute balance faite des avantages et des inconvéniens que présentait chacun des deux projets que nous venons d'exposer succinctement, le premier valait en réalité mieux que le second, bien que Bonaparte ait adopté celui-ci. Nous ne nous permettrions pas toutefois de conclure de notre opinion personnelle, que le général français dût éprouver de sérieux embarras à opter entre l'attaque immédiate de l'armée autrichienne et l'occupation préalable de Milan, si, outre que cela ressort, d'une manière évidente, suivant nous, de la discussion complète de la question, cela ne ressortait incontestablement aussi du changement qui s'opéra, sans motifs plausibles, dans les intentions et la détermination antérieures du premier consul, lorsqu'il fut arrivé à Ivrée.

Bonaparte mandait, en effet, à Masséna, dans une

dépêche du commencement de floréal, que du 28 au 30 de ce mois il serait arrivé à Ivrée avec toute son armée, et que de là il marcherait à grandes journées sur Gênes pour la débloquer.

Or, d'un côté, il ne nous semble pas admissible que Bonaparte ait fait cette promesse qui devait être nécessairement communiquée aux troupes et aux habitans de Gênes, sans avoir l'intention de la tenir, parce que rien ne démoralise des hommes placés dans une position critique, autant que la déception d'une espérance qui leur a été donnée, et parce que le résultat probable de cette déception reconnue eût été de faire succomber Gênes plus promptement.

D'un autre côté, la dissémination des corps ennemis, à l'arrivée de l'armée française sur le Pô, n'était certes pas de nature à engager celle-ci à s'en éloigner, pour marcher sur un objectif géographique situé d'un côté tout opposé à celui où ces corps se trouvaient.

Restait donc à alleguer, comme seul motif du changement de la détermination première de Bonaparte, la résistance inattendue du fort de Bard, dont on avait compté s'emparer chemin faisant, et dont la possession eût assuré, en cas de revers, la retraite de l'armée de réserve par le Saint-Bernard : mais il est à observer que, lors-même que le fort de Bard eût été en son pouvoir quand il déboucha des Alpes, Bonaparte ne pouvait pas avoir la prétention de marcher sur Gênes sans battre préalablement les corps ennemis qui se trouveraient sur son chemin, ou à proximité sur sa droite et sur sa gauche, et par conséquent sans assurer, par sa liaison avec Thureau, ses communications avec le Dauphiné.

La prise du fort de Bard, comme garantie de la sûreté de sa retraite, n'était donc pas d'une indispensable nécessité, dans l'exécution de son projet d'aller débloquer Gênes, et ne devait pas avoir sur ses opérations une influence prépondérante et assez décisive, pour que d'elle, dépendît l'exécution ou l'abandon de sa détermination primitive.

Bonaparte changea donc de décision sans motifs plausibles justifiés par l'arrivée d'évènemens imprévus, et par l'effet d'une de ces impressions du moment, instinctives plutôt que raisonnées, dont les meilleurs esprits subissent l'influence, mais qui ne peuvent évidemment dominer à la guerre les hommes doués d'un grand caractère et de talens supérieurs, que lorsqu'il leur est possible de douter sur les dispositions qu'il convient de prendre, lorsque le choix de la direction à donner à leurs opérations est sérieusement difficile et embarrassant.

Choix de l'objectif le plus convenable entre plusieurs objectifs possibles d'armée.

Lorsqu'une armée ennemie se trouve disséminée en deux ou plusieurs corps formant un effectif de troupes supérieur ou au moins égal à celui qu'on possède soi-même, et qu'on est parvenu, par d'habiles mouvemens, à se trouver en sa présence, avec une armée plus concentrée, il faut, pour se conformer aux prescriptions de la troisième vérité capitale ci-dessus établie, agir de la manière suivante :

Choisir l'un des corps opposés comme objectif primitif, et diriger contre lui des forces supérieures en état de le battre ; se borner, pendant ce temps, à contenir les autres avec des détachemens inférieurs ; enfin, le premier corps battu, se jeter rapidement sur les derniers, pour leur faire éprouver le même sort en les assaillant successivement et dans l'ordre le plus convenable.

Essayons de faire ressortir, par quelques exemples saillans, les difficultés de déterminer de la manière la plus convenable, un objectif primitif d'armée sur un théâtre de guerre.

Cas où l'ennemi est divisé en deux corps dont on est également distant.

Nous commencerons par admettre un des cas les plus simples qui puissent se présenter : celui où les forces de l'ennemi, sensiblement égales d'ailleurs à celles qu'on possède soi-même, sont partagées seulement en deux corps placés à des distances peu différentes et peu considérables de la position que l'on occupe avec ses troupes concentrées, en face de leur intervalle. En outre, nous considérerons d'abord les circonstances les plus simples de ce premier cas, en supposant :

Si le terrain est uni, et que le but

Que le théâtre des opérations est un pays de plaines,

présentant un terrain sans obstacles, qui permet d'atteindre avec une égale facilité l'un ou l'autre des deux corps opposés ;

géographique final soit placé en arrière et à égales distances des corps chargés de le couvrir.

Que la capitale de l'adversaire, où le but fixe à occuper opportunément, soit couvert par ses deux corps, et se trouve à la même distance à peu près de chacun d'eux ; de sorte que, sous ce rapport, il n'existe aucun motif pour choisir l'objectif primitif d'attaque, d'un côté plutôt que de l'autre.

Dans ces conditions réunies, s'il ne s'agissait que de rester finalement victorieux des deux corps ennemis, dans un temps qui ne fût pas positivement limité et sans qu'on eût à craindre qu'aucun ne cherchât à s'échapper sans en être venu sérieusement aux mains et avoir été battu d'une manière décisive ; ce qu'il y aurait de plus avantageux à faire, ce serait d'attaquer d'abord le corps le plus faible avec des forces suffisantes pour l'écraser ; de tenir, pendant ce temps, à un petit nombre de journées de marche de celles-ci, le restant des troupes disponibles, avec la mission d'observer et de contenir le principal corps, sans accepter aucun engagement sérieux ; enfin, le premier corps battu et dispersé, de tomber sur l'autre avec tout son monde réuni pour lui faire éprouver le même sort.

La raison de l'avantage de cette combinaison, *c'est qu'à supériorité numérique égale, il est d'autant plus facile de battre et d'anéantir un corps ennemi, dans une bataille ou dans une série d'engagemens successifs, que ce corps est moins nombreux* : c'est qu'il est plus facile, par exemple, soit sur un théâtre de guerre, soit sur un champ de bataille, de détruire 15,000 hommes avec 20,000, que 20,000 avec 25,000.

Mais il est à observer que cette vérité très-féconde, comme nous le verrons bientôt, par ses utiles applications sur le terrain limité d'un champ de bataille, où l'on tient, pour ainsi dire, l'ennemi sous les yeux et sous la main ; où l'on peut juger, plus sainement que sur un vaste théâtre de guerre, de ses intentions et de ses ressources ; où l'on peut choisir et disposer ses attaques avec la chance certaine qu'il ne disparaîtra pas avant le temps nécessaire pour la production de leur effet ; n'a ni la même facilité, ni la même sûreté d'application, ni le même degré d'utilité et d'intérêt immédiat, dans les opérations de la stratégie, en raison de la grandeur de l'échelle sur laquelle on opère, et des considérations nombreuses et variées qui viennent contrebalancer l'importance de sa mise en pratique.

Ainsi, par exemple, que l'on ait un intérêt puissant à détruire promptement la plus grande partie des forces de l'adversaire, soit parce qu'il attend des renforts, soit pour tout autre motif ; et c'est là manifestement une raison qui doit porter à attaquer préalablement son corps le plus considérable.

Si au lieu d'être un vaste pays de plaines, le théâtre des opérations est un terrain accidenté, présentant plus ou moins d'obstacles pour arriver aux deux corps ennemis, la question du choix du meilleur objectif devient déjà plus compliquée, parce que la force réelle de chacun de ces corps ne peut plus se mesurer exclusivement par le nombre et la qualité de ses troupes, et qu'il faut faire entrer en ligne de compte la valeur de la position qu'il occupe, la grandeur des difficultés à travers lesquelles on arrive à cette position, choses qu'il est fort malaisé d'apprécier exactement, surtout à distance.

Si le terrain est accidenté, et que le but géographique final soit placé en arrière et à des distances inégales des corps chargés de le couvrir.

Si la capitale ennemie, que nous supposerons le but fixe de la campagne, est inégalement distante des deux corps qui la couvrent, il y a, toutes choses égales d'ailleurs, avantage à regarder celui dont elle est le plus près, comme premier objectif et à diriger primitivement contre lui des forces supérieures et suffisantes pour l'écraser; mais bien d'autres considérations peuvent militer pour une détermination différente.

Admettons, par exemple, que le corps le plus rapproché de ladite capitale occupe un terrain formé d'une série de fortes positions, dont il a été d'ailleurs impossible de bien reconnaître la valeur réelle, comme cela arrive le plus souvent.

Si on considère ce corps comme l'objectif primitif et principal, et qu'on fasse contre lui son plus vigoureux effort, il arrivera de deux choses l'une, ou qu'on le battra, ou qu'on sera battu par lui.

Dans le premier cas, si la victoire est complète et décisive, tout sera pour le mieux : le chemin de la capitale de l'ennemi sera ouvert; une partie de son armée en sera coupée, si elle n'a eu le soin de battre précipitamment en retraite; et l'on se trouvera dans la meilleure position pour forcer son adversaire à la paix, en stipulant des conditions avantageuses.

Si la victoire a été chèrement achetée et qu'on ait éprouvé pour la remporter de grandes pertes, la situation sera moins favorable, parce qu'on aura à craindre, soit que les troupes ennemies, momentanément négligées, n'aillent rejoindre par une marche rapide les débris encore respectables du corps battu, et n'opposent avec eux une résistance difficile à vaincre, soit que ces troupes, repoussant le détachement envoyé pour les contenir, ne viennent menacer la ligne de retraite.

Dans le second cas, l'armée offensive battue, après avoir fait de vains efforts pour obtenir le succès, dans un terrain difficile, et essuyé nécessairement des pertes considérables, pourra être placée dans une position critique par une tentative du corps provisoirement ménagé par elle, contre ses communications. En toute occurrence, d'ailleurs, elle aura à regretter de s'être exposée à des chances de difficultés et de périls, qu'elle aurait pu éviter en choisissant pour premier objectif, les troupes ennemies les plus éloignées de leur capitale, établies dans un terrain dont les abords étaient plus faciles.

D'un autre côté, si l'on adopte ce dernier parti, on court, il est vrai, des chances de revers moindres et moins nombreuses; on a plus de facilités de battre son adversaire sur le point où l'on dirige son premier effort; on fait tomber, en les tournant, une série de fortes positions qu'il occupe; mais aussi on perd l'avantage qu'eût procuré le prompt enlèvement desdites positions, de couper à un de ses corps la plus importante retraite; on lui laisse, en éloignant la crise, un temps précieux dont il peut profiter pour augmenter ses ressources; on lui procure, en un mot, des avantages et des chances de salut qu'il n'aurait pas eus si on se fût décidé pour l'objectif le plus voisin de la capitale, et qu'on eût réussi dans l'exécution de la détermination prise en l'adoptant.

Comme on le voit, chaque projet présente son bon et son mauvais côté, et des chances de succès et de revers, dont l'appréciation comparative est fort difficile à faire exactement à l'avance.

Si l'armée offensive est sensiblement plus rapprochée d'un corps ennemi que de l'autre.

Nous avons supposé jusqu'ici que l'armée offensive se trouvait, avec ses forces concentrées, en face de l'intervalle séparant les deux corps ennemis et à égale distance, à peu près, de chacun d'eux.

Si elle se trouve sensiblement plus rapprochée de l'un

que de l'autre, elle a, toutes choses égales d'ailleurs, intérêt à s'attaquer préalablement au plus voisin, avec des forces suffisantes pour le battre; mais des considérations d'un autre genre peuvent encore ici militer pour l'adoption d'un objectif différent, et susciter dans la question des difficultés et des embarras.

En effet si, par exemple, le corps ennemi le plus rapproché est faible et sans grande importance, et qu'on l'attaque le premier, il peut arriver que l'autre s'échappe et qu'on n'obtienne qu'un succès insignifiant, tandis qu'il eût peut-être été possible d'atteindre et de battre le corps le plus considérable et le plus important, en se portant préalablement et rapidement contre lui avec le gros de ses forces, et d'obtenir ainsi un grand résultat matériel et moral.

D'un autre côté, si on prend ce dernier parti, les deux corps ennemis s'échapperont peut-être tous les deux; ou bien le plus faible trouvera le moyen de rejoindre le plus fort sur quelque point avantageux situé en arrière, et de présenter par sa jonction avec lui une résistance formidable; ou bien encore ce corps le plus faible, suivant l'armée opposée après avoir repoussé le détachement envoyé pour l'observer et le contenir, parviendra à faire, sur les derrières de celle-ci, une diversion de nature à la compromettre, pour peu qu'elle se trouve arrêtée de front par une résistance et des obstacles considérables et imprévus.

Si le corps ennemi dont on est le plus rapproché occupe un terrain de positions fortes qu'il soit possible de tourner, après avoir battu préalablement l'autre corps, et qu'on le choisisse malgré cela comme objectif primitif et principal d'attaque, il peut se faire qu'on le batte dans ses positions formidables et que, par ce coup hardi, rapide et vigoureux, on jette, dans les rangs de l'armée opposée, une démoralisation précieuse et décisive pour le reste de la campagne. Mais si, au lieu de remporter une victoire, on éprouve un revers, on aura manifestement à se reprocher de n'avoir pas eu plus de prudence et de circonspection, en adoptant un objectif présentant des chances de succès moins brillantes mais plus sûres.

D'une autre part, si on se décide à attaquer préalablement les troupes ennemies les plus éloignées, on laissera peut-être échapper une occasion favorable et unique d'exciter le moral de son armée, et d'abattre celui de l'adversaire par une action vigoureuse et un succès éclatant; on prolongera la durée de la guerre, ce qui est toujours une chose fâcheuse pour une armée offensive; on donnera à l'ennemi la faculté et le temps de se concerter, de se réunir, de recevoir des renforts, d'organiser de nouvelles ressources, et peut-être aura-t-on à regretter, plus tard, de n'avoir pas été plus entreprenant.

Si l'ennemi est divisé en plus de deux corps.

Si l'armée opposée, au lieu de ne former que deux

corps distincts, en forme trois, couvrant leur capitale et placés à des distances peu différentes de l'armée offensive dont les forces sont réunies, il y a, sous un rapport important, avantage pour cette dernière à choisir pour premier objectif le corps central, parce qu'en le battant et en le dispersant, elle enlève à l'ennemi les moyens de se réunir et peut détruire, l'un après l'autre, ses divers corps épars. Mais on voit un grand nombre de circonstances particulières ne pas se prêter à l'exécution de cette combinaison, et présenter des obstacles, des inconvéniens, des chances de dangers qu'il convient d'éviter.

Si, par exemple, les deux extrémités du front d'opérations de l'adversaire ne sont séparées que par une faible distance de deux ou trois journées de marche, et que le terrain à parcourir, pour atteindre le corps central et les positions qu'il occupe ou sont à sa portée, présente d'assez grandes difficultés, il peut se faire que les troupes offensives ne remplissent pas, contre celui-ci, leur but d'une manière satisfaisante, et que les corps ennemis des ailes, repoussant les détachemens envoyés pour les observer et les contenir, viennent compromettre gravement lesdites troupes, engagées au centre, en se réunissant sur leurs derrières.

Il arrive aussi que, par le fait de la situation et de l'importance d'un corps placé à une aile, les avantages de son attaque préalable contrebalancent et même surpassent ceux d'une attaque dirigée contre le corps du milieu. Ainsi, cela peut avoir lieu, soit lorsque le premier se trouve le plus rapproché des principales communications de l'armée à laquelle il appartient, ou d'une direction dans laquelle celle-ci attend des secours; soit lorsqu'en raison de sa force numérique, de ses qualités, du chef qui la commande, sa défaite est de nature à produire sur le reste des troupes un grand effet moral; soit encore, quand le terrain à parcourir pour opérer une attaque centrale ne remplit pas bien certaines conditions essentielles, relativement à la facilité des subsistances, à la commodité, à la liaison des cheminemens, etc.

Enfin aux considérations qui précèdent, il convient d'ajouter les observations suivantes :

Il est plus difficile de surprendre une armée, en l'attaquant sur le milieu que sur une des extrémités de son front d'opérations, et, dans le premier cas, on est obligé de faire des détachemens pour observer et contenir ses ailes; tandis que, dans le second, on peut se dispenser de prendre des précautions analogues et employer ensemble toutes ses forces, sans avoir à craindre de compromettre à la fois ses flancs et ses derrières, et de se trouver enveloppé.

En outre, en admettant qu'on parvienne, dans une première et principale attaque, à écraser le centre de l'ennemi et à rompre son armée sans que les ailes puissent s'y opposer, celles-ci naturellement chercheront à s'échapper, chacune de son côté, et le plus souvent l'une d'elles au moins y parviendra, par la raison que l'armée victorieuse du corps central ne pourra généralement se rejeter en forces que sur l'une ou sur l'autre.

Sous ce rapport, et indépendamment d'ailleurs des inconvéniens qu'elle peut présenter, une attaque primitive, dirigée contre l'un des corps extrêmes de l'armée ennemie, donne parfois plus de chances qu'une attaque centrale, de combattre, et, par suite, de défaire successivement la totalité de ses forces, parce que les deux corps provisoirement ménagés peuvent se réunir pendant le temps de l'attaque et de la poursuite du troisième, et trouver dans leur réunion assez de confiance pour se décider à résister vigoureusement et à accepter une bataille.

Si l'armée offensive n'est pas réunie.

Si, au lieu d'avoir toutes ses forces réunies, l'armée offensive se trouve elle-même un peu disséminée, et qu'elle attende, par exemple, un corps se trouvant à une ou deux journées de marche d'elle, et devant arriver dans une certaine direction, cette considération introduit des combinaisons nouvelles dans l'appréciation des avantages et des inconvéniens que présentent les différens objectifs, et augmente, en conséquence, les difficultés du choix de l'objectif le meilleur. Dans ce surcroît d'embarras, il faut compter principalement la question de savoir s'il conviendra d'attaquer, avant ou après l'arrivée du corps absent, question qui peut être fort délicate et fort épineuse, si, d'un côté, l'on a un puissant intérêt à attaquer promptement l'ennemi dans la crainte qu'il ne s'échappe ou pour tout autre motif, et que, d'un autre côté, le renfort attendu soit seul capable d'assurer complètement le succès des opérations.

Cas où les objectifs d'armée tirent la plus grande partie de leur importance de leur situation géographique.

Enfin les objectifs d'armée, entre lesquels un assaillant peut avoir à opter, tirent souvent la plus grande partie de leur importance, de leur situation géographique, et cela a lieu toutes les fois que celui-ci ne peut aborder son adversaire qu'en l'attaquant dans des positions stratégiques auxquelles s'appuie sa ligne de défense, et qui sont situées soit sur des cours d'eau, soit à des nœuds de grandes communications, soit ailleurs.

Dans de semblables circonstances les considérations à embrasser, les difficultés à vaincre, pour déterminer l'objectif le plus convenable, sont analogues à celles qui se rapportent aux cas précédemment examinés, et nous ne reproduirons pas ici des raisonnemens dont la substance resterait au fond la même.

Nous nous bornerons à établir, en forme de récapitulation, la conclusion suivante :

Tout projet d'opérations consistant à assaillir et à battre primitivement une armée ennemie dans une des positions qu'elle occupe, présente généralement dans son exécution des chances favorables et des chances mauvaises. L'importance relative de celles-ci dépend d'une multitude d'élémens, tels que les qualités respectives des partis opposés, la force et la situation de la position qu'il s'agit d'enlever, les distances à parcourir, les directions à suivre, les obstacles à surmonter pour y arriver, le profit plus ou moins grand que l'armée défensive peut tirer d'une différence de rapidité dans l'attaque dirigée contre ses troupes, pour le changement de ses dispositions et l'augmentation de ses ressources, et d'autres encore. Or, ces élémens divers exerçant des influences fort délicates à saisir, il en résulte que les projets eux-mêmes présentent, dans l'appréciation de leurs mérites, des difficultés qui sont de nature à embarrasser sérieusement le chef de l'armée offensive dans le choix de son principal objectif.

Exemples. Confirmons nos assertions précédentes par un exemple remarquable tiré des guerres de la révolution française.

Lorsqu'au début de sa campagne de 1800, Moreau, après avoir effectué ses divers passages du Rhin, se trouva sur la rive droite du fleuve, occupant avec les trois corps principaux de son armée une ligne qui s'étendait depuis les débouchés du Val-d'Enfer jusqu'au lac de Constance, tandis que son extrême gauche, encore engagée dans le Val, attendait, pour aller prendre sa position assignée sur la rive gauche du Danube, que les progrès de l'armée permissent de le faire sans danger, il eut, pour attaquer le gros de l'armée autrichienne, dont le front d'opérations s'appuyait par ses deux extrémités aux fortes positions d'Engen et de Stockach, à opter entre les trois partis suivans :

Ou bien considérer Engen comme objectif primitif et principal, et diriger sur cette position des forces supérieures à celles de l'ennemi et capables d'y obtenir contre elles un succès décisif, pendant que le reste de l'armée observerait Stockach et en intercepterait les communications ;

Ou bien adopter au contraire Stockach comme le premier et le plus important objectif ;

Ou bien enfin, eu égard à la supériorité numérique de l'armée française, attaquer à la fois Engen et Stockach avec des troupes plus nombreuses que celles de l'adversaire, ce qui n'empêchait pas d'ailleurs de tenir compte de l'intérêt qui pouvait exister à pousser l'une des deux attaques plus vigoureusement et plus rapidement que l'autre, c'est-à-dire, en d'autres termes, d'établir une distinction entre l'importance relative des deux objectifs.

La position d'Engen était beaucoup plus difficile à enlever que celle de Stockach, qui se trouvait à sa droite, par le double motif que les obstacles du terrain y étaient plus grands et qu'elle était occupée par la majeure partie de l'armée autrichienne.

Engen, en outre, était plus éloigné que Stockach

du point de Mœskirch situé sur la ligne de communication directe de l'ennemi avec Vienne ; et d'Engen à Mœskirch il n'existait que des chemins vicinaux assez difficiles et incommodes pour les mouvemens d'une armée, tandis qu'une grande et belle route reliait Mœskirch à Stockach.

D'un autre côté, Engen était pour l'armée française celui des deux objectifs qui se trouvait le plus à portée de la partie principale de ses forces qui, d'après ce que nous venons de dire, étaient loin d'être concentrées.

Enfin, il convient d'observer que le point de Stockach était plus rapproché que celui d'Engen, du corps autrichien du prince de Reuss posté dans le Tyrol, qui pouvait faire une tentative de diversion en faveur de l'armée autrichienne combattant en Allemagne.

Dans ces circonstances, voici quels étaient les principaux avantages et les principaux inconvéniens des trois plans ci-dessus mentionnés.

L'attaque sur Engen, considéré comme l'objectif primitif et le plus important, avait l'avantage :

De pouvoir s'effectuer dans le moins de temps possible avec le gros des forces françaises rapidement réunies ;

De permettre de frapper, dès le début de la campagne, contre la plus grande partie de l'armée ennemie, un coup vigoureux et peut-être décisif en ce qu'il établirait d'une manière prépondérante l'ascendant de nos armes.

Ce projet ne présentait par lui-même dans son exécution ni dangers, ni inconvéniens sérieux; car s'il était possible à la rigueur que le hasard amenât, à point nommé, le prince de Reuss pour se joindre aux troupes de Stockach, y repousser les Français et venir faire ensuite une diversion compromettante pour eux sur les flancs et les derrières de leurs principales forces engagées à Engen, la réalisation d'un semblable évènement était fort peu probable, si l'attaque dirigée contre Engen s'effectuait avec toute la vigueur et la rapidité désirables, et forçait l'ennemi à évacuer Stockach au bout de peu de temps, pour ne pas être prévenu à Mœskirch et courir le risque d'être coupé.

Le projet d'une grande attaque isolée, dirigée contre Stockach, pendant qu'on observerait Engen et qu'on contiendrait, dans l'attitude de la défensive, les troupes nombreuses qui s'y trouvaient réunies, offrait, par une prompte réussite, les avantages suivans :

De donner les moyens les plus efficaces de couper l'armée ennemie employée en Allemagne, de ses communications avec les Alpes et avec celle d'Italie;

De faire tomber, en la tournant, la formidable position d'Engen; de permettre de couper de ses communications directes avec Vienne, la plus grande partie de l'armée autrichienne, en la prévenant à Mœskirch et la forçant pour opérer sa retraite, de se jeter sur le Danube, par des chemins difficiles où il serait possible de l'atteindre et de la détruire, particulièrement au passage du fleuve; de permettre enfin de recueillir, quoique tardivement, une partie des grands résultats du plan offensif de Bonaparte.

Quant aux inconvéniens du choix de Stockach, comme premier et principal objectif, ils consistaient :

En ce que l'attaque de Stockach, faite avec l'intention d'y diriger son plus grand effort et de chercher à couper à la fois l'armée ennemie de ses communications avec l'Italie et avec Vienne, exigeait nécessairement la concentration des forces de l'armée de ce côté, ce qui ne pouvait se faire qu'à l'aide de mouvemens assez longs qui découvriraient à l'adversaire les projets formés contre lui, et lui laisseraient un répit dont il profiterait pour se concentrer lui-même davantage, pour augmenter ses moyens de résistance sur le point menacé, et opérer peut-être sa jonction avec le corps du Tyrol ;

En ce que, dans les conditions désavantageuses que nous venons de reconnaître comme conséquences d'un délai forcé mis dans l'exécution de la principale attaque, il était possible qu'on rencontrât à Stockach une résistance qu'on ne pût vaincre, et, au pis aller, que l'ennemi, ayant réuni ses forces, et prenant victorieusement l'offensive, après avoir d'abord efficacement résisté, mît l'armée française dans une position critique, en la battant et la refoulant dans l'angle formé par le Rhin et le lac de Constance.

Enfin le projet de deux grandes attaques simultanées, dirigées sans retard contre Engen et contre Stockach, avec des forces supérieures à celles de l'adversaire sur ces deux points, offrait, à peu près au même degré, les avantages réunis des deux plans précités, et en évitait, en grande partie, les inconvéniens : seulement il y avait dans l'exécution de ce projet, quelques conditions essentielles à remplir :

Il était indispensable que le succès à Engen ne précédât pas celui obtenu à Stockach, et n'enlevât pas le grand avantage de prévenir à Mœskirch le gros de l'armée ennemie; il l'était aussi qu'on n'employât pas, pour préparer l'attaque de Stockach, plus de temps que ne l'exigeait la réunion des troupes nécessaires et suffisantes pour y battre ladite armée; enfin, il fallait que la plus grande rapidité de l'attaque de Stockach compensât, par une plus grande chance d'éviter, soit une résistance opiniâtre sur ce point, soit une diversion du corps ennemi du Tyrol, l'accroissement des inconvéniens de cette résistance ou de cette diversion, provenant d'un déploiement de forces moins considérable que dans le cas où on aurait considéré Stockach comme objectif principal.

Quoi qu'il en soit, que l'on adoptât l'un ou l'autre des trois plans que nous venons d'examiner succinctement, il convenait de procéder à leur exécution de la manière qui suit :

Dans le projet d'une grande attaque isolée contre

Engen, il fallait réunir rapidement le corps de Saint-Cyr à celui de la réserve qui était à sa droite, et les diriger sans retard sur la position à enlever, en les faisant appuyer de près par le corps de Sainte-Suzanne placé à l'extrême gauche de l'armée, et qui aurait débouché du Val-d'Enfer.

Lecourbe qui formait, avec son corps, la droite de l'armée, se serait lié à ce mouvement par sa gauche, et, avec sa droite, se serait porté sur Stockach, attendant, pour en prendre possession et suivre l'ennemi dans sa retraite, que le succès décisif obtenu à Engen eût forcé les troupes de Stockach à l'évacuer, pour ne pas être prévenues à Mœskirch et ne pas se trouver coupées du reste de leur armée et de leurs communications avec Vienne.

Dans le projet d'une grande attaque isolée contre Stockach, il convenait de réunir le plus promptement possible le corps de la réserve à celui de Lecourbe dont il était le plus voisin, et de marcher avec eux sur le point en question. Pendant ce temps Saint-Cyr, se liant avec ces corps par sa droite, et appuyé à sa gauche par le corps de Sainte-Suzanne, se serait porté sur Engen, et aurait attendu, pour s'en emparer et continuer son mouvement offensif, que cette position, tournée par le fait de la victoire des Français à Stockach, fût évacuée par l'adversaire, craignant de se voir prévenu à Mœskirch et coupé de sa ligne de retraite.

Enfin, dans l'exécution de deux attaques simultanées dirigées contre Engen et contre Stockach, il convenait d'employer à l'attaque de cette dernière position le corps de Lecourbe, appuyé, au besoin, à sa gauche par une partie de la réserve, et à celle d'Engen le corps de la réserve et celui de Saint-Cyr suivis de près et soutenus à leur gauche par le corps de Sainte-Suzanne.

En outre, il était de la plus haute importance, ainsi que nous l'avons observé ci-dessus, que le succès obtenu à Stockach précédât celui qu'on obtiendrait à Engen, ou fût tout au moins remporté en même temps, afin que les troupes victorieuses sur le premier point pussent prévenir à Mœskirch la plus grande partie de l'armée opposée et lui couper la retraite.

Quelques heures devaient suffire aux corps de la réserve et de Saint-Cyr pour exécuter les mouvemens préparatoires exigés par les convenances de la double attaque actuellement en question, et quant au corps de Sainte-Suzanne, rien n'empêchait de le prévenir opportunément avant l'engagement, pour qu'il se mît en mesure, sinon d'y prendre part, au moins de s'approcher du champ de bataille et de rendre entièrement disponibles les troupes de Saint-Cyr.

Ajoutons que, dans les circonstances telles qu'elles se présentèrent en réalité, il était possible de simplifier les mouvemens préparatoires dont nous venons de parler et d'en abréger la durée, en reconnaissant, avec un peu d'habileté, comme on devait le faire, la répartition des forces de l'ennemi, qui se trouvait avec quarante-cinq mille hommes à Engen et avec douze mille seulement à Stockach, ce qui permettait de n'employer sur ce dernier point que le seul corps de Lecourbe et de commencer sans crainte l'attaque d'Engen avec les deux corps de la réserve et de Saint-Cyr réunis.

Moreau adopta, de fait, le parti qui consistait à attaquer simultanément Engen et Stockach, et qui, dans sa position, était bien effectivement le meilleur à prendre; mais il n'employa pas les moyens convenables pour assurer le succès de son entreprise et le rendre aussi complet que possible.

En effet, n'ayant pas eu préalablement le soin de réunir à la réserve, qu'il commandait en personne, le corps de Saint-Cyr, et ne voulant pas attendre son lieutenant qui se trouvait à cinq ou six lieues en arrière, sur sa gauche, donnant la main à Sainte-Suzanne, il attaqua la formidable position d'Engen avec le seul corps de la réserve renforcé d'une brigade de celui de Lecourbe.

Il en résulta que, sur ce point, la victoire, qui aurait dû être complète et décisive, fut disputée avec le plus vif acharnement, coûta aux Français presque autant de monde qu'aux Autrichiens; et que ceux-ci ne se décidèrent à abandonner le champ de bataille qu'à l'apparition de Saint-Cyr, qui arriva à la fin de la journée et ne prit point part à l'action.

Pendant que ces évènemens se passaient à la gauche, Lecourbe, avec son corps, enlevait rapidement Stockach, en remportant le succès le plus brillant; mais, n'ayant pas reçu, de son chef, l'ordre de poursuivre l'ennemi l'épée dans les reins, pour prévenir à Mœskirch le gros de son armée, il n'osa pas le faire de son propre mouvement, et perdit ainsi, par la faute de Moreau, une occasion unique de causer la ruine des principales forces autrichiennes.

Enfin Sainte-Suzanne, au lieu d'appuyer le mouvement de la réserve et de Saint-Cyr contre Engen, ne déboucha du Val-d'Enfer que pour se porter sur Donaueschingen, sur la rive gauche du Danube, où il ne pouvait momentanément servir à rien, et où il devait être exposé plus tard à la chance d'être détruit isolément, ainsi que le prouva l'expérience.

En résumé, et sans nous appesantir davantage sur la manière dont le général Moreau conduisit ses opérations au début de la campagne de 1800, on peut conclure ;

1° De la faute qu'il commit en attaquant Engen avec des moyens insuffisans et qui ne s'explique que par la fausse persuasion où il était d'être soutenu opportunément par Saint-Cyr, de trouver à Engen moins d'ennemis qu'il n'y en avait en réalité, et par la convenance de brusquer l'attaque pour ne pas donner aux Autrichiens le temps de se renforcer ;

2° De la faute qu'il commit en ne donnant pas à Lecourbe l'ordre de marcher en hâte sur Mœskirch après avoir enlevé Stockach; on peut conclure, disons-nous, de ces fautes :

D'abord, qu'il est de la plus haute importance à la guerre de reconnaître, avec exactitude, les positions et la force d'un ennemi que l'on veut attaquer, parce que l'incertitude, à cet égard, peut entraîner à des erreurs fort préjudiciables ;

Ensuite, que Moreau, tout en projetant deux attaques simultanées contre Engen et contre Stockach, considéra de fait le premier point comme l'objectif le plus important, ou bien n'eut de préférence marquée ni pour celui-là, ni pour l'autre.

Dans la première hypothèse, et en ne tenant compte à Moreau que de ses intentions, sans considérer ses actes, on pourrait incontestablement lui reprocher d'avoir mal apprécié l'importance de l'objectif de Stockach et les avantages décisifs qu'il pouvait retirer d'un succès obtenu sur ce point et activement poursuivi.

Dans la seconde, on pourrait lui adresser le même reproche, et de plus induire de son indécision, qu'il trouva dans le choix des deux objectifs entre lesquels il avait à opter des difficultés sérieuses, puisqu'il ne préféra ouvertement ni l'un ni l'autre.

Quoi qu'il en soit des intentions qu'on peut attribuer à Moreau et des motifs qu'on peut assigner à sa conduite, celle-ci n'en confirme pas moins cette vérité ci-dessus établie :

Que l'appréciation exacte de la bonté relative de deux objectifs d'armée (tirant principalement, dans le cas présent, leur importance de leur situation géographique) et celle de la nature et de la grandeur des moyens à employer, pour obtenir sur l'un d'eux un résultat désiré, sont susceptibles de présenter des difficultés sérieuses, et d'occasionner aux généraux en chef, de fort grands embarras.

Choix de l'objectif le meilleur entre plusieurs objectifs géographiques ou de terrain.

Terminons enfin notre examen des difficultés du choix des meilleurs objectifs stratégiques, par un aperçu de celles qui se rapportent aux objectifs géographiques ou de terrain, c'est-à-dire, à des points du théâtre de la guerre tirant exclusivement leur importance de leur situation géographique.

Ainsi que nous l'avons observé déjà, le point de départ, le but fixe et, autant que possible, la direction générale des opérations d'une armée offensive se trouvant déterminés, les difficultés que peut susciter le choix entre plusieurs objectifs géographiques, dans le courant d'une campagne, se réduisent, en définitive, à celles qui résultent de ce choix dans les différentes opérations partielles dont elle se compose et dont une quelconque a pour objet de porter l'armée, d'une position qu'elle occupe, à une position géographique qu'elle occupera immédiatement après.

Or, il arrive que, dans les circonstances rares qui justifient la préférence d'une armée offensive pour un objectif de terrain, préférence qui doit nécessairement offrir les chances d'atteindre et d'assaillir l'ennemi dans des conditions plus favorables que si on l'abordait directement, deux ou plusieurs objectifs géographiques présentent des avantages et des inconvéniens à des degrés peu différens, ou d'une différence imparfaitement appréciable, particulièrement lorsque l'armée ennemie est divisée en plusieurs corps.

Si l'ennemi est divisé en deux corps.

Supposons, par exemple, cette armée séparée en deux corps par un obstacle, tel qu'une chaîne de montagnes, ou un grand lac qui ne permet à ceux-ci d'opérer leur jonction que vers un point situé en arrière, et sur lequel il soit possible de prévenir au moins l'un d'eux, en le séparant de l'autre et le coupant de sa ligne de retraite.

Supposons encore qu'à une distance plus éloignée que ce premier point, s'en trouve un autre sur les communications de l'adversaire avec sa capitale, où il soit possible de prévenir à la fois ses deux corps et de lui couper totalement la retraite, mais en lui laissant alors la faculté de se réunir. Quel parti faudra-t-il prendre et lequel des deux objectifs géographiques conviendra-t-il d'adopter?

Il est évident qu'un chef habile commandant à de bonnes troupes en nombre supérieur à celles de l'ennemi, ayant tout avantage à engager une affaire générale, devra, à moins de circonstances exceptionnelles, se porter sur le point le plus éloigné dont la possession lui permettra de combattre et de défaire d'un seul coup toute l'armée opposée.

Il est également manifeste qu'un chef commandant une armée sensiblement inférieure à celle de son adversaire, et qui, par ce motif, devra chercher à battre celui-ci partiellement, aura avantage à marcher sur le point le plus rapproché qui lui procurera les chances les plus favorables pour atteindre son but. Mais la question se compliquera dans les cas compris entre les deux hypothèses extrêmes que nous venons de faire, et le choix entre les deux objectifs susceptibles d'être adoptés pourra devenir alors fort difficile et fort embarrassant.

Ainsi, un chef très-habile, possédant l'ascendant des armes, ayant une armée composée d'excellentes troupes, mais inférieure du quart, par exemple, à celle de son adversaire, pourra être très-sérieusement embarrassé pour se décider entre le parti sûr de détruire une partie des forces ennemies et le parti chanceux de détruire la totalité de ces forces. Il en sera de même d'un chef de talens ordinaires, commandant une armée égale en nombre à celle de l'ennemi, qui aurait eu sur celui-ci quelques avantages, mais sans que ces avantages aient établi son ascendant moral d'une manière bien marquée : il en sera de même encore d'un chef à la tête d'une armée numériquement supérieure à celle de l'ennemi, mais inférieure à elle en qualités, et qui, en raison de la sûreté de ses propres communications, pourra se permettre de manœuvrer sans dangers sur celles de son adversaire.

Nous n'entrerons pas dans la citation d'un plus grand nombre d'exemples, et nous nous bornerons à récapituler les conséquences logiques qui découlent de notre examen des difficultés du choix des meilleurs objectifs stratégiques dans les principales circonstances de la guerre. Ces conséquences basées sur la diversité et l'opposition des intérêts qui militent pour l'adoption de tel objectif ou de tel autre, et sur la multitude d'élémens différens et imparfaitement connus, ayant de l'influence sur la réalisation de ces intérêts, sans qu'on puisse apprécier exactement le degré de cette influence, sont susceptibles de se résumer dans les vérités suivantes:

1° Une armée offensive peut éprouver, à choisir l'objectif qui lui convient dans une opération stratégique, des difficultés tellement sérieuses, qu'il lui est impossible de démontrer, par des raisons entièrement plausibles et concluantes, que son choix est le meilleur;

2° L'objectif primitif à adopter dans une opération

stratégique, c'est-à-dire, le point sur lequel il convient de battre d'abord l'ennemi avec des forces supérieures à celles qu'il y possède, n'est pas toujours celui sur lequel le succès donnerait les résultats les plus profitables, parce que les conditions de ce succès peuvent être trop difficiles pour qu'il soit prudent de chercher à les réaliser ;

3° Les difficultés du choix des objectifs stratégiques les plus convenables tiennent généralement à ce que ces points, pour être bien déterminés, doivent remplir les trois conditions :

De pouvoir être sûrement enlevés ;

De pouvoir être enlevés en temps opportun ;

De pouvoir être enlevés de manière qu'il reste à ceux qui s'en sont rendus maîtres, assez de force et de puissance pour atteindre le but qu'ils se sont proposé.

Nous jugeons superflu d'analyser, dans un examen analogue au précédent et également détaillé, les difficultés du choix des meilleurs objectifs stratégiques pour une armée défensive.

Toutefois nous reconnaîtrons que, bien que les opérations de la défensive embrassent des combinaisons moins nombreuses et moins variées que celles de l'offensive, parce qu'elles sont indiquées d'une manière plus précise, parce que l'armée qui les exécute est mieux fixée sur la direction qu'il convient de leur donner en raison de la connaissance parfaite du terrain qu'elle a à défendre, et parce que les mouvemens de cette armée doivent être subordonnés à ceux de l'ennemi qu'elle attend et voit venir ; ces opérations n'en sont pas moins de nature à présenter des difficultés sérieuses relativement au choix le plus convenable des objectifs, sur un théâtre de guerre.

En effet, c'est là d'abord une conséquence naturelle des difficultés mêmes qui embarrassent l'armée offensive, des indécisions qui en résultent pour la fixation de ses objectifs, et de la faculté qu'elle a souvent de pouvoir, avec un peu d'habileté, cacher sinon la direction de ses attaques, du moins leur importance, le nombre des troupes qu'elle compte employer dans chacune d'elles et duquel dépend évidemment celui qu'il convient que le défenseur lui oppose.

En outre, les combinaisons d'opérations ayant pour but l'unique efficacité de la défense ne sont pas les seules que doive embrasser une armée défensive. Celle-ci, en effet, pour opérer avec succès, ne peut pas borner son rôle à défendre passivement son terrain, mais doit au contraire profiter de toutes les occasions favorables pour prendre l'offensive, battre l'ennemi et le forcer par des échecs à renoncer à ses projets.

Or, pour atteindre ce double but, il faut remplir, en général, un grand nombre de conditions différentes et souvent opposées, qui ne peuvent être satisfaites que les unes aux dépens des autres et dont la considération, comme on le comprend aisément, est une cause influente des embarras du choix des objectifs stratégiques de la défense.

Nous nous bornerons à l'analyse suffisamment concluante que nous venons de faire des difficultés de choisir le mieux les objectifs à adopter sur un théâtre de guerre, et nous allons examiner maintenant les difficultés du choix des objectifs tactiques dans les batailles.

SECTION III.

Difficultés du choix des meilleurs objectifs tactiques dans les batailles.

SOMMAIRE.

Distinction des différentes espèces de batailles qu'une armée peut livrer. — Rareté des batailles purement offensives ou purement défensives. — Les batailles les plus ordinaires sont les batailles offensives-défensives et défensives-offensives. — Les chocs de deux armées dans une bataille ne sont pas simultanés et également vigoureux sur tous les points. — Motifs. — Conséquences. — Du principal objectif tactique dans une bataille. — — Conditions que doit remplir un bon objectif. — Principaux points de vue sous lesquels une armée offensive peut envisager son but dans une bataille. — Armées auxquelles convient plus particulièrement le premier point de vue. — Le second. — Le troisième. — Le premier point de vue rentre souvent dans le deuxième. — En général, une armée doit envisager son but simultanément sous les trois points de vue différens. — Difficulté du choix des meilleurs objectifs, en n'envisageant le but à atteindre que sous un seul des trois points de vue sous lesquels il peut être envisagé. — Cas où le but consiste à rester simplement maître du champ de bataille. — Le meilleur objectif à adopter d'abord n'est pas toujours celui dont l'occupation permettrait le mieux d'atteindre le but qu'on se propose. — Cas où le but consiste à gagner la bataille par l'emploi de moyens prudens, qui garantissent le mieux des chances d'un désastre en cas d'insuccès. — Cas où le but consiste à gagner la bataille par l'emploi des moyens qui permettent de tirer le plus grand profit de la victoire. — Si la ligne de retraite de l'ennemi est placée en arrière de son centre. — D'une de ses ailes. — Conclusion. — Difficulté du choix des meilleurs objectifs dans les batailles, quand on envisage le but à atteindre simultanément sous les trois points de vue principaux sous lesquels il peut être envisagé. — Distinction de trois cas généraux. — Premier cas, où les trois manières d'envisager le but à atteindre indiquent comme objectif un point unique. — Second cas, où les trois manières d'envisager le but indiquent comme objectif deux points différens. — Si l'ennemi, sur un champ de bataille, imite exactement vos dispositions, et qu'il ait l'avantage du terrain, les chances de succès seront pour lui, toutes choses égales d'ailleurs. — Dans une bataille, comme, en général, dans toute opération de guerre, le succès dépend bien moins du choix de tel ou tel objectif que du talent de savoir cacher ses projets à l'ennemi, jusqu'au moment où il ne peut plus s'opposer à leur exécution. — Troisième cas, où les trois manières d'envisager le but à atteindre indiquent comme objectifs trois points différens. — Si le champ de bataille est entièrement uni. — Si le champ de bataille est accidenté et que l'armée offensive ait ses communications couvertes par une forte position. — Il convient de ne s'engager qu'avec mesure et circonspection sur un point important adopté comme principal objectif tactique.

Distinction des différentes espèces de batailles qu'une armée peut livrer.

Les différentes espèces de batailles qu'une armée peut livrer sont comprises dans quatre catégories générales, dont chacune se distingue par un but et un caractère particuliers, et qui embrassent : les batailles purement offensives, les batailles purement défensives, les batailles offensives-défensives, et enfin les batailles défensives-offensives.

Une armée qui livre une bataille purement offensive a pour but exclusif de battre l'ennemi de la manière la plus complète et la plus profitable possible, en l'attaquant généralement dans toutes les parties de sa position, et ne s'astreignant à garder la défensive sur aucun point de la sienne propre.

Celle qui combat dans une bataille, d'une façon exclusivement défensive, après avoir attendu son adversaire, postée dans une position avantageuse, a uniquement en vue de repousser ses attaques sur tous les points où il les dirige, en lui opposant sur chacun d'eux la résistance la plus énergique et la plus efficace, et de le forcer par des échecs à renoncer à ses projets et à abandonner le champ de bataille.

Les batailles offensives-défensives sont celles que livre une armée dont le but principal est de battre l'ennemi en l'attaquant sur le point qui présente, tout considéré, le plus d'avantages, mais qui, ayant en même temps égard à la nécessité de se préserver des chances d'un désastre, se tient sur la défensive en certains points où elle se sent plus faible que son adversaire et vulnérable.

Enfin, les batailles défensives-offensives sont celles livrées dans des positions généralement choisies, à l'avance, par une armée qui a pour but essentiel de repousser efficacement les attaques dirigées contre elle, mais en ne s'astreignant pas à une résistance passive, et se réservant au contraire de profiter des occasions favorables pour battre l'ennemi, en prenant contre lui l'offensive.

Rareté des batailles purement offensives ou purement défensives.

Une armée ne doit, en général, livrer une bataille purement offensive que lorsqu'elle possède une grande supériorité numérique ou morale qui lui assure, pour ainsi dire d'avance, la victoire, et ne doit également accepter dans un engagement un rôle exclusivement défensif que dans des circonstances entièrement exceptionnelles, où une infériorité numérique considérable et un appui solide, offert à ses troupes par une position à peu près inexpugnable, le lui prescrivent impérieusement.

Les batailles offensives-défensives et les batailles défensives-offensives sont donc celles qui se livrent le plus ordinairement à la guerre, et les seules que puisse raisonnablement livrer une armée dans la généralité des circonstances. En outre, comme ces sortes de batailles, en raison de la nature complexe de leur but et des conditions différentes et parfois contradictoires qu'il faut remplir pour l'atteindre, sont manifestement celles qui présentent les combinaisons les plus compliquées et les plus embarrassantes pour le choix convenable des objectifs; c'est principalement dans leur examen que nous apprécierons les difficultés de ce choix, en faisant sur la force respective des deux armées opposées, leurs qualités, les positions qu'elles occupent, leurs projets nettement précisés, toutes les hypothèses susceptibles de faire ressortir lesdites difficultés dans leur multiplicité et leur grandeur.

Les batailles les plus ordinaires sont les batailles offensives-défensives et défensives-offensives.

Lorsque deux armées en viennent aux mains sur un champ de bataille, en général, elles ne s'abordent pas simultanément sur le développement entier de leurs fronts, et surtout ne combattent pas sur tous les points, avec la même vigueur et le même acharnement.

Les chocs de deux armées dans une bataille ne sont pas simultanés et également vigoureux sur tous les points.

Les principaux motifs de ce fait, tenant à ce qu'un pareil système de combattre aurait des conséquences que l'un au moins des deux partis a intérêt à éviter, sont faciles à déduire :

Motifs.

1° Le choc des deux armées leur causerait à

toutes deux des pertes considérables, plus préjudiciables à la plus faible qu'à la plus forte, et qui, dans le cas où la première aurait une grande infériorité numérique, lui feraient courir la chance d'être écrasée, quelles que fussent d'ailleurs ses qualités morales;

2° Pour remporter une victoire, il n'est pas nécessaire de battre directement l'ennemi sur tous les points, par la raison qu'en obtenant un succès signalé sur une partie du champ de bataille, on découvre les flancs et les derrières des parties voisines, ce qui permet d'exercer contre celles-ci des attaques de flanc et de revers beaucoup plus efficaces et plus décisives que les attaques de front;

3° Dans une bataille où toutes les parties de deux lignes ennemies en viendraient simultanément aux mains, en déployant la puissance entière de leurs ressources, l'armée la plus habile et la plus manœuvrière ne tirerait ni de ses talens, ni de sa mobilité, les avantages qu'elle est en droit d'en attendre, parce que les mouvemens des deux armées se réduisant pour ainsi dire à des marches de front, n'embrasseraient aucune des ingénieuses combinaisons de l'art de la tactique, si variées et si fertiles en résultats, quand on sait les exécuter à l'improviste, opportunément, et avec toute la rapidité désirable.

Conséquences. Il résulte de ce que nous venons de dire qu'en considérant le terrain d'un champ de bataille comme formé de trois parties principales, le centre et les deux ailes, on peut admettre qu'il ne conviendra à une armée quelconque, de faire agir ses forces sur ces trois parties, simultanément et avec la même vigueur, que dans des cas fort rares, comme, par exemple, celui où, possédant sur son adversaire une grande supériorité numérique, elle aurait à craindre qu'en ne l'abordant vigoureusement que sur un point, les troupes occupant les points ménagés ne parvinssent à s'échapper.

Dans la généralité des circonstances, s'il arrive que les trois parties opposées de deux armées ennemies en viennent aux mains au même moment, ou à des momens rapprochés, les luttes qui en résultent n'ont pas toutes le même degré d'intérêt et d'acharnement. Chaque armée, en effet, prenant en considération les meilleurs moyens matériels et moraux de battre l'ennemi, doit chercher à le faire de la seule manière plausible; c'est-à-dire, en attaquant avec des forces supérieures et dans les conditions les plus avantageuses, une seule de ses parties, pour la battre le plus rapidement et le plus complètement possible, et rabattant ensuite ses forces victorieuses sur les autres parties provisoirement ménagées, et seulement contenues parfois, pour les défaire à leur tour.

La partie de l'armée opposée que l'on cherche à

Du principal objectif tactique dans un bataille.

battre d'abord, parce qu'on y trouve plus de chances favorables, et contre laquelle on déploie des moyens supérieurs aux siens, constitue le principal objectif de la bataille, et c'est de sa détermination la plus convenable que nous avons entrepris de démontrer les difficultés, dans les circonstances de guerre les plus propres à les faire ressortir et en nous bornant à analyser, à ce sujet, les embarras d'une armée offensive généralement plus grands que ceux d'une armée qui se défend.

Conditions que doit remplir un bon objectif.

D'abord, pour qu'un objectif tactique soit convenablement déterminé, il faut qu'il remplisse les mêmes conditions qu'un bon objectif stratégique, c'est-à-dire:

Que l'armée qui l'a choisi soit sûre de pouvoir s'en emparer;

Qu'elle s'en empare en temps opportun;

Qu'elle puisse s'en rendre maîtresse, en conservant, après son opération, la puissance nécessaire pour poursuivre et atteindre son but ultérieur.

Ainsi, par exemple, une armée offensive fait-elle son premier et principal effort, contre une des ailes du champ de bataille couvrant la ligne de retraite de l'ennemi, pour le couper, le battre dans la position la plus favorable, et obtenir les plus grands avantages? Il est indispensable:

Qu'elle batte et déposte les troupes formant l'aile en question;

Qu'elle le fasse assez promptement pour que les autres troupes n'aient pas le temps de gagner la ligne de retraite et de s'échapper ;

Que non seulement elle ne s'épuise pas pour conquérir l'objectif de son choix, mais encore qu'elle conserve, après s'en être emparé, une supériorité de forces qui soit un bon garant de ses succès contre les trois parties de l'armée opposée, finalement accumulées sur un même point et plus ou moins entamées, plus ou moins démoralisées.

La même armée exerce-t-elle primitivement son plus vigoureux effort contre le centre de l'ennemi, pour le couper en deux et le battre par parties? Il faut :

Qu'elle puisse enfoncer et battre ce centre ;

Qu'elle le fasse assez rapidement pour que les ailes n'aient pas le temps de se retirer derrière lui et de former avec lui une masse compacte ;

Qu'après l'avoir fait, elle reste assez forte pour battre séparément chacune des parties isolées de son adversaire, et n'avoir pas à craindre d'être écrasée entr'elles.

Or, l'existence seule des conditions à l'instant énoncées, et la difficulté manifeste de reconnaître jusqu'à quel point chacune d'elle peut être remplie dans une circonstance donnée, font assez pressentir que le choix des meilleurs objectifs tactiques doit être, parfois, fort délicat et fort embarrassant.

Quoi qu'il en soit, pour faire des difficultés de ce choix une analyse complète et détaillée, nous observerons que les divers points de vue sous lesquels il est donné à une armée offensive d'envisager le but qu'elle doit se proposer d'atteindre, en en venant aux mains, peuvent se réduire à trois principaux, savoir :

Principaux points de vue sous lesquels une armée offensive peut envisager son but dans une bataille.

1° Battre l'ennemi par les moyens les plus sûrs et les plus propres à donner purement et simplement la possession du champ de bataille, sans préjudice toutefois des avantages qu'on pourra recueillir en poursuivant ses succès, lorsque le champ de bataille sera bien dûment conquis ;

2° Battre l'ennemi par les moyens les plus propres à tirer de la victoire le plus grand profit possible;

3° Gagner la bataille, en employant des moyens prudens, qui garantissent le mieux des chances d'un grand désastre, en cas d'insuccès.

Chacune de ces manières d'envisager la question du but à atteindre convient plus particulièrement à une armée qu'à une autre, suivant ses qualités, son nombre, sa position, ses projets ; suivant les qualités, la force, la position, les desseins de son adversaire ; et principalement suivant le résultat des opérations antécédentes, qui peuvent avoir établi la supériorité ou l'infériorité des ses armes.

La première manière, dans laquelle on a surtout

égard au terrain du champ de bataille, à la façon dont il est occupé par les troupes opposées, et qui porte à choisir pour principal objectif la clé de ce terrain, c'est-à-dire le point dont l'occupation, par l'influence morale qu'elle peut exercer et l'efficacité plus grande des moyens matériels qu'elle permet de mettre en action, donne le plus de facilités et d'avantages pour faire abandonner à l'ennemi ses diverses positions; cette manière, disons-nous, convient, par exemple, à une armée pour laquelle la possession du champ de bataille est d'une haute importance relativement à ses opérations ultérieures, soit que cette possession favorise l'arrivée de renforts qu'elle attend, soit qu'elle empêche l'arrivée de renforts attendus par l'ennemi, soit qu'elle ait une influence d'une autre nature, mais d'une puissance analogue.

Armées auxquelles convient plus particulièrement le premier point de vue.

Elle convient aussi plus spécialement qu'une autre, au début d'une campagne, à une armée offensive, qui, ne s'étant pas encore mesurée avec un adversaire d'une force sensiblement égale à la sienne, et ne pouvant, sans imprudence et sans se compromettre, viser immédiatement à un engagement décisif qui aurait pour objet de le couper de ses communications, doit se borner à le déposter des positions qu'il occupe pour acquérir sur lui un certain ascendant moral, tout en lui faisant éprouver le plus de pertes matérielles possibles.

Enfin, elle peut convenir aussi particulièrement à

une armée un peu inférieure à celle qui lui est opposée, dont la principale ligne de retraite serait couverte et assurée par des obstacles naturels que celle-ci ne saurait surmonter, et qui, pouvant se dispenser d'employer à la garde de cette ligne une majeure partie de ses troupes, serait maîtresse de diriger sur un autre point son plus grand effort.

Armées auxquelles convient plus particulièrement le second point de vue.

Le second point de vue qui conduit assez généralement à choisir, pour premier et principal objectif, la partie du champ de bataille en arrière de laquelle se trouve placée la plus importante ligne de retraite de l'ennemi, et dont la possession donne, par conséquent, le plus de de chances de tirer grand profit de la victoire, convient plus spécialement qu'un autre à une armée offensive composée de bonnes troupes et commandée par un chef habile, ayant, soit par ses qualités, soit par ses antécédens, un certain ascendant moral sur son adversaire, assez sûre d'elle-même pour ne pas faire des mesures de précaution et de prudence sa préoccupation prédominante, et pouvant, au besoin, s'exposer raisonnablement à quelques chances de dangers, dans dans l'espoir fondé de recueillir de très-grands avantages.

Armées auxquelles convient plus particulièrement le troisième point de vue.

Enfin, le troisième point de vue qui conduit à s'assurer, avant toutes choses, d'une bonne ligne de retraite contre les éventualités d'un revers, et à choisir, en conséquence, en avant d'une semblable ligne, le principal objectif sur lequel on met en action des forces supérieures à celles de l'ennemi, convient particulièrement à une armée obligée de reconnaître chez ce dernier une supériorité incontestable, basée soit sur le nombre, soit sur les qualités des troupes et de leur chef.

Des trois points de vue que nous venons d'examiner, le premier est ordinairement celui qui a le moins d'influence sur l'adoption de l'objectif primitif, non seulement à cause de la rareté des circonstances où il doit spécialement être pris en considération par une armée offensive, mais encore parce que la clé d'un champ de bataille, c'est-à-dire le point dont l'occupation, par son influence morale ou l'efficacité plus grande des moyens matériels qu'elle permet d'employer, est la plus avantageuse pour déposter l'ennemi de ses positions, n'est autre, le plus souvent, que l'objectif correspondant au deuxième point de vue d'après lequel on cherche à battre cet ennemi de la manière la plus profitable possible.

Le premier point de vue rentre souvent dans le deuxième.

En effet, s'il existe sur un champ de bataille des points qui, soit parce qu'ils dominent le terrain, soit parce qu'ils prennent de flanc ou de revers la ligne de l'adversaire, donnent des facilités pour battre celui-ci sur les parties voisines, il faut reconnaître qu'il s'en trouve rarement dont l'occupation permette d'étendre l'effet des moyens matériels sur tout le développement de cette ligne.

Il résulte de là que la clé d'un champ de bataille tire généralement la plus grande partie de son importance, de l'influence morale que sa possession est susceptible d'exercer sur l'ennemi. Or, le moyen le plus efficace d'agir moralement sur celui-ci, et de le décider à abandonner ses positions, sans l'emploi exclusif de la force matérielle, consiste évidemment à l'attaquer sur le point où un revers peut entraîner pour lui les conséquences les plus désastreuses, c'est-à-dire à adopter l'objectif qui correspond au deuxième point de vue.

En résumé, lorsqu'un armée offensive a pour but spécial de rester maîtresse d'un champ de bataille, ce qu'elle a de mieux à faire, dans la plupart des circonstances, c'est d'adopter pour objectif primitif, le point sur lequel le succès permet de tirer les plus grands avantages de la victoire. La seule différence qui existe entre une armée qui envisage le but à atteindre sous le premier point de vue, et celle qui l'envisage sous le second, c'est que la première, en raison de la moindre puissance de ses ressources, doit opérer avec plus de mesure, de prudence et de circonspection, c'est-à-dire, par exemple, se borner à obtenir sur le point de sa principale attaque un avantage qui détermine l'ennemi à la retraite, et ne pas chercher, comme pourrait le faire une armée d'une valeur intrinsèque plus grande, à se jeter précipitamment sur les communications de celui-ci pour l'en couper et le détruire, si cette détermination est susceptible de l'exposer à des périls.

Quoi qu'il en soit des distinctions que nous venons d'établir entre les différens points de vue sous lesquels on peut envisager le but qu'on doit se proposer d'atteindre dans une bataille, et des convenances qui approprient plus particulièrement chacun d'eux à certaines compositions de troupes qu'à d'autres, il faut reconnaître que fort peu d'armées ont le droit d'embrasser ce but sous un point de vue exclusif et unique, parce que, dans la généralité des circonstances d'un engagement, il faut prendre à la fois, en sérieuse considération, l'intérêt de l'attaque et celui de la défense, et que ces intérêts distincts correspondent à des points de vue différens.

En général, une armée doit envisager son but simultanément sous les trois points de vue différens.

Ceux-ci, de leur côté, eu égard aux intérêts opposés qu'ils représentent, indiquent le plus souvent, comme objectifs à adopter pour y satisfaire le mieux, des parties différentes du champ de bataille, et c'est là principalement ce qui constitue les difficultés du choix de ces points, ainsi que nous allons le voir dans la discussion subséquente.

Les difficultés dont il s'agit se composent manifestement :

De celles relatives au choix des meilleurs objectifs, lorsqu'on ne considère la question du but à atteindre que sous un seul des trois points de vue principaux sous lesquels elle peut être envisagée;

De celles relatives à l'option entre plusieurs objectifs correspondant à des points de vue différens et essentiels à embrasser, lorsque ces objectifs sont différemment placés sur le champ de bataille.

Difficultés du choix des meilleurs objectifs, en n'envisageant le but à atteindre que sous un seul des trois points de vue sous lesquels il peut être envisagé.

Nous commencerons par nous occuper des premières.

Cas où le but consiste à rester simplement maître du champ de bataille.

Lorsqu'une armée offensive n'envisage le but qu'elle doit se proposer d'atteindre que sous le point de vue unique qui consiste à rester maîtresse du champ de bataille, il convient le plus souvent, ainsi que nous venons de l'observer, qu'elle choisisse pour objectif tactique le point sur lequel le succès permettrait de tirer le plus grand profit de la victoire, sauf à opérer avec la mesure et la prudence nécessaires pour ne pas se trouver compromise.

Il suit manifestement de là que, dans la plupart des circonstances, les difficultés du choix des objectifs qui se rapportent à la première manière d'envisager un but tactique, rentrent dans celles qui sont relatives à la deuxième.

Nous ne voyons guère qu'un cas saillant où il puisse y avoir exception à cette convenance de donner la même solution à deux questions en réalité distinctes, et où l'importance d'un point moins convenablement situé qu'un autre, sous le rapport de l'influence morale de son occupation, puisse être rendue prédominante par l'efficacité des moyens matériels que cette occupation permettrait d'employer contre l'ennemi.

Ce cas est celui où il existerait, au centre d'un champ de bataille, d'une étendue restreinte de une à deux lieues, une position dominante dont l'enlèvement permettrait à la fois de diriger contre l'adversaire des attaques de flanc et de revers, d'un effet matériel s'étendant sur tout le développement de sa ligne, et d'agir efficacement sur son moral en coupant son armée en deux. Par ce double motif, en effet, une semblable position pourrait être considérée comme la clé du champ de bataille, de préférence à la partie qui couvrirait la principale ligne de retraite de l'ennemi, et sur laquelle le succès ne serait susceptible de produire qu'un effet purement moral, en raison du danger extrême qu'il y aurait à essayer d'en profiter matériellement, pour battre et détruire toute l'armée opposée coupée de ses communications, au lieu de lui laisser vider simplement le terrain.

Ainsi posée, la question de déterminer la clé d'un champ de bataille se réduirait, comme on le voit, à opter entre un point dont l'occupation procurerait à la fois des avantages matériels et moraux pour déposter l'adversaire de ses diverses positions, et un point dont la possession ne serait susceptible que d'exercer une influence à peu près exclusivement morale. Or, en supposant cette influence considérable, la question précitée, bien que réduite à sa plus grande simplicité, serait évidemment de nature à présenter encore des embarras sérieux. Sa solution, en effet, exigerait, comme condition de justesse, la connaissance parfaite du champ de bataille, l'appréciation exacte de l'importance comparative de ses différentes parties sous le rapport des divers moyens d'action que leur occupation permet d'employer; et de pareilles conditions sont rarement réalisables d'une façon complète et entièrement satisfaisante.

Quoi qu'il en soit des causes qui peuvent rendre difficile et embarrassante la détermination du point spécial dont nous nous occupons, il est à observer que ce point se trouvant bien et dûment fixé, il ne faudra pas, dans toutes les circonstances sans exception, qu'une armée le considère comme son premier objectif, lors même qu'elle n'envisagerait le but à atteindre que sous le point de vue particulier de rester maîtresse du terrain de l'action.

Si, en effet, la clé du champ de bataille constitue une position formidable dont l'enlèvement direct présente de grandes difficultés et de grandes chances de pertes, il est manifeste qu'au lieu de chercher à s'en emparer d'abord, il sera préférable de ne le faire qu'en second lieu, et en y dirigeant une attaque de flanc ou de revers, après avoir enfoncé préalablement une partie voisine de la ligne ennemie, sur laquelle on aura porté son premier et plus vigoureux effort.

Le meilleur objectif à adopter d'abord n'est pas toujours celui dont l'occupation permettrait le mieux d'atteindre le but qu'on se propose.

La restriction que nous faisons ici, à l'occasion d'une façon particulière d'envisager le but principal d'une bataille, est évidemment applicable à tous les cas, et l'on peut établir en général, pour les opérations tactiques plus spécialement encore que pour les opérations stratégiques, au sujet desquelles nous avons fait une observation analogue, que :

Quel que soit le point de vue, simple ou composé, sous lequel une armée offensive considère le but en question, il ne faut pas qu'elle regarde toujours le point dont l'occupation permettrait le mieux de l'atteindre, comme celui sur lequel elle doit chercher à battre, d'abord et directement, l'ennemi avec une majeure partie de ses forces, c'est-à-dire, en d'autres termes, comme son objectif primitif et principal.

Cas où le but consiste à gagner la bataille par l'emploi de moyens prudens qui garantissent le mieux des chances d'un désastre en cas d'insuccès.

Lorsqu'une armée n'envisage, dans une bataille, que les moyens de la gagner par l'emploi de procédés prudens, qui garantissent les mieux des chances d'un désastre, en cas d'insuccès, il est évident que ce qu'elle a de mieux à faire, en général, c'est de considérer comme son premier et plus important objectif la partie du terrain de l'action qui couvre sa meilleure ligne de retraite, et de bien lier entre eux ses différens corps, de manière que chacun puisse, au besoin, atteindre opportunément cette ligne, et ne pas s'en trouver coupé.

Cas où le but consiste à gagner la bataille par l'emploi des moyens qui permettent de tirer le plus grand profit de la victoire.

Examinons enfin le cas où une armée offensive ne considère que les intérêts de l'attaque, c'est-à-dire se propose, exclusivement, de battre l'ennemi par les moyens qui permettent de tirer le plus grand profit de de la victoire.

Si l'on se reporte aux vérités capitales établies ci-dessus, et à ce que nous avons dit des moyens les plus efficaces de battre une armée ennemie; si on considère que ces moyens à la fois matériels et moraux, dont la puissance est proportionnée aux ressources que l'on possède, consistent à attaquer et à battre son adversaire avec une force intrinsèque supérieure à la sienne, soit intégralement et d'un seul coup après l'avoir coupé de ses communications, soit successivement et partiellement, après l'avoir percé et séparé en plusieurs parties; on reconnait que, sur un champ de bataille, le point sur lequel un succès promet le plus d'avantages est, ou le centre de l'ennemi, ou celle de ses ailes en arrière de laquelle se trouve placée sa principale ligne de retraite.

Lorsque, par une heureuse coïncidence, cette ligne de retraite est située en arrière du centre du champ de bataille, une seule et même partie de celui-ci est indiquée alors comme celle où la victoire obtenue opportunément et d'une manière convenablement décisive, doit procurer le plus grand profit à l'armée assaillante, et par conséquent comme le point qu'il convient de choisir pour premier et principal objectif, sauf la restriction faite ci-dessus, et applicable au cas où ce point constituerait, en raison de dispositions particulières et ostensibles, une position trop difficilement abordable, pour être primitivement et directement enlevée.

Si la ligne de retraite de l'ennemi est placée en arrière de son centre.

Il n'en est pas de même, lorsque la plus importante ligne de communication de l'adversaire est dirigée en arrière d'une des extrémités de son front. Dans ce cas, une partie unique du champ de bataille n'est pas désignée comme celle où le succès réaliserait complètement tous les intérêts de l'attaque, et il peut arriver alors que les avantages respectifs de l'attaque préalable contre l'extrémité en question, ou contre la partie centrale, présentent, dans leur appréciation comparative, des difficultés sérieuses, ainsi que cela résulte des observations suivantes.

Si la ligne de retraite de l'ennemi est placée en arrière d'une de ses ailes.

Quand on veut, dans une bataille, choisir son principal objectif de manière à être en mesure de tirer le plus grand profit de la victoire, il faut, dans ce projet, comme dans tout projet de guerre, observer la première vérité capitale de l'art, c'est-à-dire, mesurer à la grandeur de ses ressources les difficultés, les dangers de l'attaque qu'on prémédite, ainsi que la recherche des avantages que cette attaque promet ; car le but qu'on poursuit peut échapper également ou par trop de témérité et de présomption, ou par trop de timidité et par défaut de confiance.

S'il est manifeste qu'une attaque, dirigée contre l'extrémité d'un champ de bataille qui couvre la ligne de retraite de l'ennemi, fournit, lorsqu'elle réussit aussi bien que possible, les moyens les plus rapides et les plus complets de causer à celui-ci de grands dommages, en détruisant son armée et découvrant le cœur du pays qu'il défend ; il n'est pas moins incontestable qu'une semblable attaque, dont le propre même est de porter les différentes parties de l'adversaire à se réunir, est susceptible, quand elle échoue faute de ressources, de causer un préjudice qui peut aller jusqu'à un revers, surtout si les troupes qui l'exécutent ont l'imprudence de se laisser entraîner au loin par un premier succès, comme le firent, par exemple, les Autrichiens à Marengo, sur la route de Tortone.

D'un autre côté, si, en exerçant heureusement son premier et principal effort contre le centre de l'ennemi, on a l'avantage de préparer, pour ainsi dire, sa défaite, en disjoignant ses troupes et se procurant la faculté de les battre par parties isolées, il faut reconnaître que l'emploi de ce moyen n'est pas aussi propre que celui du premier à faire atteindre promptement et complètement le double but final auquel toute armée offensive doit viser, la destruction des troupes actives de son adversaire et l'occupation de sa capitale ou d'une partie importante de son territoire, dont la prise soit de nature à le déterminer à la paix.

Or, en admettant que, dans la variété des circonstances qui se présentent à la guerre, l'emploi du premier moyen convienne spécialement à une armée éminemment supérieure à l'ennemi, et l'emploi du second à une armée qui lui soit égale ou inférieure, il faut convenir qu'entre ces deux cas extrêmes il en existe beaucoup d'autres, dans lesquels une grande différence, où une sensible égalité entre les valeurs intrinsèques des deux partis opposés n'est point nettement accusée.

Si maintenant on considère que, dans ces cas-là, pour établir un juste et nécessaire équilibre entre les ressources que l'on possède et le projet de l'une ou de l'autre des deux attaques, en question, sous l'influence des avantages, des inconvéniens, des difficultés et des dangers apparens que chacune d'elles présente, on doit évaluer ces ressources, non seulement dans leur valeur intrinsèque, mais encore comparativement à celles de l'ennemi; si l'on envisage qu'il faut tenir compte de données telles que les forces matérielles et morales de ce dernier, la nature et la force des positions qu'il occupe et qu'il s'agit de lui enlever, la possibilité qu'indépendamment de ses communications principales, situées en arrière d'une de ses ailes, il en ait d'autres dont il puisse à la rigueur profiter pour se retirer, etc., toutes choses fort difficiles et le plus souvent impossibles à reconnaître avec exactitude; si, disons-nous, on a égard à toutes ces considérations, on est forcé de convenir que l'option entre une attaque contre le centre et une attaque contre une des ailes de l'adversaire, ou le choix du meilleur objectif, peut présenter de sérieux embarras à une armée offensive, lors même qu'elle n'aurait pour but exclusif que de vaincre, par les moyens qui lui permettraient de tirer le plus grand profit de sa victoire.

Conclusion. En résumé, la question du choix des objectifs tactiques les plus convenables, est loin d'être toujours facile, quand même on ne l'envisage que sous un seul des trois points de vue mentionnés ci-dessus, et ses difficultés se font principalement sentir lorsqu'on se propose pour but de battre l'ennemi par les moyens les plus susceptibles de rendre avantageuses les conséquences d'un succès, eu égard à la position où l'on se trouve et aux ressources que l'on possède; dans ce cas-là, comme nous l'avons observé ci-dessus, rentre le plus souvent, pour la fixation de l'objectif à adopter, celui où l'on cherche spécialement à rester maître de champ de bataille; et quant à celui où une armée offensive prend, avant tout, en considération l'intérêt de sa sûreté, son principal point d'attaque est généralement indiqué en avant de sa plus importante ligne de retraite, ce qui ne peut devenir pour elle un sujet de sérieux embarras.

Lorsqu'une armée est nombreuse et qu'elle possède d'éminentes qualités, il peut se faire que sa grande supériorité l'autorise, non seulement à n'avoir égard qu'aux intérêts de l'attaque et à la grandeur des avantages qui peuvent être retirés de la victoire, mais encore à livrer, d'après la classification générale que nous avons établie, une bataille purement offensive, c'est-à-dire, à attaquer à la fois son adversaire sur tous les points avec des forces notablement supérieures à celles qu'il y possède.

Dans une pareille circonstance, la difficulté du choix du meilleur objectif subsiste toujours, de même que la convenance de bien connaître et de bien déterminer ce point, ne fût-ce que pour éviter des pertes inutiles et régler d'une manière rationnelle l'opportunité, la marche et les progrès des différentes attaques; mais il est à observer que la difficulté en question ne peut pas entraîner à des erreurs d'appréciation grandement funestes pour le résultat de la bataille. La raison naturelle en est que l'objectif le plus convenable se trouve attaqué avec des forces supérieures, et que si l'on éprouve sur un point quelconque une résistance acharnée et donnant lieu à des pertes regrettables, cette résistance ne peut se prolonger longtemps, par le fait des succès obtenus sur les points voisins.

Il n'en est pas de même, pour une armée offensive dont la valeur intrinsèque est peu différente de celle de l'ennemi, et à laquelle il n'est pas possible d'attaquer simultanément en forces chacune de ses parties. Pour une semblable armée, non seulement les erreurs d'appréciation relatives au choix du meilleur objectif sont susceptibles d'avoir une funeste issue, mais les difficultés de ce choix s'augmentent de la nécessité de prendre à la fois en considération les trois points de vue sous lesquels peut être envisagé le but d'une bataille.

Difficultés du choix des meilleurs objectifs dans les batailles quand on envisage le but à atteindre simultanément sous les trois points de vue principaux sous lesquels il peut être envisagé.

Afin d'achever, par l'examen de ce cas le plus compliqué, tout ce que nous avons entrepris de dire sur le sujet qui nous occupe, nous supposerons qu'une armée offensive ait déterminé les objectifs principaux correspondant aux trois différentes manières d'envisager son but; puis, parmi les combinaisons diverses auxquelles donneront lieu les placemens de ces points sur le champ de bataille, nous passerons en revue les plus saillantes et les plus propres à faire ressortir les difficultés du choix de celui d'entre eux qui doit être préféré aux autres et réellement adopté.

Tous les cas qui peuvent se présenter sont manifestement compris dans les trois cas généraux suivans :

1° Celui où une seule et même partie du terrain est la plus favorablement située pour permettre à la fois, par sa possession : de rester maître du champ de bataille ; de tirer un considérable profit de la victoire, en livrant la ligne de retraite de l'ennemi ; enfin de préserver le plus sûrement des funestes résultats d'un revers, en couvrant les principales communications de l'armée ;

Distinction de trois cas généraux.

2° Celui où un même point du champ de bataille remplit, par sa situation, deux des conditions précédentes, tandis qu'un autre point satisfait à la troisième ;

3° Enfin, celui où les trois conditions ci-dessus énoncées indiquent, comme devant le plus convenablement les remplir, une à une, les trois parties différentes du champ de bataille, le centre et les deux ailes.

Dans le premier cas, le point unique sur lequel le succès permet de satisfaire à la fois à toutes les conditions désirables pour atteindre le but proposé, se trouve clairement indiqué à l'armée offensive comme son objectif naturel de première et principale attaque, et c'est en effet lui qu'il convient qu'elle adopte dans la généralité des circonstances, sauf à déployer, dans ses ma-

Premier cas où les trois manières d'envisager le but à atteindre indiquent comme objectif un point unique.

nœuvres et dans la mise en action de ses forces, une habileté de laquelle dépend essentiellement la victoire. Toutefois, par une exception déjà prévue et signalée, la question peut changer de face, si la partie du champ de bataille dont il s'agit offre, dans tout son développement, un grand avantage de terrain pour la défensive.

En effet, c'est très-probablement sur cette partie, tout aussi importante pour lui que pour l'armée offensive, que l'ennemi accumulera ses plus puissans moyens de résistance, et, s'il le faut, la majeure partie de ses forces : engager avec lui une lutte acharnée sur ce point, serait donc s'exposer à des pertes énormes sans de grandes chances de succès; et il pourra être préférable de diriger son principal effort sur un point voisin, afin de l'enfoncer préalablement, et d'arriver ensuite, par un mouvement de flanc et de revers, sur la partie importante du champ de bataille, pour la faire tomber à son tour.

Or, on comprend que, de la nécessité de juger sainement, à travers tous les obstacles et tous les empêchemens qui s'opposeront à l'exactitude d'une semblable reconnaissance, si, dans une circonstance donnée, la force d'une position qu'il serait de la plus haute importance de conquérir promptement, est de nature à permettre de l'attaquer directement, ou à exiger, par la difficulté de ses abords, qu'on n'y arrive qu'après avoir enlevé préalablement une partie voisine du champ de bataille (ce qui revient en définitive à opter entre deux objectifs différens); on comprend, disons-nous, que de cette nécessité peuvent surgir parfois de sérieux embarras pour le chef d'une armée assaillante.

Le premier des trois cas généraux que nous avons à examiner, et qui en est manifestement le plus simple, est donc susceptible de présenter des difficultés réelles au sujet de l'objectif principal à adopter dans une bataille offensive, et ces difficultés se rattachent à cette vérité constatée ci-dessus et qu'on ne saurait trop rappeler : que, quel que soit le point de vue simple ou composé sous lequel on envisage l'objet à remplir dans une semblable bataille, il ne faut pas toujours porter et faire agir primitivement des forces supérieures à celles de l'ennemi, sur le point dont l'occupation permettrait le mieux d'atteindre le but qu'on recherche, parce que cette occupation ne doit être tentée qu'autant qu'on a l'espoir fondé de l'effectuer opportunément sans pertes trop considérables, et sans s'exposer à de trop grandes chances de revers.

Second cas où les trois manières d'envisager le but à atteindre indiquent, comme objectifs, deux points différens.

Parmi les combinaisons diverses auxquelles donne lieu l'examen du second cas général, nous considérerons les deux suivantes, dans lesquelles la position qui constitue la clé du champ de bataille reste indépendante et distincte de celle en arrière de laquelle sont placées les principales communications de l'ennemi :

1° La combinaison dans laquelle l'armée défensive et l'armée offensive ont leurs lignes de retraite situées, la première, en arrière de son aile droite, la seconde, en arrière de son centre qui, en raison de la disposition du champ de bataille et des positions qu'y occupe l'adversaire, peut en être regardé également comme la clé;

2° La combinaison où la ligne de retraite de l'ennemi est située en arrière de son aile droite solidement appuyée, et où celle des troupes offensives est placée à l'aile opposée, qui, par une particularité exceptionnelle, constitue en même temps la clé de la position.

Dans le premier cas, le chef assaillant peut être embarrassé pour savoir s'il doit exercer son premier effort à sa gauche ou à son centre; car si un intérêt puissant de l'attaque, basé sur la principale manière de tirer les résultats les plus avantageux de son issue, milite en faveur du premier projet, un intérêt également important, fondé sur un des meilleurs moyens d'arriver au succès, et de plus l'intérêt de la sûreté de son armée, militent en faveur du second.

Quoi qu'il en soit, et quelque parti que l'on adopte, ou, pour mieux dire, quelque jugement que l'on porte *à priori* sur le placement du meilleur objectif, il est à remarquer que, si le champ de bataille n'a pas une trop grande étendue, l'erreur d'appréciation commise à cet égard peut souvent, ici, être opportunément réparée par le fait du voisinage des deux points importans, qui permet de tenir en arrière et à portée d'eux une réserve de bonnes troupes. Il résulte, en effet, de cet avantage, qu'en exécutant sur les deux points deux attaques simultanées, il est généralement possible de renforcer à temps l'une ou l'autre, lorsque les progrès de l'engagement ont permis de reconnaître, ce qui n'avait pu se faire avant l'action, de quel côté se trouve en réalité le meilleur objectif, d'après la nature du terrain, la disposition et la répartition des troupes opposées, et les résultats de la lutte avec elles.

Dans le second cas particulier qui arrive rarement, par les raisons ci-dessus exposées que la clé d'un champ de bataille, pour une armée offensive, se trouve généralement en avant de la ligne de retraite, ou au centre de la ligne de bataille de l'ennemi; mais qui peut cependant se présenter, surtout dans une guerre de montagnes, lorsque le terrain a une pente générale d'une extrémité à l'autre et que l'armée offensive a ses principales communications en arrière du point le plus élevé, tandis que l'armée opposée a les siennes en arrière du point le plus bas; dans ce cas-là, disons-nous, il est beaucoup plus difficile que dans le précédent, et souvent même impossible, de profiter d'une seule réserve pour renforcer oppoitunément des attaques dirigées sur les points principaux, et satisfaire ainsi à deux convenances différentes et toutes deux importantes à remplir : il en résulte que les erreurs d'appréciation, commises sur la position du meilleur objectif, sont susceptibles d'avoir des conséquences funestes, et que le jugement à porter sur ladite position peut devenir fort embarrassant.

Si l'on agit, avec des forces supérieures, contre l'aile couvrant la ligne de retraite de l'adversaire, qu'il y ait, sans qu'on ait trop pu le reconnaître, l'avantage du terrain et soit en mesure d'y résister efficacement avec une faible partie de ses troupes; non seulement on court le risque d'éprouver de grandes pertes et de s'épuiser en efforts inutiles, mais il peut arriver encore que cet adversaire, utilisant ses forces disponibles, fasse une vigoureuse diversion à l'aile opposée, l'enfonce et mette l'armée dans une situation fort critique, en s'emparant de ses communications.

Exerce-t-on son premier effort à l'aile droite, au point dominant du champ de bataille, point qui en constitue la clé et en arrière duquel on a sa ligne de retraite; on agit avec prudence, en se garantissant le mieux des conséquences funestes d'un revers; on se donne des chances de rester maître du champ de bataille; mais le succès obtenu ne peut jamais produire les grands résultats d'un succès opportun à l'aile opposée.

Dirige-t-on des attaques sur les deux extrémités à la

fois, elles ne peuvent manifestement s'effectuer qu'en dégarnissant le centre; et si alors l'ennemi, ayant sur les premiers points l'avantage du terrain et pouvant y résister avec des forces sensiblement inférieures, profite de son avantage pour exercer un vigoureux effort sur le point dégarni, il peut couper en deux l'armée assaillante et faire éprouver à ses deux parties un sort fatal, en les prenant de flanc et de revers, pendant qu'elles sont aux prises de front avec les défenseurs de ses deux ailes.

Que si, reconnaissant le danger d'exécuter une double attaque sur les deux extrémités d'une ligne de bataille, quand on ne possède pas sur son adversaire une grande supériorité numérique ou morale, on se décide à faire effort par le centre; on adopte une mesure qui, en cas de réussite, permet de tourner les positions des ailes, et de couper de ses communications une partie notable de l'armée opposée. Mais il est à observer que si, comme nous venons de le supposer, ces positions sont naturellement fortes et susceptibles d'être gardées avec peu de monde, l'ennemi opposera au centre, avec la plus grande partie de ses troupes, une résistance opiniâtre, en même temps qu'il pourra diriger contre le flanc droit de l'assaillant une vigoureuse contre-attaque, qui aura d'autant plus de chances de réussite qu'elle partira d'une position dominante. Or, ces dispositions de l'ennemi sont de nature non seulement à rendre difficile le succès de l'attaque centrale, mais encore à en rendre l'exécution dangereuse.

Si l'ennemi, sur un champ de bataille, imite exactement vos dispositions, et qu'il ait l'avantage du terrain, les chances de succès seront pour lui, toutes choses égales d'ailleurs.

Enfin, pour tout dire et faire ressortir cette vérité, que les dispositions les meilleures sont loin d'être toujours, dans les opérations de la guerre, un sûr garant du succès, nous remarquerons que, quel que soit le parti que vous preniez dans une bataille, si votre adversaire, qui a le même intérêt que vous à être vainqueur sur les mêmes points, imite vos manœuvres et oppose le gros de ses forces au gros des vôtres et le faible au faible, rien n'indique *à priori* que vous deviez obtenir l'avantage, et toutes choses égales, les bonnes chances seront au contraire pour lui, s'il est favorisé par le terrain sur les points disputés.

Dans une bataille, comme en général dans toute opération de guerre, le succès dépend bien moins du choix de tel ou tel objectif que du talent de savoir cacher ses projets à l'ennemi jusqu'au moment où il ne peut plus s'opposer à leur exécution.

Une conséquence naturelle de cette remarque, c'est que, dans les opérations tactiques du champ de bataille, et principalement lorsqu'il existe entre les valeurs intrinsèques des deux armées opposées une différence peu sensible, le succès dépend bien moins du choix de tel ou tel objectif, que du talent de savoir tromper l'ennemi, et de cacher ses desseins jusqu'au moment où il ne lui est plus matériellement possible de s'opposer à leur exécution.

Sans entrer plus avant dans l'examen des combinaisons qui se rattachent au second des trois cas généraux posés ci-dessus, on voit que la considération et l'appréciation des principales éventualités qui peuvent se présenter, sont de nature à occasionner parfois de sérieux embarras, au sujet du choix des meilleurs objectifs tactiques.

La question naturellement est plus délicate et plus épineuse encore dans les circonstances de guerre qui rentrent dans le troisième cas général, où les trois points de vue sous lesquels une armée doit envisager son but lui indiquent, comme objectifs d'attaque, les trois parties différentes du champ de bataille; et quand, par exemple, en face de son aile gauche se trouve la ligne de retraite de l'ennemi, tandis que la sienne propre est placée en arrière de son aile droite, et qu'enfin la clé du champ de bataille est située à son centre.

Troisième cas où les trois manières d'envisager le but à atteindre indiquent, comme objectifs, trois points différens.

Dans ce cas, en effet, il n'est possible de considérer aucune des parties dont il s'agit, comme l'objectif primitif et principal, sans le faire au préjudice des deux autres, reconnues également importantes; et la nature du terrain occupé par l'adversaire, ainsi que la répartition de ses forces sur ce terrain, seuls indices susceptibles d'éclairer la question et de légitimer une détermination en faveur d'un point plutôt que d'un autre, sont la plupart du temps, comme nous l'avons souvent observé, très-imparfaitement connues.

Lorsque, par exception, le champ de bataille présente dans toute son étendue une vaste plaine, ou un terrain fort peu accidenté, les difficultés de l'appré-

Si le champ de bataille est entièrement uni.

ciation du terrain disparaissent, il est vrai, de même que la considération de l'intérêt purement matériel que présente la possession de la clé du champ de bataille; mais si l'on a de moins ces causes d'hésitations et d'embarras, il reste toujours celles qui se rattachent à l'option entre trois attaques principales différentes;

Dont la première, dirigée contre la ligne de retraite de l'ennemi, donne la perspective d'obtenir les résultats les plus complets, en l'en coupant après l'avoir battu, mais d'un autre côté expose, en cas d'échec ou de réussite imparfaite, à des dangers sérieux, par le fait qu'elle découvre les propres communications de l'armée, en portant ailleurs une forte partie de ses troupes;

Dont la seconde, dirigée en avant desdites communications, satisfait, aussi bien que possible, aux conditions de sûreté, mais ne permet pas, à beaucoup près, autant que la première, de tirer un grand profit de la victoire;

Dont la troisième enfin, tenant, pour ainsi dire, le milieu entre les deux précédentes pour les avantages et les inconvéniens, donne la perspective essentiellement importante de couper l'ennemi en deux, de défaire séparément ses parties dispersées, de détruire complètement l'une d'elles privée de sa ligne de retraite; mais d'un autre côté a l'inconvénient d'exposer plus que les deux autres attaques, les flancs de la masse assaillante, et, en outre, ne promet pas un résultat aussi complet que la première, et ne procure pas des garanties aussi grandes que la seconde, pour la sûreté des communications.

Si le champ de bataille est accidenté et que l'armée offensive ait ses communications couvertes par une forte position.

Lorsque le terrain du champ de bataille est plus ou moins accidenté, comme cela arrive presque toujours, et qu'une de ses parties constitue, pour la portion de l'armée offensive qui l'occupe avant l'action, une position forte, c'est en général une raison déterminante pour y garder la défensive et pour y employer un moins grand nombre de troupes que sur les autres points qui peuvent alors être renforcés.

Dans cette circonstance particulière, les difficultés du choix de l'objectif principal se réduisent à opter entre deux points satisfaisant diversement et à des degrés différens, aux intérêts de l'attaque; et ces difficultés, par des raisons trop de fois déduites pour que nous les répétions ici, peuvent n'être pas faciles à lever, surtout si les deux points en question sont trop éloignés l'un de l'autre, pour qu'il soit possible d'alimenter convenablement, au moyen d'une seule et même réserve, deux attaques simultanées, dirigées contre eux.

Si l'un des deux points a des abords ostensiblement plus faciles que l'autre; qu'il ne soit pas dominé d'une façon dangereuse; que l'attaque dirigée contre lui soit compatible avec la liaison nécessaire des différentes parties de l'armée, subordonnée, dans le cas présent, à la situation de la position défensive dont les flancs ne peuvent pas rester découverts, c'est un motif qui milite en faveur de son adoption comme objectif primitif d'attaque. Mais si les deux points sont également difficiles à enlever, le motif de préférence que nous venons de mentionner n'existe plus, et le choix de l'objectif tactique suscite alors des embarras d'autant plus sérieux, qu'il faut opter forcément entre trois partis désavantageux, savoir :

Attaquer l'ennemi dans une des fortes positions qu'il occupe et où les chances favorables sont pour lui ;

Ou bien sortir de la forte position qu'on occupe soi-même, et abandonner par conséquent les avantages qu'elle offre pour la défensive, dans le but de combattre un adversaire qui peut disposer, sur le point de la lutte, de la majorité de ses forces, n'ayant rien ou que peu à craindre sur les autres points du champ de bataille ;

Ou bien enfin, n'exécuter sur aucun point une attaque vigoureuse, laisser prendre l'initiative à l'ennemi, et se borner à chercher, par des démonstrations, à le tirer de ses positions; parti qui, s'il persiste dans son rôle de défensive, ne peut mener à aucun résultat et doit généralement être regardé comme le plus mauvais de tous. Il tend, en effet, à affaiblir le moral des troupes portées à juger fort tout ce qui attaque, à croire faible tout ce qui se défend, et qui s'inquiètent et s'intimident dans l'inaction, autant qu'elles s'enhardissent dans un mouvement franchement offensif qui les dérobe à leurs réflexions, au sentiment du danger, et les remplit d'une heureuse confiance.

Nous avons, à différentes reprises, établi ci-dessus que, quel que fût le point de vue sous lequel on envisageât le but à atteindre dans une bataille, il ne convenait pas toujours de chercher à battre primitivement l'ennemi sur le point où le succès obtenu, dans toutes les conditions désirables, aurait rempli le mieux ce but, par la raison que les obstacles à vaincre, pour enlever le point en question, pouvaient être trop considérables, trop nombreux, et offrir de trop grands avantages pour la défensive.

Cette considération qui, eu égard à la difficulté de bien apprécier la force d'une position occupée par l'adversaire, augmente souvent l'embarras de choisir le véritable point sur lequel il convient de le vaincre d'abord, n'est pas la seule qui oblige à établir une distinction entre les parties les plus importantes d'un champ de bataille, et celles qui doivent être réellement considérées comme les objectifs primitifs et principaux, et attaquées en conséquence.

Si, en effet, vous avez à combattre un ennemi habile, rusé et bien aguerri, il peut se faire que, favorisé par le terrain et les circonstances, et connaissant d'ailleurs aussi bien que vous le point important sur lequel vous avez le plus d'intérêt de triompher, il spécule sur la connaissance de cet objectif, pour vous y faire en apparence beau jeu, et vous y entraîner à une manœuvre décisive, prévue à l'avance, et à laquelle il aura opposé secrètement des obstacles insurmontables qui briseront tous vos efforts et les rendront inutiles.

Votre manœuvre aura d'abord un commencement d'heureuse exécution : mais tout-à-coup, au moment opportun choisi par votre adversaire, lorsque votre mouvement sera bien dessiné et que vos colonnes pleines de confiance seront en marche pour poursuivre leurs succès, vous vous trouverez arrêté court par une résistance opiniâtre, assailli de front et de flanc par des troupes fraîches qui prendront vigoureusement l'offensive, et l'étonnement et le trouble que cet évènement subit et imprévu jettera dans les rangs de vos soldats amèneront le plus souvent leur déroute.

Vous serez donc littéralement battu, par le principal motif que vous aurez d'abord dirigé votre plus grand effort et porté des forces supérieures, sur le point du champ de bataille dont la possession était pour vous la plus importante, et vous auriez pu éviter cet échec en opérant d'une manière différente.

Bien que la résistance subite et inopinée du corps de Desaix, à la bataille de Marengo, résistance qui arrêta court la marche de la grande colonne autrichienne sur la route de Tortone, amena la destruction de cette colonne et décida du sort de la journée, n'ait pas été le résultat d'une ruse de guerre, et ne puisse pas non plus être regardée comme matériellement insurmontable; il n'en est pas moins permis de la citer comme un exemple frappant de la possibilité du cas que nous venons de considérer, et qui est une preuve nouvelle et palpable de la difficulté du choix des principaux objectifs dans les batailles.

Il convient de ne s'engager qu'avec mesure et circonspection sur un point important adopté comme principal objectif tactique.

Il résulte de ce que nous venons de dire qu'un chef d'armée, lors même qu'un point du champ de bataille serait, selon toutes les apparences, l'objectif qui lui convient le mieux, doit se tenir en garde contre une surprise de l'ennemi et contre une ruse habilement préparée : il doit ne porter ses masses sur ce point qu'avec prudence et circonspection, et ne pas s'y engager par des manœuvres, des mouvemens trop brusques, trop hasardés, susceptibles de le compromettre, dans le cas où l'adversaire, battu d'abord, parviendrait à opérer, en sa faveur, un revirement de fortune, par des dispositions de défense énergiques, adroitement et secrètement préparées.

Nous terminerons ici notre analyse des difficultés que présente le choix des meilleurs objectifs dans les opérations de la guerre, et nous allons nous proposer maintenant d'examiner les conséquences principales qui découlent de ces difficultés relativement aux applications de l'art.

CHAPITRE III.

Conséquences des difficultés du choix des meilleurs objectifs, relativement aux applications de l'art de la guerre.

SECTION PREMIÈRE.

Des applications de l'art sur le terrain.

SOMMAIRE.

Les difficultés du choix des meilleurs objectifs n'ont pas toujours, sur le résultat des entreprises, une influence aussi funeste qu'on pourrait le croire. — Motifs. — Une condition prédominante de succès, dans une opération de guerre, c'est que la manière d'exécuter celle-ci soit aussi bonne que possible. — La supériorité du mode d'exécution d'un projet rachète souvent les vices de sa conception. — Un chef d'armée fait généralement bien de suivre ses penchans et ses inspirations dans la conduite de ses opérations, sans trop se préoccuper de la position des meilleurs objectifs. — Cas dans lesquels les difficultés du choix des meilleurs objectifs peuvent occasionner des erreurs gravement préjudiciables. — Premier cas, où un chef habile et entreprenant n'est pas secondé par les qualités de ses troupes, ou commande une armée de beaucoup inférieure à celle de l'ennemi. — Second cas, où un chef froid, prudent et un peu timide possède, dans son armée, une grande supériorité de ressources. — Troisième cas, où un chef calme et froid n'a de prédilection pour aucun système particulier d'opérations. — Rareté du troisième cas. — Modèle accompli d'un général en chef. — Perfection de son système d'opérations. — Conditions nombreuses dont ce système exige la réalisation. — Système incomplet d'un général ordinaire. — Petit nombre de conditions à remplir pour recueillir tous les avantages qu'on peut attendre de sa nature imparfaite. —

l'prééminence du premier système sur le second. — Parallèle entre les chefs présidant à l'exécution des deux systèmes. — Quatrième cas, où les chefs des armées opposées ont des caractères et des qualités qui se ressemblent. — Cinquième cas, où un chef d'armée est forcé, par les circonstances, de se départir momentanément de son système de prédilection. — Les difficultés que présente le cinquième cas sont des plus grandes parmi les difficultés de l'art de la guerre. — Exemples. — La conduite des opérations militaires est assujétie à tous les défauts du caractère et de l'esprit humains. — Résumé des principaux motifs des difficultés de la guerre, et conclusion.

Les difficultés du choix des meilleurs objectifs n'ont pas toujours sur le résultat des entreprises, une influence aussi funeste qu'on pourrait le croire.

Bien que les difficultés du choix des meilleurs objectifs stratégiques et tactiques soient graves et nombreuses, ainsi que viennent de le constater les discussions précédentes, il faut reconnaître cependant, que ces difficultés que l'on rencontre à chaque pas dans l'étude de l'histoire militaire, et les erreurs d'appréciation, et les fautes auxquelles elles peuvent entraîner, n'ont pas toujours, sur les résultats des évènemens, une influence aussi funeste et aussi décisive qu'on serait tenté de le croire. Les principales raisons de ce fait nous paraissent être les suivantes.

Motifs.

Indépendamment des qualités qui constituent les bonnes troupes et les bons généraux en chef, et qui, lorsqu'elles se trouvent réunies dans une même armée, sont pour elle le plus sûr garant des succès à la guerre; indépendamment de l'habile conception des projets, qui a une influence notable sur le résultat des opérations que ces projets embrassent; il existe, pour une armée quelconque et dans la sphère d'avantages auxquels ses ressources et le degré de sa valeur intrinsèque lui

Une condition prédominante de succès dans une opération de guerre, c'est que la manière d'exécuter celle-ci soit aussi bonne que possible.

La supériorité du mode d'exécution d'un projet rachète souvent les vices de sa conception.

donnent le droit d'aspirer, une condition de succès prédominante, et qui consiste en ce que le mode d'exécution qu'elle emploie dans une entreprise donnée, soit aussi parfait qu'il est susceptible de l'être.

L'expérience démontre en effet, d'une manière irrécusable, que la supériorité du mode d'exécution a, dans les opérations de la guerre, une influence tellement grande, qu'elle efface le plus souvent celle de la conception des projets et rachète les défauts de ceux-ci, lorsqu'ils ne sont pas d'une gravité manifeste et ne portent que sur une différence entre le mérite d'un plan choisi de préférence et celui d'un plan meilleur, qui serait susceptible d'être adopté.

Il ne faut pas ici entendre seulement par mode d'exécution, les espèces de manœuvres employées sur les points choisis pour les attaques et qui sont plutôt du ressort des chefs de divisions que de celui du chef d'armée; mais surtout et principalement l'ordre et l'esprit général qui président à ces manœuvres, la fixation opportune des différentes attaques simultanées ou successives, leur liaison, leur coordination, l'emploi opportun et convenable des réserves, enfin l'activité et l'énergie imprimées à tous les mouvemens par la ferme volonté, les ordres et, au besoin, par la présence de celui qui commande.

Or, pour que, considéré dans cette acception générale, le mode d'exécution d'une opération militaire soit aussi parfait que possible, il faut que le chef d'armée ait une confiance entière dans son efficacité ; il faut qu'il soit, ainsi que le projet auquel il est spécialement adapté, parfaitement approprié à l'esprit, à la capacité, surtout au caractère de ce chef, et qu'il réponde en outre à son inspiration du moment.

Un chef d'armée fait généralement bien de suivre ses penchans et ses inspirations dans la conduite de ses opérations, sans trop se préoccuper de la position des meilleurs objectifs.

Bien que le penchant naturel d'un homme de guerre à l'offensive, puisse se satisfaire en attaquant l'ennemi sur un point quelconque, on peut déduire, de ce qui précède, la conséquence ci-après :

Quand un général commandant à de bonnes troupes, en nombre qui n'est pas sensiblement inférieur à celui de son adversaire, se sent porté par son caractère et une aptitude particulière et instinctive aux actes les plus hardis et les plus promptement décisifs, il fait généralement bien de suivre son penchant et ses inspirations, sans trop se préoccuper de la position des meilleurs objectifs, et, dans les cas douteux relativement à la position de ces derniers, d'opter de préférence pour ceux qui permettent de s'emparer le plus facilement des communications de l'ennemi.

En agissant de cette manière, il adopte le plus souvent, de fait, les objectifs qui lui conviennent le mieux, et les fautes rares qu'il commet à cet égard, sont, pour lui, une espèce de mal obligé, inhérent à un système d'opérations qu'il a tout avantage à suivre, dans l'intérêt même de ses entreprises.

Des convenances analogues à celles que nous venons de faire valoir pour un général actif, entreprenant, à l'imagination vive, auquel sont propres les moyens rapides, hardis, aventureux même, existent pour un général plus circonspect, plus méthodique, ayant un esprit moins décidé et plus lent, auquel conviennent, comme appropriées à son caractère, à sa capacité et à ses goûts, les opérations réglées avec ordre, lentement et sagement progressives. Lorsqu'un semblable chef se trouve dans l'alternative de choisir entre deux projets d'objectif présentant des chances de succès à peu près égales, mais dont l'un est plus hardi et plus compromettant que l'autre, il doit, à moins de grande supériorité numérique, rejeter le premier, bien que sa réussite promette des avantages plus signalés et plus décisifs que celle du second.

Enfin, qu'on nous passe le langage un peu trivial des proverbes, pour résumer, en quelques mots, notre pensée.

Les chefs d'armée, qui ont un penchant décidé et une aptitude particulière pour l'offensive, et qui commandent d'ailleurs à de bonnes troupes, en nombre peu différent de celui de l'ennemi, font généralement bien, dans la conduite de leurs opérations, d'être entreprenans et d'adopter l'adage : *Qui ne risque rien n'a rien.* Ceux, au contraire, que leurs qualités et leurs goûts rendent spécialement aptes à la défensive, agissent sagement en recherchant, autant que possible, des actions qui s'y prêtent, en montrant dans l'agression beaucoup de circonspection et de réserve, en prenant enfin pour devise, quand ils n'ont pas sur leur adversaire une supériorité incontestable, la vérité proverbiale : *Prudence est mère de sûreté.*

En se réglant sur ces maximes qui les soustraient, en quelque sorte, aux embarras du choix des meilleurs objectifs, les fautes rares que les uns et les autres commettent relativement à ce choix, ont ordinairement une faible influence sur le résultat de leurs entreprises.

Si, dans des cas bien caractérisés et bien définis, analogues à ceux que nous venons de citer, les difficultés de déterminer le mieux les points spéciaux dont nous nous occupons, peuvent, malgré les erreurs d'appréciation qu'elles entraînent, ne pas causer de dommages sérieux aux chefs qui dirigent les opérations militaires, il faut reconnaître qu'il en est différemment dans les principales circonstances qui suivent :

Cas dans lesquels les difficultés du choix des meilleurs objectifs peuvent occasionner des erreurs gravement préjudiciables.

1° Quand un général habile et naturellement entreprenant n'est pas secondé par les qualités de ses troupes, ou qu'en raison de sa grande infériorité numérique, il est forcé d'être prudent et circonspect, pour ne pas compromettre trop manifestement le sort de son armée;

2° Quand un général d'un caractère prudent, inquiet et sans entrain, que ses qualités et ses goûts rendent plus particulièrement apte aux opérations mesurées de la défensive, se trouve à la tête d'une armée notablement supérieure à celle de l'ennemi, soit par le nombre, soit par le moral, et que, sous peine de laisser échapper des avantages remarquables et faciles à obtenir avec les moyens dont il dispose, il doit se départir du système qui lui convient et qu'il affectionne, et s'assujétir à l'obligation clairement démontrée de porter à l'adversaire les coups les plus promptement décisifs, en faisant, pour ainsi dire, violence à son caractère, à sa capacité et à ses penchans;

3° Quand un chef d'armée, quelle que soit d'ailleurs la bonté de ses troupes, n'a ni prédilection, ni aptitude plus particulièrement marquées pour un système de guerre ou pour un autre, pour les opérations rapides, hardies et promptement décisives, ou pour les entreprises méthodiques sagement et lentement progressives;

4° Lorsque les chefs de deux armées opposées, de valeurs intrinsèques sensiblement égales, ont des caractères et des qualités, non pas identiques, ce qui serait sans exemple, mais se ressemblant beaucoup;

5° Enfin lorsque, dans des éventualités assez rares, mais essentiellement importantes à juger sainement et avec précision, un général en chef, entreprenant ou circonspect, est obligé, par suite de la tournure qu'ont prise les évènemens, de se départir, momentanément au moins, du système d'opérations qui lui convient et lui est propre, soit pour ne pas se compromettre d'une manière manifeste, soit pour profiter d'une occasion offrant de remarquables avantages.

Premier cas, où un chef habile et entreprenant n'est pas secondé par les qualités de ses troupes, ou commande une armée de beaucoup inférieure à celle de l'ennemi.

Dans le premier cas, quand un chef d'armée habile, et naturellement actif et hardi n'est pas secondé par les qualités de ses troupes, il ne peut pas, dans l'observation toujours essentielle de la première vérité capitale de l'art, suivre ses penchans et ses inspirations, avec la certitude que le mode d'exécution de ses projets répondra à son énergie, à sa capacité personnelles et à ses vues : dès lors les erreurs d'appréciation qu'il commet au sujet du choix des meilleurs objectifs, n'étant pas rachetées par la supériorité de ce mode d'exécution, sont, en général, préjudiciables au succès de ses entreprises.

Ce qu'un semblable chef a de mieux à faire, c'est de chercher à amener, au plus vite, cet accord entre lui et son armée, si indispensable au bien des opérations; et si, outre son activité et son énergie, il possède un talent réel, qu'il sache conquérir l'estime et la confiance de ses soldats, il n'aura pas de peine à les doter promptement de belles qualités, en harmonie avec les siennes, qui lui permettront de suivre une manière d'opérer conforme à son caractère, avec l'assurance que les bons moyens d'exécution ne lui feront pas défaut.

Quand un chef entreprenant et habile se trouve à la tête d'une armée composée de bonnes troupes, mais de beaucoup inférieure à celle de l'ennemi, le premier objet de sa sollicitude doit être de chercher à établir l'équilibre entre les deux armées, en isolant les différens corps de celle qui lui est opposée et les battant dans des engagemens partiels; mais, si avant d'avoir pu atteindre ce résultat, il est obligé de livrer une bataille générale, il est évident qu'il ne peut songer à obtenir du premier coup un avantage complètement décisif et à s'emparer, par exemple, des communications de l'ennemi, au risque de découvrir les siennes, et de compromettre ainsi l'existence entière de son armée. Il faut donc qu'il se dépouille, pour ainsi dire, de son caractère qui le porte d'instinct vers les entreprises aux grands et prompts résultats, et que, pesant sainement, dans le choix de son objectif, tous les avantages et les inconvéniens des différentes attaques qui peuvent être tentées, il détermine avec justesse jusqu'à quel point il lui est permis de sacrifier à ses penchans, et à quelle limite il faut qu'il s'arrête; si, à travers toutes ces difficultés d'autant plus grandes pour lui que son jugement ne saurait rester entièrement impartial et être guidé par la seule et froide raison, il commet une erreur d'appréciation, cette erreur ne se trouvant pas naturellement rachetée par la supériorité puissante de sa manière d'exécuter, peut avoir des conséquences funestes pour le résultat de la bataille.

Second cas, où un chef froid, prudent et un peu timide, possède, dans son armée, une grande supériorité de ressources.

Il en est de même, dans le second cas, des erreurs commises sur la position des meilleurs objectifs par un général d'un esprit lent, d'un caractère froid et circonspect, et qui, en raison de la grande supériorité de son armée, et contrairement à ses penchans, doit rechercher des engagemens complètement et promptement décisifs, pour utiliser ses avantages et ne pas laisser à son adversaire la disposition d'un temps précieux dont il pourrait tirer grand profit, surtout s'il est habile et actif.

Il arrive, en effet, la plupart du temps, qu'un semblable général, attiré d'une part par ses goûts, ses qualités et son caractère, vers un système d'opérations sages, mesurées, lentement progressives, et de l'autre vers un système opposé, par le sentiment de l'obligation de se départir de celui qu'il préfère, ne sait pas prendre, dans les circonstances difficiles, le parti qui convient. Dans sa conduite pleine d'hésitations et de mesures contradictoires, qu'on dirait parfois dirigée par le hasard plutôt que par la raison, tantôt il sacrifie trop ouvertement à ses penchans, tantôt il tombe dans l'excès contraire, en poussant la hardiesse des moyens employés jusqu'à la plus extrême témérité.

Or, dans la première occurrence, le mauvais choix de ses objectifs lui est nuisible, en ce qu'il l'empêche de recueillir les grands avantages auxquels il pouvait aspirer; et dans la seconde, en ce que ses projets n'étant ni dans ses goûts ni dans ses habitudes, il en est de même des moyens mis en œuvre pour les exécuter, moyens qui laissent toujours à désirer, et ne peuvent racheter, par leur supériorité, les chances funestes de ses déterminations trop téméraires.

Les opérations de maints généraux de réputation offrent, ainsi que nous le verrons ultérieurement, des exemples remarquables de la vérité de ces dernières assertions.

Troisième cas, où un chef calme et froid n'a de prédilection pour aucun système particulier d'opérations.

L'importance de bien choisir les objectifs principaux sur lesquels il convient de battre primitivement l'ennemi, est manifestement prédominante pour un chef d'un caractère calme et froid, sans prédilection pour un système déterminé, comme sans prévention contre lui, et que son tempérament, ses qualités et la nature de son esprit ne portent pas plutôt vers les opérations hardies et promptement décisives que vers celles qui sont conduites avec prudence, et dont les progrès, sagement mesurés, sont un peu lents.

Pour un pareil chef, en effet, la condition essentielle de la bonté des moyens d'exécution ne se trouvant pas, dans une circonstance donnée, assujétie à l'adoption de tel projet d'attaque, mieux compris, mieux aimé que tel autre, les erreurs d'appréciation commises au sujet du choix des meilleurs objectifs, ne sont jamais susceptibles d'être rachetées et sont toujours, sans compensation aucune, des fautes entièrement préjudiciables au succès des entreprises.

Rareté du troisième cas.

Sans discuter ici sur la rareté évidente de la rencontre de généraux semblables à celui qui vient d'être dépeint, rareté qui n'ôte rien d'ailleurs à la justesse de nos observations, nous ajouterons qu'à ces dernières se rattache, comme conséquence, un fait qui mérite d'être remarqué.

Modèle accompli d'un général en chef.

Si un chef, toujours impassible et maître de lui-même, comme nous venons de le supposer, joignait à la nature de son caractère énergique et ferme, une grande rectitude de jugement, une prompte conception de pensée et beaucoup d'activité, ce serait évidemment le modèle accompli du grand capitaine. Eh bien! les erreurs qu'il commettrait, relativement au choix des meilleurs objectifs, diminueraient beaucoup plus sensiblement pour lui, les chances de succès que lui donnent ses qualités et celles de son armée, que ne le feraient, pour un général ordinaire, des fautes analogues qu'il aurait commises (1). Voici l'explication

(1) Si l'on veut employer le langage des chiffres : le premier chef ayant généralement, je suppose, 90 sur 100 chances de succès, et le second 40; le premier, par le choix d'un mauvais objectif, perdrait par exemple, 30 de ses chances, tandis que le dernier n'en perdrait que 10.

naturelle de cette vérité qui peut sembler étrange au premier examen.

Perfection de son système d'opérations.

Le système d'opérations du premier chef d'armée étant complet par sa nature, devant embrasser toutes les données des cas de guerre auxquels il est appliqué, et, parmi toutes les combinaisons de chances bonnes et mauvaises que la solution de ces cas présente, saisir l'ensemble de bonnes chances le plus avantageux; il faut, pour que son emploi ne laisse rien à désirer, que les objectifs les meilleurs soient reconnus et adoptés, que les projets soient bien conçus et bien exécutés dans toutes leurs parties; et la moindre faute commise à cet égard, peut avoir des conséquences préjudiciables au résultat qu'on est en droit d'attendre de la perfection du système.

Conditions nombreuses dont ce système exige la réalisation.

Système incomplet d'un général ordinaire.

Il n'en est pas de même du système incomplet d'un général moins habile, n'embrassant bien les opérations que sous un point de vue particulier et préféré; se caractérisant, au-dedans, par des propriétés prédominantes, soit pour l'attaque, soit par la défense, et au-dehors, par un ensemble de marches et de manœuvres, vives et hardies, ou circonspectes et lentement progressives. Pour tirer d'un semblable système tout le parti qu'il est susceptible de donner, il convient, le plus souvent, que le chef qui l'emploie, et au caractère duquel il se trouve spécialement approprié, sacrifie les autres considérations au but essentiel de mettre en relief ses qualités saillantes. Si dans la conduite générale de ses entreprises, il satisfait bien à cette condition, d'autant plus facile à remplir qu'elle est conforme à ses goûts, il agit de la manière la plus favorable à ses intérêts, et les fautes qu'il commet parfois, dans l'adoption de ses principaux objectifs, deviennent un mal obligé, inhérent au système d'opérations qui lui est le plus profitable, et dont l'application habituelle procure, en définitive, les plus grandes chances d'avantages qu'on puisse raisonnablement espérer de sa nature imparfaite.

Petit nombre de conditions à remplir pour recueillir tous les avantages qu'on peut attendre de sa nature imparfaite.

Quant à la valeur respective des deux systèmes que nous venons de considérer, il va sans dire que le premier est de beaucoup supérieur au second; que ses chances totales de succès sont incomparablement plus grandes, et que de deux chefs, à la tête d'armées opposées et également bonnes, qui, conformément à leurs qualités et à leur caractère, adopteraient l'un et l'autre dans une série suivie d'opérations, celui qui emploierait le premier aurait un avantage incontestable et presque assuré.

Prééminence du premier système sur le second.

Ces chefs pourraient se comparer à deux champions qui combattraient l'un contre l'autre, armés de plusieurs armes, dont chacune aurait, suivant les circonstances, un avantage particulier, et que le premier chef manierait toutes également bien, tandis que le second ne saurait bien en manier qu'une seule. Le

Parallèle entre les chefs présidant à l'exécution des deux systèmes.

plus habile, pour se procurer toutes les chances de succès, devrait approprier le choix de son arme à chaque circonstance particulière, et les fautes qu'il commettrait à cet égard, pourraient être préjudiciables au résultat qu'il est en droit d'attendre de sa supériorité dans le combat. L'autre, ne maniant bien qu'une seule arme, devrait l'adopter dans un cas quelconque, lors même que celui-ci ne serait pas le plus favorable à son emploi; parce qu'en agissant ainsi, il aurait encore plus de chances de vaincre son adversaire qu'en se servant d'une arme mieux appropriée à la circonstance présente, mais dont il n'aurait pas l'habitude. En prenant invariablement ce parti, c'est-à-dire en sacrifiant la considération du choix le plus convenable entre ses différentes armes, au but essentiel de mettre en relief sa qualité dominante, il se procurerait, en définitive, toutes les chances de victoire auxquelles sa position particulière et son degré d'habileté lui donneraient le droit légitime de prétendre.

Quatrième cas, où les chefs des armées opposées ont des caractères, et des qualités qui se ressemblent.

Lorsque les chefs de deux armées opposées et de valeurs intrinsèques peu différentes, ont, comme le suppose le quatrième cas, des caractères, des qualités et des manières d'opérer qui se ressemblent; que, par exemple, ils sont tous les deux entreprenans et ont une préférence pour les actions promptement décisives; il arrive que, suivant que leurs principales communications sont situées sur le même point du théâtre de la guerre ou du champ de bataille, ou sur des points différens, ils sont en général portés d'instinct à opposer leurs forces fort contre fort et faible contre faible, ou bien fort contre faible et réciproquement. Dans ces circonstances, et principalement dans les premières, s'il s'agit du gain d'une bataille dans laquelle le point important des communications est commun aux deux partis, tout l'avantage des chances de succès est manifestement pour celui qui a l'avantage du terrain.

Le chef du parti opposé doit donc, ainsi que nous l'avons observé déjà dans des cas analogues, se garder de porter et de faire agir primitivement la masse de ses forces sur ce même point, où il n'a, lui, que des chances de revers. Si donc, au milieu des embarras que lui suscitent une convenance contrariant son instinct naturel, et l'extrême difficulté de bien apprécier la force réelle d'une position donnée, il se laisse entraîner par ses penchans, la faute qu'il commet ainsi, relativement au choix du meilleur objectif, est manifestement de nature à influer sur les résultats de l'engagement d'une façon sérieusement préjudiciable.

Cinquième cas, où un chef d'armée est forcé par les circonstances de se départir momentanément de son système de prédilection.

Enfin, lorsqu'un chef d'armée, ayant une préférence marquée pour un système d'opérations hardi ou prudent, et en faisant l'application avec habileté, se trouve forcé, par la nature des circonstances et la tournure que les évènemens ont prise, de se départir momentanément de son système de prédilection, pour en adopter un contraire, il est constant que les erreurs d'appréciation qu'il commet sur la position des objectifs les plus convenables, depuis le moment où il importe qu'il change de système, jusqu'à celui où il lui est permis de revenir à son système habituel, sont susceptibles d'exercer, sans compensation aucune, une influence funeste sur le résultat de ses entreprises.

Les difficultés que présente le cinquième cas sont des plus grandes parmi les difficultés de l'art de la guerre.

L'obligation de se départir parfois, et pour un temps justement limité, d'un système général d'opérations rapides, hardies, aventureuses, pour ne pas se compromettre d'une manière évidente, ou d'opérations sages, lentement progressives et prudentes, pour profiter d'occasions offrant de remarquables avantages, et surtout le choix des momens opportuns pour abandonner et reprendre ensuite la manière d'opérer habituelle et conforme à leur caractère, constituent, pour les généraux en chef, une des principales difficultés de l'art de la guerre.

Il est rare que les esprits les mieux organisés, les caractères les plus fermes et les plus maîtres d'eux-mêmes parviennent à la surmonter, et les fautes qu'elle engendre, les indécisions, les lenteurs qu'elle occasionne, compromettent souvent le sort des armées.

Exemples.

Ce fut ainsi que, dans la campagne de Russie, Napoléon s'attira un grand désastre, parce qu'il ne se départit pas opportunément de sa manière habituelle d'opérer, et perdit un mois à Moscou avant de se décider à battre en retraite.

Ce fut encore ainsi qu'en 1813, il perdit ses conquêtes et ouvrit la France à l'invasion, pour avoir compris trop tard, autour de Dresde, qu'il fallait abandonner, momentanément au moins, le rôle de l'offensive; pour avoir laissé, dans son erreur, 200,000 hommes éparpillés dans les places fortes de l'Allemagne, au lieu de les en retirer dans le but de renforcer son armée, de défendre ses possessions d'outre-Rhin, de couvrir la France et de reprendre ultérieurement l'offensive, si les circonstances redevenaient favorables.

Ce fut ainsi que, dans la campagne d'Allemagne de 1800, Moreau, ayant refoulé l'armée autrichienne dans Ulm, compromit par ses lenteurs, par ses hésitations, par ses demi-mesures plus imprudentes que des actes de haute témérité, ses succès et le sort même de son armée, parce qu'il ne sut pas se départir opportunément de son système d'opérations méthodiques, lentes et timorées, pour prendre, au moment convenable, un parti hardi et décisif, soit en attaquant Kray dans son camp retranché, soit en le forçant d'en sortir en se mettant à cheval sur le fleuve au-dessous de la ville, et le coupant de ses communications, comme il le fit plus tard, mais quand il n'était plus temps.

Enfin, c'est ainsi que tout chef d'armée se tenant sur la défensive ou timidement agresseur, et ayant obtenu, dans un engagement général, un avantage signalé sur son adversaire, perd tous les fruits de sa victoire, quand il néglige de prendre, immédiatement après la bataille, une offensive active et vigoureuse pour achever l'ennemi battu et démoralisé, et cette faute est très-commune chez les généraux médiocres.

La conduite des des opérations militaires est assujétie à tous les défauts du caractère et de l'esprit humain.

Il faut bien le reconnaître, la conduite des opérations militaires est assujétie à toutes les erreurs, à toutes les faiblesses, à toutes les inconséquences, à toutes les contradictions de la nature humaine : il n'existe, de fait, aucun système de guerre uniforme et réglé dans son esprit général, aucun chef d'armée qui ne s'expose qu'à des revers qui soient la conséquence naturelle et non blâmable de sa manière d'opérer, ou d'un écart momentané et obligatoire de cette manière, justifié par des cas fortuits et exceptionnels. L'art pratique de la guerre est si difficile et l'esprit humain si imparfait, que les capitaines les plus habiles, comme les chefs médiocres, commettent fréquemment des fautes palpables, qu'il est aisé de reconnaître après l'évènement. Leur conduite tantôt audacieuse et téméraire, tantôt prudente et circonspecte, suivant leur inspiration, leur confiance du moment, leurs dispositions morales et physiques, non pas toujours dans des circonstances différentes, mais souvent même dans des circonstances identiques, offre généralement, dans l'exécution de leurs entreprises, de nombreuses contradictions.

Si malgré ces fautes manifestes et ces déterminations

contradictoires qui sont aussi des fautes, les généraux de réputation remportent des victoires et obtiennent finalement de grands succès, cela tient d'abord à ce que leurs erreurs sont moins nombreuses et moins graves que celles de leurs adversaires; cela tient ensuite à la grande supériorité de leurs moyens d'exécution ayant une influence prédominante sur les évènemens de la guerre, et qui dépend, avant tout, des qualités physiques et morales des troupes, de l'habileté existante et reconnue de leur chef; cela tient enfin aux grandes chances que donnent, pour les succès à venir, les antécédens de la victoire, en raison de l'influence morale qu'ils exercent sur l'ennemi.

L'histoire des principales guerres de la République et de l'Empire, dont nous nous proposons de faire ultérieurement une analyse critique, fourmille d'exemples à l'appui de ce que nous venons de dire, et il n'est pas rare d'en rencontrer même dans les opérations d'un des plus grands capitaines que le monde ait produits.

Résumé des principaux motifs des difficultés de la guerre, et conclusion.

En résumé général, l'art pratique de la guerre, ou l'observation la meilleure des vérités capitales qui le régissent, est, en ce qui concerne la conduite des grandes opérations stratégiques ou tactiques, excessivement difficile et délicat, et les principaux motifs en sont les suivans :

1° Il existe généralement plusieurs manières de mener à bonne fin, quoiqu'avec des chances et des conséquences différentes, une même entreprise de guerre : les unes rapides, hardies, visant à de prompts et grands résultats; d'autres plus lentement progressives, plus méthodiques, plus prudentes, marchant au but d'un pas moins rapide, mais offrant ordinairement plus de garanties de sûreté; d'autres enfin, tenant, pour ainsi dire, le milieu entre les deux précédentes, et participant aux qualités et aux défauts qui les caractérisent l'une et l'autre.

Parmi ces différentes manières, offrant à des degrés divers des avantages et des inconvéniens, et dont la plus parfaite et la plus profitable est manifestement celle qui serait judicieusement employée par un chef d'un grand talent et d'un grand caractère, à la tête d'excellentes troupes, il faut, pour le plus grand bien de ses opérations, qu'un chef quelconque sache découvrir, dans chaque circonstance particulière, celle qui lui convient le mieux et qu'il l'adopte.

Au nombre des conditions auxquelles il doit satisfaire à cet égard, il en est une, essentielle à remplir avant toutes, énoncée dans la première vérité capitale établie ci-dessus et qui consiste en ce que, dans le système d'opérations choisi par lui, il y ait toujours harmonie entre ses projets et les ressources dont il dispose pour les mettre à exécution. Or, cette harmonie est fort difficile à réaliser, parce qu'elle dépend d'une appréciation impartiale et exacte, non seulement des qualités des troupes relativement à celles de l'ennemi, mais encore des circonstances particulières dans lesquelles on se trouve; et parce que ladite appréciation, en raison des élémens divers qui concourent à l'établir, et des défauts, des imperfections, de la tendance à l'exagération de l'esprit humain, ne peut pas être assez précise, pour apprendre au juste à un général ce qu'il lui est permis d'entreprendre avec ses ressources, et ce qu'il lui est défendu de tenter, sous peine de s'exposer trop ouvertement à des revers;

2° Bien qu'il convienne qu'un chef d'armée ait une manière d'opérer à lui propre, conforme à son caractère, à ses goûts, aux qualités de ses troupes et habilement adaptée à la manière, au caractère, aux qualités et aux défauts de son ennemi; bien qu'il doive diriger ses opérations avec le plus d'ordre et d'ensemble possibles, dans le même esprit et les mêmes idées générales; il se présente des cas forcés, où il est obligé de se départir de son système habituel pour un temps plus ou moins long, et l'appréciation exacte de ces cas, de l'instant précis où leur existence commence, et du moment opportun où il convient de revenir au mode naturel et ordinaire, constitue une difficulté souvent au-dessus de ses forces. L'homme, en effet, possède un esprit dont l'étendue est bornée, et un caractère naturellement muable dont les qualités ont aussi leurs limites. Les impressions qu'il subit, les inspirations qui lui viennent, participent de l'un et de l'autre, et sont en outre soumises, à un degré plus ou moins élevé, aux circonstances présentes et à ses dispositions physiques et morales. Il en résulte qu'il ne voit pas toujours les choses sous leur véritable point de vue et ne porte pas toujours sur elles des jugemens empreints d'une parfaite équité;

3° Relativement aux vérités capitales dont l'observation se réduit, en dernière analyse, à battre son adversaire partiellement et successivement avec des forces supérieures à celles qu'il possède, il existe, en général, pour une armée donnée, sur un théâtre de guerre ou sur un champ de bataille, un point où un succès primitivement obtenu offre en totalité plus de bonnes chances que sur les autres, parce qu'il satisfait le mieux à l'ensemble des conditions de préparer la victoire, de l'assurer, d'en rendre les conséquences plus favorables et plus complètes. La fixation de ce point, sur lequel il convient d'écraser d'abord l'ennemi à l'aide de moyens plus puissans que les siens, et qui diffère parfois de celui où le succès procurerait le plus d'avantages, si on pouvait l'y obtenir à loisir, constitue encore, par le grand nombre de considérations différentes auxquelles il est essentiel d'avoir égard, une des principales difficultés de l'art pratique de la guerre;

4° Parmi les élémens multiples qui doivent concourir à arrêter le projet d'une opération de guerre, il existe un certain nombre de causes secondaires, militant pour une détermination ou pour une autre, qui ont sur le résultat des évènemens une influence manifeste, sans qu'il soit possible d'en saisir et d'en apprécier rigoureusement le degré, parce que ces causes sont elles-mêmes difficiles à analyser, n'étant souvent qu'imparfaitement connues, et leur existence même n'étant parfois que présumée.

Enfin, indépendamment des difficultés résultant des motifs précités et qui se rapportent à la conduite des grandes opérations de la stratégie et de la tactique, il existe des difficultés dont nous n'avons pas fait l'analyse, et qui sont relatives au meilleur emploi des différentes armes sur le champ de bataille.

Dans cette partie de notre ouvrage, nous nous en tiendrons, relativement à elles, à ce que nous en avons dit dans nos considérations préliminaires, nous réservant de les examiner, avec tous les développemens que leur importance comporte, dans la troisième partie qui traitera spécialement de la tactique de chaque arme en particulier, et des combinaisons les meilleures de l'emploi simultané des trois armes.

SECTION II.

Applications des connaissances théoriques concernant l'art de la guerre, dans les écrits.

SOMMAIRE.

Les écrivains militaires sont soumis aux mêmes causes principales d'erreurs que les chefs d'armée. — — Conditions de justesse des jugemens portés sur les opérations militaires. — La rectitude du jugement. — La connaissance exacte des faits et des choses. — L'impartialité. — Un bon écrivain militaire est fort rare. — Le parfait modèle du critique militaire ne peut se rencontrer que dans le modèle accompli du général en chef. — Écrivains dont les jugemens présentent le plus de chances de justesse. — Parallèle entre un chef d'armée et un historien critique sous le rapport des difficultés principales que l'un et l'autre ont à vaincre. — Accord entre les projets et les ressources. — Cas où un chef d'armée est forcé de se départir momentanément de son système d'opérations habituel et préféré. — Détermination des meilleurs objectifs. — L'avantage qu'a le critique de juger les événemens, lorsque leurs résultats sont connus, est souvent une faible garantie de la bonté de son opinion. — Un succès n'est pas toujours le résultat d'une bonne opération, et un revers n'est pas toujours la conséquence d'une faute. — Il est souvent difficile de reconnaître et surtout de démontrer les fautes commises par les critiques dans leurs jugemens. — Motifs principaux. — Examen de quelques cas saillans. — Il convient de se défier des jugemens portés par les écrivains systématiques. — Parallèle entre un critique à système et un critique impartial et parfait. — Exemple. — Les difficultés de la guerre induisent en erreur les écrivains les plus habiles, comme les généraux les plus distingués. — Nécessité de se tenir en garde contre les doctrines des théoriciens militaires.

Les écrivains militaires sont soumis aux mêmes causes prin-

Par les mêmes motifs principaux, que les chefs d'armée, même les plus habiles, rencontrent dans la pratique de l'art de la guerre, des difficultés graves et nombreuses qui les embarrassent souvent et rendent leurs déterminations fautives, les historiens ou écrivains militaires, dans l'appréciation des évènemens d'une campagne, portent sur les causes des succès et des revers, sur le mérite ou l'inhabileté de ceux qui y ont concouru, des jugemens fréquemment erronés; et, parmi les opinions différentes et contradictoires qu'ils émettent à ce sujet, et qui sont toutes appuyées par des raisons en apparence plausibles, il est parfois difficile de distinguer l'opinion juste et raisonnable, de celle qui n'est que subtile et spécieuse.

cipales d'erreurs que les chefs d'armée.

Conditions de justesse des jugemens portés sur les opérations militaires.

Pour porter de bons jugemens sur les opérations militaires, en attribuant les évènemens à leurs véritables causes, et distribuant à ceux qui y ont présidé la part exacte d'éloges ou de blâme qui leur revient, il faut en effet posséder des qualités importantes et peu communes, parmi lesquelles doivent être classées au premier rang :

La rectitude du jugement;

La connaissance exacte des faits et des choses;

L'impartialité.

La rectitude du jugement.

La première de ces qualités essentielles est rare chez tous les hommes; bien qu'elle tienne principalement à la supériorité de l'esprit, elle subit pourtant aussi l'influence du caractère, et se trouve combattue et souvent altérée chez les écrivains militaires, par leurs goûts et leurs penchans naturels, par leurs dispositions et leurs inspirations du moment; en un mot, par les faiblesses de leur nature. Ces faiblesses, auxquelles ils sont soumis comme les généraux commandant les armées le sont aux leurs, les portent à avoir une préférence soit pour les opérations hardies, marchant rapidement vers un résultat décisif, soit pour les opérations méthodiques, prudentes, dont les progrès sont lents mais assurés, et à assujétir à cette préférence leurs éloges ou leur blâme.

Le seul écrivain dont le jugement offrirait des garanties d'équité entièrement sûres, serait celui qui n'aurait aucune prédilection marquée pour un système de guerre ou pour un autre, et dont l'esprit supérieur et le caractère toujours impassible et sans passions ne seraient susceptibles de se laisser influencer par aucune considération inhérente aux circonstances particulières qu'il examine; mais un semblable écrivain, il faut le reconnaître, est aussi difficile à rencontrer que le parfait modèle du général en chef.

La connaissance exacte des faits et des choses.

La connaissance exacte des faits et des choses est, avant tout, le partage de ceux qui les ont vus s'accomplir sous leurs yeux; et parmi eux, les plus aptes à la bien posséder, sont manifestement les chefs d'armée qui ont présidé aux évènemens. Toutefois, principalement quand ceux-ci se sont passés à une époque peu reculée dont les souvenirs sont encore présens, des hommes qui n'y ont pas pris part peuvent aussi, par l'étude et la comparaison de bonnes relations qui les mentionnent, offrir, sous le rapport de la connaissance des faits, des garanties convenables, et porter même sur les opérations de la guerre, des jugemens meilleurs et plus dignes de foi que les acteurs de ces opérations, s'ils possèdent à un plus haut degré qu'eux la rectitude du jugement et l'impartialité.

L'impartialité.

Quant à cette dernière et indispensable qualité, les écrivains chez lesquels elle doit se rencontrer le plus fréquemment et de la manière la plus complète, sont évidemment des hommes qui n'ont pas participé aux évènemens qu'ils rapportent et qu'ils jugent, ou qui n'y ont pris qu'une part secondaire.

Après eux, viennent les chefs d'armée qui ont été habituellement heureux, et qui, en rendant compte de leurs succès, ont généralement peu à perdre à les attribuer à leurs véritables causes. Toutefois, il convient d'en faire ici la réserve, lorsque ces succès tiennent en majeure partie à des causes étrangères à l'habileté des entreprises, à des hasards heureux tels qu'on en rencontre souvent à la guerre, il est rare de trouver des généraux assez modestes pour ne pas s'attribuer une part de mérite un peu usurpée, et pour laisser impartialement à la fortune ce qui lui appartient.

Enfin l'impartialité étant une qualité pour ainsi dire exceptionnelle quand elle se trouve en opposition avec l'amour-propre, ne peut pas être le partage de généraux ordinairement malheureux. De semblables généraux, quand ils rendent compte de leurs revers, ne les attribuent presque jamais aux fautes qu'ils ont commises, et sont rarement embarrassés de trouver des motifs pour justifier leur conduite et sauvegarder leur responsabilité et leur réputation, dans le nombre infini de causes qui ont des influences manifestes sur les évènemens de la guerre. Il résulte, en effet, de l'existence de ces causes agissant en tout sens, sans qu'il soit possible d'assigner à aucune d'elles son degré précis d'action, que pour mener à bien une entreprise, il n'y a pas de procédés forcés, de moyens exclusifs; qu'avec un peu d'habileté, l'emploi d'un système quelconque d'opérations peut se défendre d'une façon en apparence plausible, pourvu qu'il ne soit pas ouvertement dirigé contre le bon sens; et que, comme le philosophe Pyrrhon le disait à propos de toutes choses, on trouve partout, dans le domaine de la science militaire, des raisons d'affirmer et de nier.

Un bon écrivain militaire est fort rare.

De ce que nous venons de dire il est permis de conclure qu'il est fort difficile de trouver réunies, dans le même homme, les trois qualités essentielles qui doivent constituer un bon écrivain militaire.

En effet, si c'est un général en chef qui rend compte de ses opérations et remplit les conditions désirables sous le rapport de la connaissance des faits et des choses, il est partie intéressée dans ses écrits et ne peut être rigoureusement impartial dans toutes les circonstances qui ont été malheureuses pour lui, ni dans celles où le succès a été dû à des causes étrangères à ses combinaisons.

Si c'est un critique qui relate et juge des évènemens auxquels il n'a pas pris part, et qui possède la qualité de l'impartialité, il ne peut toujours connaître avec une entière et scrupuleuse exactitude toutes les causes qui, dans chaque circonstance particulière, ont eu de l'influence sur les évènemens; causes que les récits ont souvent incomplètement et inexactement signalées, et qui ne peuvent être bien appréciées que sur les lieux où elles ont existé, par les acteurs mêmes du théâtre de la guerre ou du champ de bataille.

Enfin, quel que soit celui qui écrit, il est nécessairement soumis aux influences de son esprit et de son caractère; et ces influences, qui se réflètent dans ses récits et ses opinions, peuvent être préjudiciables à la rectitude de son jugement.

Le parfait modèle de l'écrivain militaire ne peut se rencontrer que dans le modèle accompli du général en chef.

Dans cet état de choses, le parfait modèle de l'écrivain militaire ne saurait manifestement se rencontrer que dans celui du général en chef faisant la relation de ses campagnes, c'est-à-dire dans un homme de guerre consommé qui, outre le talent de remporter des succès toujours mérités, posséderait, au suprême degré, pour en faire la relation explicative et raisonnée, toutes les qualités essentielles énoncées ci-dessus.

Mais un semblable modèle n'existe pas, et César et Napoléon, qui en ont peut-être le plus approché, sont loin de montrer, l'un dans toutes les parties de ses Commentaires, l'autre dans toutes les parties de ses Mémoires, une parfaite impartialité.

Écrivains dont les jugemens présentent le plus de chances de justesse.

Les écrivains dont les jugemens présentent, en définitive, le plus de chances de justesse, sont :

1° Ceux qui, ayant présidé ou pris une part notable aux évènemens qu'ils rapportent, et en connaissant tous les détails, ont été heureux dans leurs opérations, et donnent, par le fait de leurs succès, des garanties d'impartialité, sinon complètes, du moins satisfaisantes, ayant généralement peu à perdre à attribuer ces succès aux causes qu'ils croient être les véritables ;

2° Ceux qui se trouvant dans les meilleures conditions d'impartialité, parce qu'ils n'ont pas participé aux évènemens, ou qu'ils n'y ont pris qu'une part secondaire n'engageant pas leur amour-propre, connaissent assez bien ces évènemens, par l'étude et la comparaison consciencieuse des récits qui en ont été faits, pour en apprécier convenablement les causes les plus importantes.

Après avoir déduit, sous un point de vue général, et en n'envisageant pour ainsi dire que les faiblesses de l'esprit et du caractère inhérentes à la nature humaine, les principales raisons pour lesquelles il est rare de rencontrer un bon écrivain militaire, esquissons en quelques traits les difficultés les plus saillantes que présente à l'écrivain l'appréciation progressive et exacte des évènemens qu'il juge sans y avoir assisté, et montrons que ces difficultés ne sont guère moins graves et moins susceptibles d'entraîner des erreurs que celles que doit surmonter le général commandant une armée, sur le théâtre de ses entreprises.

Parallèle entre un chef d'armée et un historien critique, sous le rapport des difficultés principales que l'un et l'autre ont à vaincre.

Lorsqu'il s'agit de résoudre la question importante et première de mettre les projets en rapport avec les ressources, il arrive que si le caractère et le mérite respectifs de deux chefs opposés, ainsi que les qualités de leurs troupes, sont connus par des antécédens, l'historien critique peut avoir sur le général commandant l'avantage d'assigner plus impartialement et plus justement le système général d'opérations qui convient à l'armée qu'il commande, c'est-à-dire la mesure de ses entreprises eu égard aux moyens dont il dispose, et d'apprécier mieux aussi l'importance des fautes commises à cet égard, ainsi que les résultats fâcheux qui peuvent en être la conséquence.

Accord entre les projets et les ressources.

Mais si la question précitée doit se résoudre dans une circonstance telle, par exemple, que le début d'une campagne, où les troupes n'ont pas encore leurs moyens développés et ne sont pas façonnées au caractère et à la manière de leur chef; où il n'existe pas encore, entre les qualités de celui-ci et celles de ses soldats cette harmonie nécessaire au succès des opérations, la thèse change de face.

L'écrivain personnellement étranger aux évènemens devient alors inapte à assigner et à établir, dans ses jugemens, un juste équilibre entre les projets et les ressources précises dont on dispose pour les exécuter; tandis que le général se trouvant en contact permanent avec ses troupes, les jugeant au début et appréciant chaque jour leurs progrès en connaissance du métier, en courage, et les progrès qu'il fait lui-même dans leur estime et leur confiance, se trouve dans de bien meilleures conditions pour juger sainement ce qu'il peut raisonnablement entreprendre, et ce qu'il ne peut tenter sans s'exposer trop ouvertement à des revers.

Cas où un chef d'armée est forcé de se départir momentanément de son système d'opérations habituel et préféré.

Dans les circonstances où un général en chef est obligé de se départir momentanément du système d'opérations qu'il préfère et qui lui est habituel, circonstances fort délicates, parce que son caractère et ses penchans l'exposent à des erreurs d'entraînement très-graves et très-dangereuses, l'écrivain militaire n'ayant pas pris part aux évènemens, a sur lui, il faut en convenir, l'avantage notable et souvent prépondérant du désintéressement, de l'impartialité et du sang-froid de l'homme qui juge dans le cabinet, pour fixer le moment opportun où il faut que le changement de système s'opère, et celui où il convient de revenir au système habituel.

Détermination des meilleurs objectifs.

Des observations analogues aux précédentes sont applicables à la détermination si épineuse des meilleurs objectifs, dans laquelle les chefs d'armée se trouvent souvent obligés de se décider spontanément, presque sans réfléchir et cela à travers les scènes les plus émouvantes, et en présence des intérêts les plus graves confiés à leur responsabilité. Mais, d'un autre côté, il faut aussi le dire, dans les deux cas que nous venons de citer, comme en général dans toute entreprise de guerre, un écrivain qui n'a pas assisté aux opérations peut difficilement juger, avec connaissance de cause, l'opportunité des mesures à prendre, lorsque les raisons qui obligent de les adopter sont inhérentes à des détails de localités, aux dispositions physiques des troupes si intimement liées à leurs dispositions morales, et subissant l'influence de la fatigue des marches, des privations, des intempéries du temps, etc.; lorsqu'en un mot, ces raisons tiennent à des particularités, à des convenances du moment, souvent omises ou mal relatées dans les récits, et qui ne sont susceptibles d'être bien appréciées que par ceux-là mêmes qui ont présidé aux évènemens.

L'avantage qu'a le critique de juger les évènemens, lorsque leurs résultats sont connus, est souvent une faible garantie de la bonté de son opinion.

Il est vrai qu'en tout état de choses, le critique qui juge les évènemens lorsque leurs résultats sont connus, a, sur le général qui est obligé de les apprécier d'avance, l'avantage de pouvoir étayer son opinion d'une preuve; mais cette preuve, bien souvent plus apparente que réelle, est loin de garantir toujours la bonté du jugement de celui qui s'en appuie.

Les causes qui concourent à faire les succès et les revers sont, en effet, si nombreuses et si variées, qu'à part même les qualités des troupes qui en sont la source principale, elles ne sont pas exclusivement dépendantes de l'habileté ou de l'inhabileté des opérations : assez souvent, elles tiennent soit à des hasards heureux, soit à des chances fatales, en dehors de toutes les prévisions et de toutes les probabilités; soit à des particularités difficilement appréciables, indépendantes de la volonté et des combinaisons des chefs, et auxquels volontairement ou involontairement on néglige de les attribuer.

Un succès n'est pas toujours le résultat d'une bonne opération, et un revers n'est pas toujours la conséquence d'une faute.

D'ailleurs un succès, en admettant même qu'il ne dépendît que des qualités relatives des troupes de deux armées, et de la manière dont elles ont opéré, peut n'être pas le résultat d'une bonne manœuvre, mais celui d'une mauvaise manœuvre de l'ennemi. De même, un revers peut n'être pas la conséquence obligée d'une faute, mais celle d'un beau mouvement exécuté par l'adversaire et favorisé par les circonstances; de telle sorte qu'il n'est pas plus permis de conclure, d'une manière absolue, que le vainqueur dans une bataille s'est comporté avec talent, qu'il n'est permis de conclure que le vaincu s'est conduit d'une manière inhabile et blâmable.

C'est principalement dans la fixation des meilleurs objectifs, que l'avantage échu à l'écrivain militaire de porter son jugement après la connaissance des évènemens, est une faible garantie de la bonté de son opinion, lorsque cette fixation, eu égard à l'existence de plusieurs points importans différemment placés, présente des difficultés sérieuses.

Dans ce cas, en effet, les causes de succès et de revers, indépendantes du choix convenable des objectifs et, en première ligne, la bonté des troupes, acquièrent le plus souvent une influence prédominante; et si alors, méconnaissant cette vérité applicable à la circonstance, l'écrivain se laisse aller à la tendance de vouloir expliquer le résultat d'un évènement pour une armée, exclusivement par le bon ou le mauvais choix de son principal objectif, il n'y a guère moins de chances pour que son opinion soit erronée que pour qu'elle soit juste, et un contradicteur peut soutenir, relativement à ce choix, une opinion contraire, sans que souvent il y ait possibilité de démontrer qu'il a tort.

L'explication de ce fait est aisée. Il tient à ce qu'en mettant en opposition, dans une circonstance difficile et douteuse, les avantages qu'il est possible de retirer d'une attaque téméraire sous le rapport de la grandeur de ses résultats, et ceux que donne une attaque prudente sous le rapport de ses garanties de sûreté, on peut, relativement à la position des meilleurs objectifs, émettre divers avis raisonnablement soutenables, quoique contraires. Ces avis sont basés sur des motifs, tous respectables, mais tirés de considérations qui diffèrent et dont il est difficile d'apprécier les degrés relatifs d'importance. D'ailleurs, un exemple isolé, en faveur de l'un ou de l'autre, ne saurait être pour lui d'un grand poids, au milieu du nombre considérable de résultats contradictoires que l'histoire militaire présente à cet égard.

Il est souvent difficile de reconnaître et surtout de démontrer les fautes commises par les critiques dans leurs jugemens.

S'il est possible d'établir, par les considérations que nous venons d'exposer, qu'il est fort rare de rencontrer un critique militaire remplissant toutes les conditions de bonté désirables, d'en analyser les principales raisons, et de faire voir que les difficultés qui se présentent à l'écrivain, dans l'appréciation progressive et exacte des évènemens de la guerre, ne sont guère moins nombreuses, ni moins graves que celles que doit surmonter le général sur le théâtre de ses entreprises; il n'est pas aussi facile de reconnaître et surtout de démontrer, d'une manière péremptoire, les fautes que le premier commet dans ses jugemens, et c'est là ce qui constitue un danger de ses écrits, et rend urgente la nécessité de n'accepter ses opinions qu'avec une circonspection extrême.

Motifs principaux.

Cette vérité trouve d'abord une confirmation dans le fait à l'instant rappelé de l'indécision fréquente du choix des meilleurs objectifs, choix auquel un écrivain peut manifestement attribuer une influence sensible sur les évènemens, et que souvent il peut, à sa convenance, fixer d'une façon ou d'une autre, de manière à justifier ses opinions, sans qu'il soit possible de démontrer rigoureusement qu'il a tort; mais elle se rattache plus généralement et plus complètement à cette autre vérité capitale ci-dessus reconnue, qu'on peut mener à bonne fin une même entreprise de guerre, de plusieurs manières différentes.

Il résulte, en effet, de ce fait incontestable et entièrement confirmé par les enseignemens de l'histoire, qu'un critique militaire ayant de la sagacité et de l'habileté dans la controverse, est rarement embarrassé d'expliquer les résultats des entreprises militaires, d'une manière conforme à son caractère, à ses penchans, et si plausible, en apparence, qu'il est impossible d'en prouver la fausseté.

Supposons, par exemple, qu'il s'agisse d'une grande opération offensive ayant eu des suites heureuses ou funestes, et qu'on veuille en voir motiver l'issue, par un écrivain naturellement porté pour les opérations hardies, rapides, allant droit au résultat le plus prompt et le plus grand.

Dans le premier cas, si l'entreprise a été exécutée suivant le système qu'il affectionne, l'écrivain en question considérera le succès comme naturellement dû à celui-ci. Si au contraire elle a été menée à bonne fin, par les procédés du système contraire, alors se fondant sur les inconvéniens et les dangers des lenteurs et des temporisations à la guerre, il attribuera généralement ce résultat aux fautes de l'ennemi; ou bien encore il dira que les succès que l'on obtient en exécutant des opérations prudentes, sagement et lentement progressives, étant dus presque toujours à la supériorité numérique ou morale des armées, les avantages recueillis eussent été bien plus brillans et plus complets, si on se fût comporté avec rapidité et hardiesse, ce qu'on pouvait faire sans crainte, avec les moyens dont on disposait.

Dans le second cas, si l'entreprise a été accomplie conformément à son mode de prédilection, il rejettera le revers sur la fatalité, sur des causes étrangères à ce mode, et auxquelles, avec un peu d'imagination, il n'aura pas de peine à donner une apparence rationnelle.

Il montrera le peu de probabilité des éventualités malheureuses qui se sont présentées, les avantages considérables qu'on pouvait, au contraire, espérer de recueillir, et le peu de chances de profit d'un genre d'opérations contraire; il atténuera, au besoin, la témérité de certains actes en en amoindrissant les difficultés et les périls; il fera ressortir, en un mot, toutes les bonnes chances, en ayant soin de taire ou de déguiser les mauvaises.

Enfin, si l'entreprise malheureuse a été exécutée contrairement à ses penchans et à ses goûts, il attribuera, en général, ce résultat aux vices d'un système engendrant chez les chefs l'indécision et l'apathie; dans l'armée, la mollesse, et, avec l'affaiblissement de la vigueur physique et de l'agilité, celui de l'ardeur morale et du courage.

Considère-t-on maintenant un écrivain ayant une préférence marquée pour les opérations prudentes, à progrès lents, mais sûrs; il soutiendra sa manière par des moyens analogues de louange et de justification, et attaquera la manière opposée, par des moyens analogues de critique et de blâme.

Les échecs éprouvés dans l'application du mode contraire à celui qu'il affectionne, seront attribués à la nature même de ce mode vicieusement téméraire, et les succès remportés, à des chances plus heureuses que probables, à des combinaisons plus favorisées par le hasard que sages et habiles.

Lorsque l'application de son système de prédilection aura été heureuse, il regardera ce résultat comme naturel et affirmera que celle du système opposé eût vraisemblablement amené un revers. Quand cette application aura été funeste, il dira, bien que cette opinion soit loin d'être irrécusable, que l'échec éprouvé eût été bien plus grave, si on se fût comporté avec audace. Afin de justifier un excès de prudence démontré malheureux par les évènemens, il exagérera la difficulté et le danger des obstacles qu'il aurait fallu vainere pour opérer d'une façon différente ; il pourra même parfois supposer des obstacles imaginaires, sans qu'il soit possible d'en prouver manifestement l'inexistence.

Pour le dire ici en passant, il n'est pas rare de voir des écrivains militaires, et surtout des chefs d'armée, de ceux mêmes qui sont doués de grands talens, considérer comme impossibles, lorsque l'intérêt de leur opinion ou de leur réputation l'exige, des opérations, en réalité dangereuses et difficiles, mais qui peuvent cependant être menées à bonne fin ; et c'est un défaut trop commun parmi eux de n'être ou de ne paraître pas assez convaincus qu'avec une volonté ferme et tenace on peut exécuter, à la guerre, de bien grandes choses !

Que de généraux en chef eussent regardé comme impraticable le passage du Saint-Bernard par l'armée française, en 1800, et bien d'autres entreprises que l'on pourrait citer et qui, malgré leurs difficultés et leurs périls, furent accomplies avec succès par des chefs résolus, persévérans et habiles.

Lorsque les deux écrivains dont il vient d'être question se trouvent en opposition de sentiment sur les causes des résultats d'une opération donnée, il est d'autant plus difficile de reconnaître sûrement de quel côté se trouve le bon droit, que l'histoire militaire fournit à l'un et à l'autre, bon nombre d'exemples qu'ils peuvent citer à l'appui de leur opinion et faire valoir, suivant leur habileté, sinon comme des arguments irrésistibles, du moins comme des raisons en apparence plausibles et dont il est fort malaisé d'apprécier le degré de bonté relative. Leurs discussions, souvent oiseuses aussi bien que vives et partiales, font rarement jaillir la lumière de la vérité; et, pour quiconque ne connaît que par eux les données des points en litige, le résultat de leur controverse reste indécis, parce qu'embrassant les questions sous des faces différentes, ils ne sont pas, pour se combattre, placés sur le même terrain, et ressemblent en quelque sorte à deux champions qui, pour se rencontrer et en venir aux mains, suivraient des routes parallèles.

Il convient de se défier des jugemens portés par les écrivains systématiques.

Quoi qu'il en soit, s'il n'est pas facile, ni même toujours possible, de reconnaître et de démontrer rigoureusement les erreurs des jugemens portés par les écrivains systématiques dont nous venons de parler, et qui sont, il faut le reconnaître, nombreux, il est permis d'établir qu'il convient de se tenir en garde contre leurs opinions, et aisé d'assigner quels sont les défauts les plus saillans de leurs écrits. Ces défauts, en effet, proviennent manifestement de ce qu'ils n'embrassent les questions que sous un point de vue principal, vicieusement restreint, au lieu de les envisager sous toutes leurs faces; de ce que, dans chaque circonstance, ils n'ont pas convenablement égard au caractère, aux penchans, à l'habileté des deux chefs opposés, et aux qualités de leurs troupes; enfin de ce qu'ils ne tiennent pas un compte impartial et rigoureux de toutes les raisons qui militent pour et contre l'adoption de tel mode d'opérations, de telle manœuvre, de telle mesure, ou de tels autres.

Le nœud gordien de la question est presque entièrement, comme on peut en juger, dans la condition d'approprier, dans chaque cas particulier, la nature et la grandeur d'un projet à celles des ressources dont on dispose pour le mettre à exécution; et il n'est pas extraordinaire que les écrivains trouvent à le trancher une difficulté extrême, non seulement à cause de l'imperfection fréquente des documens qu'ils possèdent, mais encore à cause des tendances naturelles de leur esprit et de leur caractère, qui sont plus ou moins incompatibles avec une impartialité complète, et avec une entière rectitude de jugement.

Parallèle entre un critique à système et un critique impartial et parfait.

Pour terminer cette discussion, qui nous a entraîné déjà loin, en faisant ressortir les tendances signalées, et les mettant en parallèle avec les qualités d'un écrivain qui remplirait toutes les conditions de bonté désirables, nous croyons devoir choisir l'exemple suivant, qui se rapporte au fameux passage du Rhin qu'exécuta en 1800 l'armée de Moreau, et qui occasionna entre ce général et Bonaparte une divergence d'opinion si caractéristique et si connue.

Exemple.

Relativement à ce passage, un écrivain naturellement porté pour les moyens prompts, hardis et décisifs, pourra blâmer Moreau d'avoir effectué son passage sur trois points, au lieu de jeter toute son armée, par Schaffouse, sur le flanc gauche et sur les derrières de l'ennemi.

Un écrivain circonspect et préférant aux autres les mesures prudentes, méthodiques, lentement et sûrement progressives, pourra blâmer au contraire Bonaparte de la hardiesse de son opinion, et juger que le premier consul lui-même aurait mal fait d'opérer comme il conseillait de le faire à Moreau ; mais nous pensons qu'un écrivain qui ne sera pas systématique, et qui réunira toutes les qualités qui constituent un juge impartial et éclairé, dira que Moreau agit bien en se conduisant comme il le fit ; tandis que Bonaparte, à sa place, aurait dû se comporter autrement, et porter clandestinement, comme il y engageait Moreau, toute son armée sur Schaffouse, pour déboucher de là, en masse, sur les communications des Autrichiens, et les écraser d'un seul coup rapide et vigoureux.

De ces trois écrivains, les deux premiers se laissant entraîner par leurs penchans naturels, porteront des jugemens erronés, et le troisième seul aura pour lui le bon droit et la raison. C'est qu'en effet les premiers ne tiendront pas compte de cette condition essentielle de tout succès à la guerre, l'accord et l'équilibre entre les projets et les moyens d'exécution ; c'est que l'un d'eux ne considérera pas que Moreau, avec son esprit lent, son caractère indécis et ses hésitations continuelles, n'eût vraisemblablement pas été capable d'exécuter convenablement et rapidement, comme le cas l'exigeait, le projet conçu par Bonaparte; c'est que l'autre se fera une idée inexacte et trop faible de ce que pouvait exécuter avec les ressources de son génie, son esprit d'expédiens, son activité, son immense ascendant sur ses troupes, le conquérant de l'Italie, qui exécuta, quelques jours plus tard, un projet bien autrement difficile que celui qu'il conseillait à Moreau; c'est que le troisième seul embrassera bien toutes les données essentielles de la question, et envisagera celle-ci sous le point de vue convenable.

Les difficultés de la guerre induisent en erreur les écrivains les plus habiles, comme les généraux les plus distingués.

De tout ce que nous venons de dire il résulte, en résumé, que les difficultés extrêmes de l'art pratique de la guerre qui induisent en faute les généraux les plus habiles et les plus expérimentés, induisent aussi en erreur les écrivains militaires les plus distingués par leurs talens et leurs lumières, et leur font émettre, sur les causes des évènemens, des opinions souvent hasardées et parfois inexactes dont il convient de se défier, bien que pourtant il ne soit pas toujours possible de démontrer leur fausseté par des raisons entièrement plausibles et concluantes.

Nécessité de se tenir en garde contre les doctri-

S'il est nécessaire de n'adopter qu'avec une grande réserve et la conviction résultant d'une étude consciencieuse et approfondie, l'appréciation des évènemens de la guerre par les écrivains qui en expliquent les causes, à plus forte raison faut-il se tenir en garde contre les doctrines de ceux qui ont tiré, de l'examen d'un grand nombre de faits de l'histoire militaire, des conclusions qu'ils ont érigées en principes de l'art. ses des théoriciens militaires.

Parmi ces écrivains, un des plus justement célèbres et par son talent et par ses remarquables travaux, M. le général Jomini, poussant plus loin que les autres l'esprit d'investigation et la louable tendance à rechercher les causes rationnelles et originaires des évènemens, a cru pouvoir rattacher ces causes diverses et multiples à l'observation ou à l'inobservation d'un grand principe qu'il considère comme le principe fondamental de l'art de la guerre, et dont nous allons nous proposer de faire l'analyse dans le chapitre suivant.

CHAPITRE IV.

Analyse critique du principe donné par le général Jomini comme le principe fondamental de l'art de la guerre.

SECTION PREMIÈRE.

Du principe et du sens général qu'il faut lui attribuer.

SOMMAIRE.

Énoncé du principe. — Nécessité de fixer certains points que M. Jomini nomme décisifs. — Définition des points décisifs, stratégiques et tactiques. — L'énoncé de la première partie du principe n'est pas rigoureusement exact, en lui appliquant la définition générale des points décisifs. — Correctifs nécessaires à la susdite définition pour qu'elle soit applicable. — Il existe une question préliminaire sur laquelle il importe d'être fixé avant d'aller plus loin. — Son énoncé. — Le général Jomini autorise le doute sur son sentiment relativement à ladite question. — Conséquences logiques de ce qui a été dit et prouvé plus haut. — Exemples confirmant les assertions précédentes. — Campagnes d'Italie, en 1796. — Castiglione. — Arcole. — Campagne de Marengo, en 1800. — Campagne d'Allemagne, en 1800. — Passage du Rhin. — Opérations autour d'Ulm. — Austerlitz, 1805. — Wagram, 1809. — Moscou, 1812. — Dresde, 1813. — Conclusion relative à la question préliminaire posée ci-dessus.

Énoncé du principe.

Le principe établi par le général Jomini comme le principe fondamental de l'art de la guerre, consiste :

1° A porter, par des combinaisons stratégiques, le gros des forces d'une armée successivement sur les points décisifs d'un théâtre de guerre, autant que possible sur les communications de l'ennemi, sans compromettre les siennes;

2° A manœuvrer de manière à engager ce gros de forces contre des fractions seulement de l'armée ennemie;

3° Au jour de la bataille, à diriger également, par des manœuvres tactiques, le gros de ses forces sur le point décisif du champ de bataille, ou sur la partie de la ligne ennemie qu'il importerait d'accabler;

4° A faire en sorte que ces masses ne soient pas seulement présentes sur le point décisif, mais qu'elles y soient mises en action avec énergie et ensemble, de manière à produire un effort simultané.

Nous allons nous proposer d'analyser ce principe avec une scrupuleuse attention, et d'examiner si, comme l'affirme M. le général Jomini, il peut servir de guide directeur dans la conduite des opérations de la guerre.

Nécessité de fixer certains points que M. Jomini nomme décisifs.

D'abord, comme on le juge par son énoncé, dont les deux premières parties se rapportent à la stratégie et les deux dernières à la tactique, son application exige la fixation de certains points que M. Jomini nomme décisifs, soit qu'il s'agisse des grandes opérations qui s'exécutent sur un théâtre de guerre, dans le but de rendre le plus profitable possible le résultat d'une campagne, soit qu'il s'agisse des manœuvres qui s'effectuent sur le terrain beaucoup plus limité d'un champ de bataille, et ont pour objet de remporter une victoire de la manière la plus complète. Il importe donc, avant tout, de définir et de reconnaître les points en question, et il va sans dire que de la possibilité et de la facilité de les fixer, dépend la faculté d'appliquer le principe, indépendamment d'ailleurs de sa justesse et de son utilité qui doivent constituer son admissibilité et être examinées à part.

Définition des points décisifs stratégiques.

Relativement aux points décisifs stratégiques, M. Jomini considère comme tels tous les points susceptibles d'exercer une influence notable, soit sur l'ensemble d'une campagne, soit sur une seule entreprise, en favorisant l'attaque ou la défense d'un front d'opérations, ou d'une ligne de défense. Parmi eux, il distingue deux espèces : les points décisifs géographiques et les points décisifs de manœuvres.

Les premiers sont ceux qui, par leur site, ont une importance permanente dérivant de la configuration même du théâtre de guerre : ainsi un fleuve, une forteresse, un centre de grandes communications convenablement situés sur ce théâtre, et en général toutes les capitales des empires, sont des points décisifs géographiques.

Les points décisifs de manœuvres sont éventuels : ils résultent de l'emplacement des troupes des deux partis, et l'on peut poser comme règle générale qu'ils se trouvent sur celle des extrémités de l'ennemi d'où l'on pourrait le séparer plus facilement de sa base et de ses armées secondaires, sans s'exposer soi-même à courir ce risque.

Définition des points décisifs tactiques.

Quant aux points décisifs tactiques, sur les champs de bataille, ce sont les parties de la ligne ennemie où la mise en action du gros des forces qu'on possède promet le plus de résultats.

Il suit de ces définitions, que les points stratégiques que M. Jomini nomme décisifs, sont tous ceux qui, sur un théâtre de guerre, sont susceptibles de devenir des objectifs importans, dans le courant des opérations; et que les points tactiques décisifs, pris dans une acception moins générale, sont les seuls objectifs les plus importans d'un champ de bataille.

L'énoncé de la première partie du principe n'est pas rigoureusement exact, en lui appliquant la définition générale des points décisifs.

Or, pour ne rien omettre, dans l'examen complet et consciencieux du principe que le célèbre écrivain donne comme le principe fondamental de l'art, nous pourrions commencer par observer dès à présent que l'énoncé de sa première partie n'est pas rigoureusement exact. En effet, il est manifestement inadmissible que, dans la série d'opérations partielles dont se compose une campagne, une armée porte successivement le gros de ses forces sur tous les points du théâtre de la guerre qui, d'après la définition générale, sont des points décisifs, s'il peut être admis qu'elle doive le faire sur un certain nombre d'entre eux qui sont les objectifs les plus convenables pour elle.

Correctifs nécessaires à la susdite définition pour qu'elle soit applicable.

Évidemment, M. Jomini l'entend ainsi; mais alors il aurait convenu qu'il donnât une autre définition des points décisifs, ou bien qu'il spécifiât, plus particulièrement et d'une manière plus restreinte, ceux de ces points qu'il veut désigner dans l'énoncé de la première partie de sa Maxime.

Quoi qu'il en soit, nous n'attacherons pas à cette critique de mots, plutôt que d'idées, plus d'importance qu'elle n'en a : seulement afin d'éviter, dans ce qui va suivre, la confusion d'esprit que pourrait entraîner la diversité de langage employée pour désigner les mêmes choses, nous nous rappellerons, en attendant que M. Jomini s'explique d'une manière précise et claire relativement aux points décisifs de son principe, que ces points ne sont pas tous ceux de sa définition générale, mais seulement un petit nombre d'entre eux que nous-même, dans le cours des discussions précédentes, nous avons appelés les objectifs à adopter ou les objectifs les plus convenables.

Ceci se trouvant établi, nous observerons que le propre de toute bonne maxime étant d'abord d'être juste, et ensuite d'être utile dans ses applications, il y a lieu d'examiner celle de M. Jomini sous un double point de vue; mais avant de commencer notre examen, nous avons à traiter une question préliminaire sur laquelle il est indispensable d'être fixé, parce qu'elle se rattache au sens même qu'il faut attribuer à la maxime.

Il existe une question préliminaire sur laquelle il importe d'être fixé avant d'aller plus loin.

Nous allons donc nous occuper d'abord de cette question importante dont voici l'énoncé.

Faut-il admettre ou ne pas admettre, dans les applications du principe fondamental, que, placées dans une circonstance et dans une position identiques, relativement à un ennemi supposé invariable, des armées différentes, mais se composant d'un égal nombre de troupes, doivent toujours adopter les mêmes objectifs stratégiques ou tactiques, indépendamment des qualités de ces troupes, du caractère et de l'habileté de leurs chefs, et en ne tenant compte que de leurs positions respectives, de la configuration du théâtre de la guerre ou du champ de bataille, et de leurs rapports avec le but général de la campagne? Son énoncé.

Que Napoléon, par exemple, à la tête de 50,000 de ses meilleurs soldats, et ayant un but déterminé, se trouve, dans une position donnée, vis-à-vis d'une armée prussienne, autrichienne, ou russe; que cette dernière reste invariable, et qu'à la place de Napoléon et de ses 50,000 braves on mette, dans une position identique, un autre chef commandant 50,000 hommes de troupes ordinaires; faudra-t-il ou ne faudra-t-il pas que ce chef, pour atteindre le but général auquel visait Napoléon, se conduise de la même manière que lui, et, soit dans ses opérations stratégiques, soit dans ses manœuvres tactiques, dirige ses masses sur les mêmes points, invariables pour tous les deux?

Le général Jomini autorise le doute sur son sentiment relativement à la question précitée.

Bien qu'il nous paraisse évident qu'à cette question il faille répondre par la négative, nous jugeons indispensable de l'examiner à fond, parce qu'il nous semble ressortir, relativement à elle, des opinions émises par le général Jomini, certaines contradictions qui autorisent le doute sur son sentiment réel et bien arrêté.

En effet, d'abord, M. Jomini paraît manifestement pencher en faveur de l'invariabilité des objectifs décisifs, pour des armées également nombreuses, placées dans les mêmes circonstances et les mêmes positions, quoiqu'avec des qualités différentes et des chefs différens, par les motifs suivans :

1° Il affirme, dans son *Précis sur l'Art de la Guerre, 1er volume, page* 159, que les développemens qu'il donne dans ses ouvrages, et dont nous apprécierons bientôt la portée, doivent mettre chaque officier studieux en état de déterminer facilement les objectifs décisifs d'un échiquier stratégique ou tactique, ce qu'il ne pourrait réputer facile pour personne, s'il supposait qu'il fallût, dans la détermination des objectifs à adopter, tenir un compte comparatif du caractère et des qualités des chefs et des troupes des deux armées opposées;

2° Il établit, *dans le même livre, pages* 160 *et* 198, et ces raisons nous semblent péremptoires :

Que, sur un théâtre de guerre, les directions des objectifs décisifs se déterminent en combinant les rapports du but important que l'on veut atteindre, avec les positions ennemies et avec les points géographiques;

Que, sur un champ de bataille, l'objectif décisif se détermine:

Par la configuration du terrain;

Par la combinaison des localités avec le but stratégique qu'une armée se propose;

Par l'emplacement des forces respectives.

Comme on le voit, il n'est nullement question, ici, des qualités des armées, ni du caractère et du talent des chefs qui les commandent.

D'un autre côté, le célèbre écrivain se trouve entraîné à admettre que les objectifs décisifs, dans les opérations de la guerre, sont variables avec l'habileté et le génie des généraux et le moral et les qualités de leurs troupes, quand il exprime ses sentimens d'approbation sur la conduite de certaines campagnes mémorables de la République et de l'Empire, où de magnifiques résultats ont été obtenus avec des ressources presque nulles et en employant des moyens que d'autres chefs et d'autres soldats n'auraient pu employer dans les mêmes circonstances, sans s'exposer aux chances d'une perte totale et presque certaine.

Voici, par exemple, le jugement qu'il porte sur les résultats extraordinaires obtenus par Bonaparte dans la campagne d'Italie de 1796, après la reddition de Mantoue.

« On trouve la cause première de ces exploits, dans » une constante application des principes, dans une » habile multiplication des masses agissantes, dans » leur direction permanente vers les points décisifs, et » dans l'art avec lequel Bonaparte conduisit les hom» mes et sut stimuler en eux la valeur, par l'exaltation » du moral. »

Or, n'est-il pas manifeste qu'un autre général que Bonaparte, placé dans les mêmes circonstances, avec le même nombre de troupes, n'aurait pu opérer comme lui, sans s'exposer à la chance presque certaine d'être battu et anéanti ? Ne l'est-il pas également que, dans la plupart des cas soit de stratégie, soit de tactique, où le grand capitaine adopta, pour objectifs décisifs, des points qui lui promettaient les plus grands résultats, en admettant qu'il fût vainqueur, un général moins habile et commandant à des troupes moins aguerries, aurait dû porter et faire agir ses principales forces sur des objectifs différens qui, pour lui, auraient joui, avant tout, de la propriété de mieux assurer sa retraite.

Que si l'on objecte, en s'en tenant à l'opinion de la première hypothèse, que, dans la détermination des objectifs décisifs, il faut avoir égard au but général de l'armée à laquelle ils sont destinés, et que dans la circonstance prise ici pour exemple, celui de Bonaparte étant essentiellement offensif, ce général agit logiquement pour l'atteindre, tandis qu'un autre chef, moins habile et moins sûr de ses troupes, aurait dû diriger ses opérations dans le but défensif de faire une honorable retraite, et prendre, par suite, des objectifs différens; nous respecterons dans cette objection le desir de ne pas émettre des avis contradictoires, mais nous nous garderons bien de la considérer comme un argument irrésistible, en faveur de ladite hypothèse. Nous entreprendrons, au contraire, de démontrer que, lorsque deux armées diffèrent, par le caractère et l'habileté de leurs chefs ou les qualités de leurs troupes, l'identité des buts à poursuivre et celle de tous les autres élémens régulateurs des projets, ne suffisent pas pour leur assigner forcément les mêmes objectifs décisifs.

Nous reconnaîtrons seulement que, dans certains cas, la difficulté du choix de ces points peut être divisée de manière à embrasser deux objets, et au lieu de se rapporter directement et exclusivement à la fixation de l'objectif le meilleur pour atteindre un but déterminé, se rapporter préalablement à celle même de ce dernier; éventualité qui, loin de diminuer les embarras, ne fait, au contraire, que créer deux difficultés, au lieu d'une.

Pour appuyer de preuves irrécusables la démonstration que nous voulons établir, nous sommes forcé de faire un pas rétrograde, de nous reporter à ce que nous

nous avons dit et prouvé ci-dessus, et d'en tirer ou d'en rappeler un certain nombre de conséquences logiques, dont les principales et celles qui nous intéressent le plus paraissent être les suivantes :

Conséquences logiques de ce qui a été dit et prouvé pl. haut.

1° Dans une opération stratégique simple, il y a souvent différens moyens, soit offensifs, soit défensifs, d'atteindre un but qu'on se propose, moyens plus ou moins avantageux, correspondant à des objectifs différens, entre lesquels il faut nécessairement opter, sans que la considération du but unique qu'on envisage puisse lever les difficultés du choix essentiellement subordonné aux qualités des armées et variable avec elles;

2° Dans une série d'opérations offensives partielles devant mener à un but général assez éloigné, série qu'on peut abréger parfois par la suppression de quelques-unes, comme Bonaparte, en 1800, voulait le faire faire à Moreau, par son passage du Rhin à Schaffouse, on est souvent très-embarrassé de décider si l'on tentera cette suppression, ou si l'on suivra une marche plus lente, plus prudente et plus sûre; c'est-à-dire, si on adoptera momentanément un certain but provisoire ou un autre, et, par suite, tel objectif décisif, ou tel autre. Dans de semblables circonstances, ce sont encore les qualités des armées et de leurs chefs qui décident de la position des objectifs à choisir, indépendamment de la considération du but général que l'on poursuit.

3° Lorsqu'on se trouve réduit, dans le cours d'une

campagne, à l'alternative embarrassante d'opter entre un rôle offensif et un rôle défensif, ce qui arrive dans les cas assez fréquens où, en raison de causes majeures, il peut convenir de changer, à un moment opportun, de système d'opérations; les difficultés du choix des objectifs décisifs, loin de pouvoir être levées par la considération du but à atteindre, qui est indécis, s'accroissent au contraire de celles qui résultent de la fixation préalable de ce but lui-même; et alors ces difficultés sont parfois tellement sérieuses, qu'elles induisent en erreurs et en fautes les généraux les plus habiles et les plus expérimentés.

4° Dans les batailles qui ont en définitive la plus grande part au résultat des campagnes, la considération du but auquel doivent mener finalement des opérations offensives ou défensives, est bien loin aussi d'indiquer toujours le point convenable de l'effort primitif et principal, c'est-à-dire l'objectif à adopter, et cela, pour les raisons suivantes :

Parce qu'il existe dans les opérations tactiques comme dans celles de la stratégie, différentes manières d'obtenir le succès en vue d'un but général encore éloigné; manières offrant plus ou moins d'avantages, devant être appropriées aux qualités des armées, auxquelles correspondent des objectifs différens, et parmi lesquelles il est bien rare que la considération du but à atteindre dans l'avenir, prescrive impérieusement, dans le moment présent, un choix précis à l'exclusion de tous les autres;

Parce que les résultats immédiats et subséquens que l'on peut espérer d'obtenir, en faisant agir, sur le terrain limité d'un champ de bataille, des forces supérieures, soit du côté de la ligne de retraite de l'ennemi, soit du côté de la sienne propre, soit ailleurs, sont loin de présenter toujours une différence assez notable, pour qu'on sacrifie, au desir de la mettre en sa faveur, des considérations importantes, telles que la plus grande sûreté de l'armée, des chances meilleures du gain de la bataille, ou d'autres encore;

Parce qu'enfin des évènemens subits et imprévus, des éventualités particulières, telles que la venue de renforts à l'ennemi ou à elle-même, l'occupation d'une position du moment exceptionnellement avantageuse ou désavantageuse, etc., peuvent rendre épineuse pour une armée prête à livrer bataille, et quelle que soit d'ailleurs la nature de son mode général d'opérations, la question de savoir s'il lui convient d'adopter, dans la circonstance présente, un rôle principalement offensif ou un rôle principalement défensif, et, par suite, un objectif placé d'une façon, ou un objectif placé d'une façon différente.

Exemples confirmant les assertions précédentes.

On trouve la confirmation de toutes les assertions précédentes dans une multitude d'exemples tirés de l'histoire militaire, dont nous avons déjà signalé un bon nombre, et parmi lesquels nous citerons encore, ou rappellerons succinctement les suivans :

Campagnes d'Italie, en 1796. — Castiglione. — Arcole.

Dans la campagne d'Italie de 1796 et notamment à Castiglione et à Arcole, Bonaparte fut parfois sérieusement embarrassé pour décider s'il conserverait son rôle offensif, ou s'il changerait de système d'opérations pour adopter le rôle de la défensive.

Dans ces circonstances, la connaissance du but à atteindre ne put donc pas servir à déterminer les objectifs décisifs, et les difficultés de leur fixation, loin d'être diminuées par la considération de ce but, s'accrurent au contraire de celles de sa détermination préalable. Le choix des objectifs à adopter fut entièrement et directement dépendant des qualités respectives des armées opposées et de leurs chefs, et exclusivement subordonné à la bonne appréciation de ces qualités, que nous avons tant de fois reconnue délicate et épineuse.

Campagne de Marengo, en 1800.

Dans la campagne de Marengo, dont le but général était essentiellement offensif, et lorsque Bonaparte fut arrivé à Ivrée, après avoir franchi le Saint-Bernard, il eut à opter entre trois partis, présentant des objectifs principaux ou décisifs différens, qui consistaient :

1° A marcher rapidement contre l'ennemi disséminé, pour l'attaquer et le battre par parties isolées;

2° A se porter, à tire d'ailes, sur Gênes pour la débloquer;

3° A se diriger sur Milan, pour opérer sa jonction avec Moncey, et s'assurer une retraite par le Simplon et le Saint-Gothard.

De ces trois partis, dont chacun avait des avantages et des inconvéniens, Bonaparte adopta le dernier qui, ainsi que nous l'avons observé plus haut et que nous chercherons à le démontrer ultérieurement, n'était pas le meilleur.

Quoi qu'il en soit, et en admettant même que l'opinion que nous exprimons ici, et que nous défendrons plus tard, soit erronée, il n'en est pas moins constant que la considération du but général de Bonaparte, eu égard aux différentes manières qui se présentaient pour l'atteindre, ne lui fut pas d'un secours direct et patent pour arrêter sa détermination, et pour lui indiquer nettement l'objectif principal ou décisif qu'il devait adopter à Ivrée.

Campagne d'Allemagne, en 1800. — Passage du Rhin.

Au sujet de l'opération, déjà plusieurs fois citée, du passage du Rhin par l'armée française, en 1800, le premier consul et Moreau, bien qu'ayant le même but général, bien que placés dans des conditions identiques, si l'on met à part leurs talens et leurs caractères respectifs, opinèrent pour des objectifs différens, et, comme nous l'avons observé ci-dessus, firent bien d'agir de la sorte.

Ce ne furent donc pas la nature et la considération du but à atteindre qui arrêtèrent et durent arrêter ici les déterminations, mais bien celles des qualités différentes des chefs d'armée, ayant sur elles une influence prépondérante et devant, dans cette circonstance comme dans beaucoup d'autres, les faire varier avec elles, toutes autres choses étant d'ailleurs égales.

Des preuves nouvelles et palpables de la difficulté de bien choisir les objectifs, lors même que le but général que l'on veut atteindre est nettement fixé, des hésitations, des contradictions et des erreurs auxquelles cette difficulté entraîne, se rencontrent dans les opérations du général Moreau qui suivirent son entrée en campagne.

Opérations autour d'Ulm.

Ce général, en effet, après avoir refoulé les Autrichiens dans leur camp retranché d'Ulm, se trouva fort embarrassé pour poursuivre contre eux ses opérations offensives.

D'abord il hésita entre l'avis unanime de ses lieutenans, d'attaquer l'ennemi de vive force, et son opinion personnelle, de le tirer de ses retranchemens en menaçant sa ligne de retraite. Ensuite, s'étant prononcé pour ce dernier parti, il ne sut comment s'y prendre ni quel objectif choisir pour l'exécuter; ce ne fut qu'après avoir tâtonné longtemps, et pris successivement des demi-mesures qui compromirent, de la manière la plus grave, la gauche de son armée, qu'il s'arrêta enfin à la résolution judicieuse et décisive qu'il convenait d'adopter.

Austerlitz, 1805. A Austerlitz, Napoléon, dont l'armée était d'environ un tiers inférieure à celle de l'ennemi, livra une bataille défensive dans une forte position, choisie et préparée par lui, et ses dispositions furent surtout la conséquence de son desir d'entraîner l'ennemi plein d'orgueil et de confiance, dans de fausses manœuvres prévues à l'avance et contre lesquelles il avait pris des mesures énergiques et sûres.

Le choix de l'objectif important sur lequel il dirigea son principal effort, et qui ne fut ni à sa gauche, où se trouvait la route de Brünn, sa seule ligne de retraite, ni à sa droite, par laquelle on menaçait de le tourner, mais bien à son centre, où il voulait couper en deux l'armée coalisée, ne dériva pas d'une idée de crainte ou de circonspection ayant sa source dans le sentiment de son rôle de défensive, mais, au contraire, de l'arrière pensée d'une manœuvre vigoureuse et d'un caractère entièrement offensif, qui devait amener la perte de ses adversaires.

On ne peut donc pas dire qu'il y eut accord et harmonie entre la nature du projet à exécuter et le choix de l'objectif adopté pour son exécution; et celui-ci ne fut nullement une conséquence immédiate et clairement indiquée de l'autre.

Wagram, 1809. A la bataille de Wagram, ce ne fut pas non plus par la considération de son but général, qui était offensif, que Napoléon détermina le choix de son principal objectif d'attaque.

En effet, au lieu d'exercer son plus important effort par sa droite, du côté des principales communications des Autrichiens, il employa, pour les décider à étendre leur ligne et à dégarnir leur centre, une ruse adroite mais peut-être imprudente, qui consistait à laisser, entre sa gauche et le Danube, une lacune d'une lieue par laquelle il était possible d'arriver à ses ponts. Son stratagème ayant réussi et les Autrichiens s'étant étendus à leur droite, dans le but de tourner avec d'imposantes forces, la gauche des Français, Napoléon profita de leur faute pour faire un vigoureux effort contre leur centre dégarni, et couper leur armée en deux.

Ici, comme à Austerlitz, l'empereur français triompha, pour avoir laissé entreprendre à l'ennemi de faux mouvemens qu'il avait prévus, contre lesquels il avait pris, à l'avance, toutes ses mesures, et pour avoir tiré habilement parti de ses erreurs et de ses fautes.

Le choix de ses objectifs fut, dans les deux cas, déterminé par la seule considération de la justesse de ses prévisions, indépendamment du caractère général de la bataille qui était défensif à Austerlitz et offensif à Wagram.

Enfin, les exemples des hésitations et des fautes de Napoléon à Moscou, en 1812, et à Dresde, en 1813, témoignent de l'embarras qu'éprouvent parfois les plus grands capitaines, à fixer la nature même du but qu'ils doivent se proposer d'atteindre. Dans de semblables

Moscou, 1812. — Dresde, 1813.

circonstances, il est manifeste, ainsi que nous l'avons observé déjà, que les difficultés du choix des objectifs les plus convenables se composent d'abord de celles relatives à la détermination du but général à poursuivre et ensuite de toutes celles qui peuvent surgir, dans chaque cas particulier, de l'existence de plusieurs objectifs importans satisfaisant, sous des points de vue divers, aux convenances à observer sans qu'on puisse apprécier avec exactitude le degré de leur importance relative.

Conclusion relative à la question préliminaire posée ci-dessus.

Sans entrer dans des citations plus nombreuses, nous sommes autorisé à conclure de tout ce qui précède:

1° Que la condition de l'identité du but, jointe à celles de l'égalité du nombre, de la similitude des positions et des circonstances, ne suffit pas pour assigner invariablement à deux armées les mêmes objectifs, si ces armées diffèrent par leurs qualités;

2° Que la première des hypothèses faites, dans la question préliminaire posée ci-dessus, sur la nature des objectifs à considérer dans l'application du principe fondamental, est inexacte et doit être rejetée;

3° Que la seconde seule est vraie et admissible dans laquelle on suppose que dans les mêmes circonstances locales, dans les mêmes conditions de position, de force numérique, relativement à l'ennemi, et lorsque le but à atteindre est aussi le même, les objectifs décisifs à adopter par une armée sont variables avec le caractère et l'habileté de son chef, avec les qualités physiques et morales de ses troupes.

Ceci se trouvant bien établi, revenons à la maxime du général Jomini et examinons la, comme nous nous sommes promis de le faire, sous le double point de vue de sa justesse et de son utilité.

SECTION II.

De la justesse du principe fondamental.

SOMMAIRE.

Nécessité d'être fixé, avant tout, sur le sens précis à attribuer aux points décisifs mentionnés dans l'énoncé du principe. — Le général Jomini, dans toutes les parties de ses écrits, ne s'exprime pas, à cet égard, d'une manière précise et uniforme. — Les variations de son langage laissent dans l'alternative de considérer les points décisifs soit comme *les points faibles les plus importans*, soit simplement comme *les points les plus importans* d'un théâtre de guerre ou d'un champ de bataille. — Conclusion relative à la justesse du principe fondamental.

Nécessité d'être fixé, avant tout, sur le sens précis qu'il faut attribuer aux points décisifs mentionnés dans l'énoncé du principe.

Pour apprécier avec exactitude le degré de justesse de la maxime donnée par M. Jomini comme la maxime fondamentale de l'art de la guerre, il est évident qu'il est indispensable d'être parfaitement fixé sur le sens précis qu'il faut attribuer aux points décisifs de son énoncé.

La définition générale que le célèbre écrivain donne de ces points n'est pas applicable, ainsi que nous l'avons déjà observé, et ce serait méconnaître son talent et les lumières et la justesse de son esprit, que de lui imputer l'idée d'avoir jamais voulu lui-même en faire une application littérale. Incontestablement, il a entendu que les points sur lesquels il fallait agir avec les plus fortes masses d'une armée formaient une catégorie restreinte de la grande classe des points décisifs, et c'est ailleurs que dans la définition de ceux-ci qu'il faut chercher sa pensée et son sentiment arrêté sur la question qui nous embarrasse et nous tient en suspens.

A ce sujet, nous avons consulté avec un avide intérêt toutes les parties de ses ouvrages qui pouvaient nous éclairer, et nous sommes obligé d'avouer que nos recherches, tout en nous donnant les renseignemens que pouvaient fournir des investigations scrupuleuses, n'ont pas eu le résultat satisfaisant que nous avions espéré d'obtenir.

Le général Jomini, dans toutes les parties de ses écrits, ne s'exprime pas d'une manière précise et uniforme sur le sens à donner aux points décisifs de sa maxime fondamentale.

Ces recherches, en effet, nous ont conduit à reconnaître que le général Jomini ne s'explique pas, toujours et partout, d'une manière précise et uniforme sur le sens à donner aux points décisifs de sa maxime fondamentale.

Ainsi, au commencement du *Chapitre des principes généraux terminant son Traité des grandes opérations*, il établit que, dans une combinaison militaire quelconque, le point décisif sur lequel il faut opérer, avec la plus grande masse de ses forces, un effort combiné, est *la partie faible la plus importante* de l'armée ennemie, tandis qu'à la fin du même chapitre, il considère les points décisifs, dans les opérations tactiques, simplement comme *les points les plus importans* des champs de bataille, c'est-à-dire comme ceux dont l'occupation procurerait les chances les plus favorables et les plus grands résultats.

Dans son *Précis sur l'art de la guerre*, ouvrage récemment publié, il semble s'en tenir à cette dernière interprétation; car il établit à plusieurs reprises, d'abord *dans sa définition même des objectifs tactiques*, et ensuite *à la page 6 du second volume*, que le point décisif ou la partie d'un champ de bataille sur laquelle il faut combattre l'ennemi avec le gros de ses forces, est *celle qui promet le plus de résultats.*

Les variations du langage de M. Jomini laissent dans l'alternative de considérer les points décisifs, soit comme *les points faibles les plus importans*, soit simplement *comme les points les plus importans d'un théâtre de guerre ou d'un champ de bataille.*

En résumé, les variations de l'opinion de M. Jomini, relativement au sens qu'il faut attribuer aux points décisifs de sa maxime, laissent dans l'alternative de considérer ceux-ci, soit comme *les points faibles les plus importans*, soit simplement comme *les points les plus importans* d'un théâtre de guerre ou d'un champ de bataille.

Quoi qu'il en soit, embrassant dans un même examen analytique toutes les hypothèses que nous oblige à faire le défaut de précision et d'uniformité qui règne dans le langage du célèbre écrivain, nous tirerons, des vérités ci-dessus démontrées, la conclusion suivante, sur le degré de justesse de son principe fondamental.

Conclusion relative à la justesse du principe fondamental.

1° Dans l'énoncé de la première partie du principe, l'expression *de points décisifs*, eu égard à la définition de ces points, est, ainsi que nous l'avons remarqué déjà, impropre, comme trop générale.

2° Si on suppose, conformément à ce qui est dit dans le chapitre des *Principes généraux*, terminant le *Traité des grandes opérations*, qu'il faille entendre ici par points décisifs, *les points faibles les plus importans*, c'est-à-dire les points faibles dont l'occupation procurerait les chances les plus favorables et les plus grands résultats, la prescription qui enjoint de porter sur eux le gros de ses forces, n'est ni claire, ni précise, ni rigoureusement exacte.

Elle n'est pas claire et précise, parce qu'elle attribue à un même objectif deux propriétés, *la faiblesse et l'importance*, que l'ennemi, s'il entend ses intérêts, doit nécessairement rendre contradictoires ; et parce qu'entre un point d'une certaine faiblesse et d'une certaine importance et un point d'une faiblesse moins grande et d'une importance un peu supérieure, elle n'indique pas nettement celui qu'il faut choisir.

Elle n'est pas rigoureusement exacte ; d'abord, parce qu'elle exclut naturellement comme principal objectif le point où l'adversaire est le plus fort, et que cette exclusion, dans certains cas, peut être fautive et préjudiciable : ensuite, parce que les forces qu'il faut diriger et faire agir sur les premiers objectifs principaux, tout en étant supérieures à celles qu'elles doivent combattre, ne forment pas toujours pour cela, comme nous l'avons prouvé, le gros de l'armée à laquelle elles appartiennent.

3° Si on admet, comme M. Jomini le dit aussi dans certains passages de ses écrits, qu'on doive entendre simplement par points décisifs, *les points les plus importans* d'un théâtre de guerre ou d'un champ de bataille, la prescription susdite n'est pas encore d'une scrupuleuse exactitude pour les deux raisons suivantes :

La première, c'est qu'ainsi que nous l'avons démontré, les points sur lesquels il convient de battre d'abord l'ennemi avec des forces supérieures aux siennes, ou les objectifs à adopter primitivement ne sont pas toujours, pour une armée, ceux dont l'occupation lui donnerait les plus grands résultats, si elle était sûre de pouvoir l'effectuer avec toutes les conditions désirables, c'est-à-dire avec succès, opportunité, et en conservant des moyens suffisans pour la suite des opérations ; mais bien ceux qui lui promettent les chances les plus avantageuses et les plus beaux résultats auxquels elle puisse raisonnablement aspirer, eu égard aux ressources dont elle dispose ;

La seconde, c'est que la partie des forces à employer sur ces premiers et importans objectifs, pendant qu'on contient l'adversaire sur les autres points, ne forme pas toujours, comme nous venons de le dire, la majeure partie ou le gros des forces de l'armée, mais seulement une masse plus puissante que la masse qui lui est opposée et qu'elle doit vaincre.

4° Enfin, si contrairement au sens littéral de la définition donnée des *points les plus importans*; on supposait qu'il fallût entendre par ces points : *ceux contre lesquels une tentative d'occupation promettrait les chances les plus avantageuses et les résultats les plus complets,* en regardant comme chances les plus avantageuses celles qui offriraient le moins de dangers; cette interprétation forcée ne constituerait pas encore un correctif qui soustrairait à la critique les première et troisième prescriptions du principe fondamental.

Ces prescriptions, en effet, renfermeraient alors, pour la détermination des meilleurs objectifs, deux conditions contradictoires, par la raison que, dans les opérations militaires, les plus grands résultats ne s'obtiennent généralement qu'en s'exposant à plus de périls et que le proverbe vulgaire : *qui ne risque rien n'a rien*, est essentiellement applicable à l'art de la guerre.

5° Pour que le principe fût rigoureusement exact, il faudrait que ses première et troisième parties fussent modifiées de manière à établir :

Que sur un théâtre de guerre ou sur un champ de bataille, une armée doit porter et faire agir des forces supérieures à celles de l'ennemi, successivement sur les points qui, eu égard aux intérêts de l'attaque et à sa sûreté, présentent, au total, les chances les plus favorables, et promettent les plus grands résultats auxquels elle puisse prétendre avec ses ressources.

Telle est, en résultat, notre conclusion, consciencieuse et raisonnée, relativement au degré de justesse de la maxime fondamentale du général Jomini.

Nous terminerons cet article en remarquant que l'application de la juste règle, qui enjoint d'opérer en forces supérieures sur les objectifs convenables, a plus d'importance immédiate et exige plus de rigoureuse exactitude dans les opérations de la tactique que dans celles de la stratégie.

Si en effet, sur un théâtre de guerre d'une assez vaste étendue, où les mouvemens d'une armée ne nécessitent presque jamais un degré de précision qui les fixe invariablement sur un point unique, à l'exclusion de tous les points voisins, on peut, en général, avec de bonnes chances d'avantages, et sans craindre qu'une légère déviation soit dangereuse, diriger une grande partie de ses forces sur un objectif important, convenablement déterminé, il n'est pas permis d'affirmer qu'il en soit exactement ainsi sur le terrain plus rétréci d'un champ de bataille.

Ici, la même latitude n'est pas donnée : le point sur lequel il faut agir est plus précis; les conséquences d'une erreur ou d'une faute sont plus immédiates et offrent moins de combinaisons, moins de chances de salut. En raison de ces motifs, il importe de se comporter avec une grande circonspection, même dans les cas en apparence les plus nettement déterminés, et d'admettre toujours, dans ses prévisions et dans les dispositions de ses manœuvres, la possibilité que la nature du terrain mal jugée, ou des mesures inopinées de l'ennemi, telles que l'exécution rapide d'un mouvement important et habilement dérobé, viendraient opposer aux principales forces agissantes un obstacle insurmontable, sur le point où elles auraient été mises en action.

SECTION III.

De l'utilité et de la portée du principe fondamental.

SOMMAIRE.

Nécessité de modifier le principe pour qu'il puisse être utile et avoir du poids. — Conditions principales de l'utilité et de la portée d'une maxime. — Le général Jomini prétend remplir lesdites conditions. — Partie de ses écrits, où il s'engage à indiquer les moyens de reconnaître toujours les objectifs à adopter. — Analyse du chapitre des *Principes généraux de l'art de la guerre*, terminant le *Traité des grandes opérations*. — Analyse des *articles* de 18 à 22 du premier volume du *Précis sur l'art de la guerre*. — M. Jomini ne remplit pas son engagement de satisfaire aux conditions posées plus haut. — Conclusion relative à l'utilité et à la portée de la maxime fondamentale. — La position indécise des meilleurs objectifs se prête singulièrement à donner à cette maxime une interprétation favorable, lorsque les évènemens sont connus. — Le même avantage que procure aux partisans du principe l'indécision sur la position des meilleurs objectifs, est donné aux contradicteurs pour en nier la consistance.

Nécessité de modifier le principe pour qu'il puisse être utile et avoir du poids.

Un principe inexact ne pouvant manifestement avoir du poids, ni être avantageusement appliqué, on ne saurait discuter la maxime du général Jomini, sous le rapport indiqué au titre de cet article, qu'en admettant qu'il ait subi les modifications prescrites ci-dessus.

Conditions principales de l'utilité et de la portée d'une maxime.

Ceci se trouvant établi, nous observerons que la condition principale de la portée et de l'utilité d'une maxime, de la validité des conclusions qu'on peut tirer relativement à elle, est, après sa justesse, la possibilité de l'appliquer en toutes circonstances, sinon facilement, du moins d'une façon toujours reconnaissable.

Il suit de là que, pour que le principe de M. Jomini eût les qualités requises, il faudrait qu'à son énoncé fût jointe l'indication de moyens sûrs de reconnaître, dans tous les cas, les objectifs qui conviennent à une armée donnée.

Or, la fixation de ces points est précisément, ainsi que nous l'avons constaté dans de longues et concluantes discussions, une des questions les plus difficiles de l'art pratique de la guerre; question parfois si délicate et si embarrassante qu'il est impossible d'indiquer d'une manière rigoureuse et sûre comment elle doit être résolue.

Il semblerait donc, d'après cela, que sans pousser plus loin les investigations, on serait en droit de conclure que le principe dont il s'agit ne saurait avoir un grand poids, ni un but d'utilité bien considérable.

Quoi qu'il en soit, comme M. Jomini est d'un avis entièrement opposé, et qu'il prétend le justifier dans ses écrits, en donnant les moyens de surmonter la difficulté que nous venons de signaler; comme on ne saurait se montrer trop prudent et trop circonspect quand on se trouve en présence d'un semblable adversaire, nous allons provisoirement suspendre notre jugement, et, quelque détournée que puisse être cette voie pour arriver à la conclusion que nous avons à établir, suivre

Le général Jomini prétend remplir les conditions susdites.

le célèbre écrivain sur le terrain où il doit tenir sa promesse. Or, voici comment il termine le chapitre qui se rapporte à son principe fondamental (*Précis sur l'Art de la Guerre*, 1er *volume, page* 159) :

« On a trouvé ce principe général si simple, que les » critiques ne lui ont pas manqué (1). On a objecté qu'il » était fort aisé de recommander de porter ses princi- » pales forces sur les points décisifs et de savoir les y » engager, mais que l'art consistait précisément à bien » reconnaître ces points. Loin de contester une vérité » si naïve, j'avoue qu'il serait au moins ridicule d'émet- » tre un pareil principe général, sans l'accompagner de » tous les développemens nécessaires pour faire saisir » les différentes chances d'application ; aussi n'ai-je rien » négligé pour mettre chaque officier studieux en état » de déterminer facilement les points décisifs d'un » échiquier stratégique ou tactique.

» On trouvera à l'article 19 ci-après la définition de » ces divers points, et on reconnaîtra, dans tous les ar- » ticles de 18 à 22, les rapports qu'ils ont avec les di- » verses combinaisons d'une guerre. Les militaires qui, » après les avoir médités attentivement, croiraient en-

(1) Pour aller au-devant de ces critiques, j'aurais dû, peut-être, placer ici le chapitre entier des principes généraux de l'art de la guerre, qui terminait mon *Traité des grandes opérations* (chap. XXXV de la 3e édition) ; mais des motifs puissans m'ont empêché de dépouiller mon premier ouvrage du chapitre qui en fait le principal mérite, et que mes censeurs auraient dû au moins lire.

» core que la détermination de ces points décisifs est » un problème insoluble, doivent désespérer de jamais » rien comprendre à la stratégie.

» En effet, un théâtre d'opérations ne présente guère » que trois zônes : une à droite, une à gauche, une au » centre. De même, chaque zône, chaque front d'opé- » rations, chaque position stratégique et ligne de dé- » fense, comme chaque ligne tactique de bataille, n'a » jamais que ces mêmes subdivisions, c'est-à-dire deux » extrémités et un centre. Or, il y aura toujours une de » ces trois directions qui sera bonne pour conduire au » but important que l'on veut atteindre ; une des deux » autres s'en éloignera plus ou moins, et la troisième » lui sera tout-à-fait opposée. Dès lors, en combinant » les rapports de ce but avec les positions ennemies et » avec les points géographiques, il semble que toute » question de mouvement stratégique, comme de ma- » nœuvre tactique, se réduira toujours à savoir, si pour » y arriver, l'on doit manœuvrer à droite, à gauche, ou » directement devant soi ; le choix entre trois alterna- » tives si simples ne saurait être une énigme digne d'un » nouveau sphinx.

» Je suis loin de prétendre, néanmoins, que tout » l'art de la guerre ne consiste que dans le choix d'une » bonne direction à donner aux masses ; mais on ne » saurait nier que c'est du moins le point fondamental » de la stratégie. Ce sera au talent d'exécution, au sa-

» voir-faire, à l'énergie, au coup-d'œil, à compléter ce » que de bonnes combinaisons auront su préparer.

» Nous allons donc appliquer d'abord le principe » indiqué aux différentes combinaisons de la stratégie » et de la tactique, puis prouver par l'histoire de vingt » campagnes célèbres, que les plus brillans succès et » les plus grands revers furent, à très-peu d'exceptions » près, le résultat de l'application ou de l'oubli que l'on » en fit. »

Partie de ses écrits où M. Jomini s'engage à indiquer les moyens de reconnaître toujours les objectifs à adopter.

Comme on le voit, le général Jomini admet entièrement la nécessité de fournir les moyens de reconnaître les points décisifs sur lesquels une armée doit porter et faire agir le gros de ses forces, c'est-à-dire les objectifs qu'elle doit adopter; et c'est dans le chapitre des *Principes généraux de l'Art de la Guerre*, terminant son *Traité des grandes Opérations*, et dans les articles de 18 à 22 du 1er volume de son *Précis de l'Art de la Guerre*, qu'il prétend donner à ce sujet tous les développemens et tous les enseignemens désirables.

Sans rien induire, à l'avance, contre cette prétention, de l'espèce de concession en apparence contradictoire avec elle, que M. Jomini fait dans la citation précédente, en réduisant les difficultés du choix du meilleur objectif à celles de l'option entre les trois alternatives de manœuvrer à droite, ou à gauche, ou directement devant soi; alternatives qu'il trouve, *à priori*, fort simples et qui constituent précisément toutes les difficultés de la question, nous allons faire ici une analyse succincte du chapitre et des articles désignés.

Analyse du chapitre des *Principes généraux de l'art de la guerre*, terminant le *Traité des grandes opérations*.

Dans son chapitre synthétique des principes généraux de l'art, M. Jomini, après avoir reconnu l'existence de principes fondamentaux sur lesquels reposent les bonnes combinaisons de la guerre, principes immuables, indépendans de l'espèce d'armes, des temps et des lieux, que l'esprit humain ne peut ni modifier ni détruire, établit que le principe fondamental de toutes les combinaisons militaires, consiste :

A opérer, avec la plus grande masse de ses forces, un effort combiné sur le point décisif.

Parmi les moyens, en petit nombre, selon lui, d'appliquer cette grande maxime, il indique :

1° Celui qui consiste à prendre l'initiative des mouvemens ;

2° Celui qui consiste à diriger ses mouvemens sur *la partie faible la plus importante*, dont le choix dépend de la position de l'ennemi.

Les détails fort succincts, dans lesquels le célèbre écrivain entre à ce sujet, se bornent à peu près aux suivans :

Le point le plus important sera toujours celui dont l'occupation procurerait les chances les plus favorables et les plus grands résultats : telles seront, par exemple, les positions qui permettraient de gagner les communications de l'adversaire avec la base de ses opérations, et de le refouler sur un obstacle insurmontable, comme une mer, un grand fleuve sans ponts, ou une grande puissance neutre.

Quand l'ennemi a des lignes d'opérations doubles et morcelées, c'est sur les points du centre qu'il convient de diriger les attaques. Si ses lignes d'opé[illegible]s sont simples et ses lignes de bataille contig[illegible] points faibles les plus avantageux à attaquer sont au contraire placés aux extrémités. Une colonne profonde, attaquée sur sa tête, est dans la même situation critique qu'une ligne attaquée sur son extrémité.

Cela posé, après quelques développemens donnés à ses assertions, et appuyés d'exemples tirés des guerres de Frédéric II et de Napoléon, M. Jomini continue ainsi l'exposé des règles secondaires et des moyens propres à favoriser l'application de son grand principe.

Il faut se garder d'attaquer, à la fois, les deux extrémités d'une ligne ennemie, et, *à fortiori*, d'exécuter en même temps plus de deux attaques, à moins que l'on n'ait des forces très-supérieures, auquel cas plusieurs attaques simultanées sont au contraire convenables et avantageuses.

Il importe, dans les mouvemens stratégiques, et pour opérer un effort combiné d'une grande masse sur un seul point, de tenir ses forces rassemblées sur un espace à peu près carré, afin qu'elles soient plus disponibles.

Il faut éviter les grands fronts, les lignes morcelées, les grands détachemens, et les divisions isolées hors d'état de se soutenir, aussi contraires les uns que les autres aux bons principes.

Il faut chercher à faire commettre à l'ennemi, par d'habiles démonstrations, des fautes contraires au principe fondamental et à lui faire morceler ses forces.

Il est de la plus haute importance de ne rien négliger pour être instruit des positions et des mouvemens de son adversaire, et il convient d'employer à cet effet un espionnage bien organisé et surtout des partis de cavalerie légère, remplis d'intelligence, d'activité et d'audace.

Il ne suffit pas, pour bien opérer à la guerre, de porter habilement ses masses sur les points les plus importans; il faut encore savoir les y engager convenablement.

Pour obtenir ce résultat, qui est du ressort de la tactique, M. Jomini établit qu'un général habile doit saisir l'instant où il faut enlever la position décisive du champ de bataille, et combiner l'attaque de manière à faire engager toutes ses forces en même temps, à la seule exception des troupes destinées à la réserve, qui ne doivent donner qu'à la dernière extrémité.

Entrant ensuite dans les considérations qui se rapportent à la tactique, le célèbre écrivain réduit toutes les combinaisons d'une bataille à trois systèmes :

Dont le premier, purement défensif, consiste à attendre l'ennemi dans une forte position, sans autre but que celui de s'y maintenir ;

Dont le second, au contraire, entièrement offensif, consiste à attaquer l'ennemi partout où on peut le rencontrer ;

Et dont le troisième enfin, tenant en quelque sorte le milieu entre les deux autres, consiste à choisir d'avance un champ de bataille, d'après toutes les convenances stratégiques et les avantages du terrain, afin d'y attendre son adversaire, et de profiter, dans la journée même, du moment convenable pour prendre l'initiative et tomber sur lui avec toute chance de succès.

Il reconnaît qu'entre ces trois systèmes les deux derniers sont seuls convenables ; qu'il est difficile de donner des règles fixes pour l'emploi de l'un ou de l'autre, qui doit être adopté, en ayant égard à l'état moral des troupes de chaque parti, au caractère national plus ou moins flegmatique ou impétueux, enfin aux obstacles du terrain. Il ajoute que les seules vérités pouvant servir de guides se réduisent aux trois points suivans :

1° Avec des troupes aguerries et dans un terrain ordinaire, l'offensive absolue ou l'initiative d'attaque convient toujours mieux.

2° Dans les terrains d'un accès difficile, soit par leur nature, soit par d'autres causes, et avec des troupes disciplinées et soumises, il *est peut-être* plus convenable de laisser arriver l'ennemi dans une position qu'on aurait reconnue, afin de prendre ensuite l'initiative sur lui, lorsque ses troupes seraient déjà épuisées par leurs premiers efforts.

3° Les situations stratégiques des deux partis peuvent néanmoins exiger quelquefois qu'on attaque de vive force les positions de son adversaire, sans s'arrêter à aucune considération locale : telles sont, par exemple, les circonstances où il importerait de prévenir la jonction de deux armées ennemies, de tomber sur une partie d'armée détachée, ou sur un corps isolé, au-delà d'un fleuve.

Cela fait, M. Jomini entre dans quelques détails sur les ordres de bataille ou les dispositions les plus convenables pour conduire les troupes au combat, ou pour les tenir sur la défensive-offensive.

Pour la généralité des cas d'attaque, il se prononce en faveur de l'adoption de deux lignes de bataillons ployés en colonnes par divisions formées sur deux rangs, et présentant chacune six hommes de profondeur; et, pour la généralité des cas de défense, en faveur de l'emploi de troupes en partie déployées, en partie en colonnes, suivant le mode qu'adopta l'armée russe à la bataille d'Eylau.

Viennent ensuite les recommandations fort justes et fort importantes de pousser vivement une armée battue sans lui donner le temps de se reconnaître, pour achever de la démoraliser et de la détruire; de donner des soins au moral de son armée pour la rendre brave et aguerrie; de lui inspirer un bon esprit en composant, avant toutes choses, le cadre de ses officiers d'hommes intrépides prêts à lui donner, en toutes circonstances, l'exemple du courage, de l'abnégation et du dévouement; d'avoir, pour seconder le général en chef, des lieutenans intelligens, soumis, dévoués, sans envie et sans égoïsme, etc.; de faire enfin, tout ce qui peut contribuer à la bonne organisation d'une armée, source première et principale des succès à la guerre.

Le célèbre écrivain termine son exposé des principes généraux de l'art, en concluant que la science de la guerre se compose de trois combinaisons générales, dont chacune n'offre qu'un petit nombre de chances d'exécution, et dont l'application simultanée donnerait lieu aux seules opérations parfaites de la guerre :

1° Savoir embrasser les lignes d'opérations, de la manière la plus avantageuse;

2° Savoir porter ses masses, le plus rapidement possible, sur le point décisif de la ligne d'opérations primitive, ou de la ligne accidentelle;

3° Savoir combiner l'emploi simultané de sa plus

grande masse, *sur le point le plus important* d'un champ de bataille.

Analyse
ticles de 1
du premi
lume du Pr
l'art de la g

Dans les articles *de 18 à 22* du premier volume de son *Précis de l'art de la guerre*, le général Jomini, après avoir défini les bases, les zônes, les lignes d'opérations, les points décisifs comme il a été indiqué ci-dessus, et les points objectifs, établit les relations qui existent entre ces divers élémens d'un théâtre d'opérations, les conditions générales qu'ils doivent remplir et, parmi les dispositions qu'ils affectent sur le terrain, en cite quelques-unes qu'il recommande de rechercher, parce qu'elles favorisent l'application du principe fondamental.

Ainsi, relativement aux bases d'opérations, et dans le but de combiner favorablement leurs rapports avec les directions que suivent les armées dans leurs mouvemens, il indique comme fort avantageuse l'adoption d'une base formant un angle rentrant déterminé naturellement par le terrain, ou artificiellement par le moyen d'un changement de front stratégique, et qui, portant en avant un crochet perpendiculaire à la base de l'ennemi, permettrait de s'emparer des communications de ce dernier, sans compromettre les siennes.

Au sujet des lignes d'opérations, il recommande de

n'en former, autant possible, qu'une seule, dirigée de façon à pouvoir pénétrer entre les corps ennemis séparés, et si on est obligé d'en adopter plusieurs, de les diriger intérieurement à celles de l'adversaire, de manière qu'on puisse, au besoin, réunir ses forces en moins de temps que lui.

Quant à la manière de déterminer les objectifs sur lesquels il convient de porter et de faire agir le gros de ses forces, M. Jomini ne fait que répéter une partie des indications données dans le chapitre de ses principes généraux, bien que cependant il ait, ainsi que nous l'avons observé déjà, une tendance plus prononcée à regarder les points décisifs, simplement comme *les points les plus importans* du terrain occupé par l'armée ennemie.

En résultat, le fait le plus saillant de nos analyses, fait précédemment remarqué, apprécié à sa juste valeur et sur lequel nous n'insisterons pas davantage, c'est la variation du langage du général Jomini, relativement à la question importante de préciser la signification des points désignés dans l'énoncé de sa grande maxime.

Les détails dans lesquels entre le célèbre écrivain pour faire saisir les diverses chances d'application de ladite maxime, ne sont en définitive que des considérations générales, et des indications souvent vagues, susceptibles d'interprétations douteuses et de restrictions qui laissent planer l'incertitude. Les développemens qu'il donne montrent bien comment il faut opérer dans quelques cas particuliers choisis pour types; mais ils ne sont pas de nature à lever les nombreuses difficultés que présente le choix des objectifs les plus convenables dans toutes les opérations qui se succèdent, depuis le point de départ d'une entreprise de guerre, jusqu'au but qui doit la terminer et qu'on se propose d'atteindre.

Si, dans les circonstances et les parties les plus remarquables et les plus importantes des grandes opérations, il montre les avantages et les inconvéniens de certaines manières de faire mouvoir les troupes et de les mettre en action, il ne donne pas les moyens d'apprécier les valeurs absolues et relatives de ces différentes manières; d'évaluer exactement, dans chaque cas particulier, toutes les chances qui militent pour et contre chacune d'elles, et d'opter sûrement et sans erreur pour la plus favorable : il n'apprend pas, en un mot, à déterminer facilement et convenablement, sur un échiquier stratégique ou tactique, les objectifs à adopter, et les difficultés de cette détermination, que nous avons longuement énumérées, restent complètes dans leur gravité, et irrésolues.

Pour notre part, nous avons médité attentivement le chapitre des *Principes généraux*, de M. Jomini, et les articles de son *Précis*, dans lesquels il établit les rapports qu'ont les différens points décisifs avec les diverses combinaisons d'une guerre. Soit que nous devions ou non désespérer de jamais rien comprendre à la stratégie, nous avouons, en toute humilité, que nous considérons la détermination des objectifs principaux sur lesquels il faut porter et faire agir successivement des forces supérieures à celles de l'ennemi, sinon comme un problème insoluble, comme une énigme digne d'un nouveau sphinx, du moins comme un problème dont les difficultés sont parfois telles qu'il est impossible de démontrer rigoureusement qu'un chef d'armée, qui l'a résolu d'une certaine façon, a bien ou mal jugé, bien ou mal agi.

Le général Jomini ne remplit pas son engagement de satisfaire aux conditions posées plus haut.

Pour nous résumer, nous dirons donc que le général Jomini ne remplit pas l'engagement qu'il a contracté, qui a été formulé ci-dessus, et que le résultat naturel de ce manquement à sa promesse est de nous autoriser à tirer, relativement à sa maxime fondamentale, la conclusion suivante :

Conclusion relative à l'utilité et à la portée de la maxime fondamentale.

1° Cette maxime (en admettant qu'elle ait été modifiée de façon à être rigoureusement exacte), loin de remplir les conditions essentielles de toute règle d'un grand poids, qui, pour justifier d'une portée et d'une utilité hors ligne, pour qu'on puisse, du fait de son observation ou de son inobservation, déduire des conséquences concluantes, doit s'appliquer, sinon avec facilité, du moins d'une façon toujours reconnaissable; cette maxime, disons-nous, est parfois si difficile et si délicate à mettre en pratique, qu'il est impossible d'indiquer pour le faire des moyens précis et sûrs.

2° En raison des difficultés de sa juste application, l'exagération de son importance et le désir de l'observer toujours avec un soin scrupuleux peuvent entraîner à des erreurs dangereuses, puisque le résultat de ces erreurs est de diriger et de faire agir des forces supérieures à celles de l'ennemi, sur des points différens de ceux où il conviendrait qu'elles fussent mises en action ou employées.

Si malgré ce que nous venons de dire, le général Jomini donne à son principe fondamental une apparence de consistance et d'utilité notables, en expliquant conformément à ses prescriptions un grand nombre d'évènemens de la guerre, cela tient précisément à la difficulté du choix des meilleurs objectifs, qui donne souvent la latitude de supposer ces points placés d'une façon à peu près arbitraire, eu égard à l'impossibilité de démontrer, par des argumens irrécusables, qu'ils sont situés de tel côté plutôt que tel autre; cela tient aussi à la possibilité d'apprécier diversement et sans qu'une appréciation quelconque puisse, dans certaines limites, être reconnue manifestement fautive, le degré d'habileté de l'emploi des principales forces sur les objectifs convenables, et par suite la part qu'il faut attribuer à cette habileté dans le résultat de l'évènement qu'il s'agit de juger.

La position indécise des meilleurs objectifs se prête singulièrement à donner au principe fondamental une interprétation favorable, lorsque les évènemens sont connus.

On comprend, en effet, et nous l'avons fait assez ressortir, à la 2e section du chapitre 3, que rien n'est plus commodé qu'une semblable indécision, pour donner, après coup, au principe fondé sur le meilleur emploi des principales forces sur les objectifs décisifs, une interprétation favorable, et en accord avec les conséquences connues d'une opération de guerre.

Le même avantage que procure aux partisans du principe, l'indécision sur la position des meilleurs objectifs, est donnée aux contradicteurs pour en nier la consistance.

Malheureusement pour le principe fondamental, la même latitude que laisse à ses partisans le défaut de précision dans la position des meilleurs objectifs, pour faire valoir sa bonté et l'importance de son application, est donnée aux contradicteurs pour nier son utilité et sa consistance.

Il en résulte que ces derniers pourraient assez souvent expliquer les évènemens de la guerre, d'une manière aussi plausible et aussi rationnelle que les autres, en prenant exactement le contre-pied du principe. Il leur suffirait évidemment de démontrer, lorsque les premiers, dans l'explication du résultat d'une opération stratégique ou tactique, prétendent que l'objectif décisif à adopter est placé à droite, que ce point, au contraire, se trouve situé à gauche; et comme nous l'avons vu, dans beaucoup de cas et principalement dans des cas de tactique, cette thèse pourrait s'appuyer à peu près d'autant de raisons soutenables que la thèse contraire.

SECTION IV.

Conclusions générales relatives au principe fondamental de M. Jomini et aux difficultés principales de l'art de la guerre.

—

SOMMAIRE.

Conclusion générale relative au principe fondamental. — Son énoncé manque de clarté, de précision et d'exactitude. — Convenablement modifié, il devient vrai et applicable, mais alors même, il faut ne pas en exagérer l'importance. — Il convient d'être très-circonspect dans son application. — Conclusion générale relative aux difficultés du choix des meilleurs objectifs auxquelles se réduisent les difficultés principales de l'art de la guerre. — Bases de la science théorique.

Pour compléter la tâche que nous avons entreprise d'analyser, en détail et avec le soin scrupuleux que son importance comporte, le principe donné par le général Jomini, comme le principe fondamental de l'art de la guerre, il ne nous reste plus qu'à rapprocher et à résumer en une seule les deux conclusions partielles que nous avons tirées dans les articles précédens, et ce résumé nous semble pouvoir s'établir de la manière suivante : Conclusion générale relative au principe fondamental.

1° Les énoncés des première et troisième prescriptions du principe manquent de clarté, de précision et Son énoncé manque de clarté, de précision et d'exactitude.

d'exactitude, et il conviendrait qu'ils fussent modifiés conformément à ce qui a été indiqué ci-dessus.

2° La maxime n'étant pas exacte, ne saurait évidemment avoir ni portée, ni utilité réelles, et ce n'est qu'en la supposant modifiée qu'on peut songer à discuter chez elle l'existence de ces qualités.

Convenablement modifié, il devient vrai et applicable, mais alors même il faut ne pas en exagérer l'importance.

3° Elle devient, par les modifications signalées, une déduction logique des deux vérités primordiales établies ci-dessus, et n'est en quelque sorte qu'un abrégé du corollaire que nous en avons déduit sous le titre de *troisième vérité capitale :* elle est donc vraie et applicable, mais il convient de ne pas en exagérer l'importance. En effet, le corollaire sur lequel elle a le désavantage, en ce sens qu'elle est moins explicative et plus vague, a lui-même une portée limitée; d'abord, parce qu'indépendamment des prescriptions essentielles qui en constituent la valeur capitale, il en renferme d'autres, moins importantes, dont on peut ne pas trop se préoccuper, sans qu'il en résulte de nombreux et sérieux dommages (1); et ensuite, parce que les grandes difficultés de son application le rendent souvent d'un faible secours pour la bonne conduite des opérations militaires, naturellement subordonnée à l'indication de moyens directeurs sûrs et précis.

Loin de pouvoir être regardée comme une vérité

(1) Voir la 1re section du chapitre III, et l'énoncé de la 3e vérité capitale au chapitre V.

dont la profondeur et le poids sont de nature à étonner l'esprit, la maxime de M. Jomini n'est, en quelque sorte, que l'énoncé général d'un but à poursuivre, n'apprenant rien qui soit digne d'être remarqué. Les enseignemens qu'elle donne sont plutôt des axiômes, c'est-à-dire des vérités évidentes d'elles-mêmes et à peu près mortes pour la science, que les élémens d'une règle mère, révélatrice de notions considérablement utiles et d'un intérêt fort puissant.

Ces enseignemens, en effet, se bornent, en résultat, à établir, que lorsqu'un chef d'armée a déterminé l'objectif stratégique ou tactique qui lui convient le mieux, il doit porter et faire agir habilement sur ce point des forces supérieures à celles de l'ennemi, pour l'y battre.

Or, cette prescription est, dans ses applications, une conséquence toute naturelle et immédiate de la nature même d'un objectif à adopter, c'est-à-dire d'un point sur lequel il importe plus de triompher que sur tous les autres, et des moyens les plus propres à assurer un triomphe consistant dans l'habile emploi d'une grande quantité de forces.

Il convient d'être très-circonspect dans son application.

4° Il importe d'être très-circonspect dans l'application du principe modifié, parce que la délicatesse constante et parfois l'immense difficulté de cette application entraînent aisément à des erreurs qui peuvent être dangereuses. En outre, dans les cas embarrassans, l'intérêt qu'on attache à l'observer scrupuleusement ne doit pas faire perdre un temps précieux, en hésitations et en lenteurs.

Telle nous paraît être la conclusion générale à tirer relativement à la maxime fondamentale du général Jomini.

Conclusion générale relative aux difficultés du choix des meilleurs objectifs auxquelles se réduisent les difficultés principales de l'art de la guerre.

Quant à ce qui concerne maintenant les difficultés du choix des meilleurs objectifs, difficultés auxquelles se réduisent, ainsi que nous l'avons démontré (1), les principales de celles que présente la conduite des opérations militaires, tout ce qui a été dit à ce sujet peut se résumer ainsi qu'il suit.

L'art de la guerre, indépendamment des conditions qui constituent la bonté des armées, telles que la supériorité de leur organisation, de leur discipline, les facultés intellectuelles, physiques et morales des chefs et des troupes, indépendamment de l'habileté qui met en relief toutes ces qualités dans la pratique, consiste encore, quoiqu'à un degré moindre, dans le talent de savoir diriger et faire agir, opportunément et successivement, des forces supérieures à celles de l'ennemi sur certains points importans du théâtre de la guerre ou du champ de bataille, où leur effet est le plus utile et le plus productif.

(1) A la fin du chapitre Ier.

Variable, dans ses moyens d'exécution, avec des hommes différens placés dans les mêmes circonstances, aussi bien qu'avec les mêmes hommes placés dans des circonstances différentes, cet art ne peut être assujetti, pour la direction des opérations, à des règles fixes, communes à tous et applicables par tous de la même manière, dans les seules conditions d'identité de force numérique, de position et de but à remplir.

La fixation des points importans sur lesquels un chef d'armée doit chercher à battre successivement son adversaire avec des forces supérieures aux siennes, fixation qui constitue la base et le guide de ses opérations, est, d'après ce qui précède, variable elle-même avec les individus et avec une multitude de causes d'influence d'une appréciation si délicate et si épineuse, que les conditions qui doivent la régler échappent souvent à une analyse complète et rigoureusement exacte. Il résulte de là que le choix des meilleurs objectifs à adopter par une armée est, en général, un problème fort difficile, dans la solution duquel les plus habiles se trompent, et cela sans qu'il soit possible de démontrer leur erreur par des raisons bien précises et entièrement concluantes.

Pour diriger les généraux en chef dans la tâche épineuse de découvrir les objectifs décisifs qui leur sont propres, la science théorique de la guerre ne s'étend pas jusqu'à donner, surtout en tactique, des maximes simples, sûres et en même temps suffisamment complètes, qui permettent de réduire à un petit nombre la quantité de considérations à embrasser, et les assertions contraires de M. le général Jomini ne sont point justifiées par les dissertations du célèbre écrivain sur ce sujet.

Base de la science théorique.

Pour faciliter, autant qu'il est en elle, les moyens de surmonter les difficultés qui se présentent, la science théorique, comme nous l'avons dit déjà, doit reposer sur des principes simples, absolus comme des principes mathématiques, reconnus par tous, déduits plutôt d'un sain raisonnement, de la connaissance des hommes et du mobile de leurs actions, que de l'observation des faits souvent contradictoires et difficilement appréciables de l'histoire militaire. Des combinaisons ingénieuses et justement faites de ces principes, de leurs déductions logiques, doivent émaner, pour chaque chef d'armée et sous sa responsabilité personnelle, s'il en fait une fausse application, les règles directrices de sa conduite, dans la détermination des objectifs stratégiques ou tactiques qui sont à sa propre convenance, et, en général, dans toutes ses opérations.

Ces principes, inaptes à embrasser toutes les causes ayant de l'influence sur le résultat des évènemens, seront loin d'apprendre tout ce qu'il faudrait savoir, dans chaque circonstance particulière, pour régler sûrement ses projets et ses moyens d'exécution, de la manière la plus rationnelle et la plus avantageuse : ils ne préserveront pas les chefs d'armée de commettre, en dehors d'eux, des erreurs et des fautes préjudiciables ; ils ne permettront pas toujours, eu égard à la limite de leur étendue et aux causes d'influence qui leur échapperont, d'assigner exactement, et d'une manière irrécusable, les motifs des succès et des revers, et de distinguer infailliblement, dans les discussions soulevées à ce sujet, l'opinion de la vérité de celle de l'erreur ; mais ils seront d'un puissant secours à tout général doué de jugement et de perspicacité, qui appréciera justement et impartialement l'état des choses, sa situation propre et celle de l'ennemi, et apprendront tout ce que l'étude, la science théorique et la raison peuvent enseigner relativement à l'application pratique d'un art, dont les difficultés sont aussi grandes et les limites aussi peu précises et aussi variables, que celles de l'art de la guerre.

Nous allons terminer cette première partie de notre ouvrage, par l'exposé des vérités qui, remplissant les conditions que nous venons d'énoncer, nous semblent les plus aptes à servir de règles directrices aux chefs d'armée, dans la conduite des opérations militaires.

CHAPITRE V.

Des vérités les plus aptes à servir de règles directrices dans les applications de l'art de la guerre.

SECTION PREMIÈRE.

Vérité spéciale se rapportant au but général et mixte d'une guerre.

Division du but général d'une guerre en deux buts distincts.

Le but général d'une guerre se subdivise en deux buts distincts, qui doivent être poursuivis simultanément, pour arriver à la conclusion la plus avantageuse de la paix.

Le premier de ces buts et le plus important est de défaire l'armée ennemie : le second consiste soit à occuper opportunément, soit à défendre une partie plus ou moins considérable de territoire appartenant à l'ennemi, ou à la nation pour laquelle on combat.

SECTION II.

Vérités relatives à la bonne conduite des opérations.

PARAGRAPHE PREMIER.

VÉRITÉS CAPITALES

Résumant les principales conditions à remplir dans toute opération stratégique ou tactique.

SOMMAIRE.

Nécessité de l'accord entre les projets et les ressources. — Conditions de succès contre une troupe dont les parties sont réunies et inséparables.— Conditions de succès contre une armée quelconque, dans les circonstances générales de la guerre.

PREMIÈRE VÉRITÉ CAPITALE.

Dans toute entreprise de guerre, il faut mesurer la grandeur de ses projets à la grandeur de ses ressources comparées à celles de l'ennemi, et savoir mettre les uns en accord convenable avec les autres.

Nécessité de l'accord entre les projets et les ressources.

On doit entendre par ressources, l'ensemble de tous les élémens d'action que l'on possède, et, avant tout, la valeur intrinsèque de l'armée, se composant de sa force numérique, des qualités du chef qui la commande et de celles de ses troupes.

DEUXIÈME VÉRITÉ CAPITALE.

Conditions de succès contre une troupe dont les parties sont réunies et inséparables.

Pour se procurer les plus grandes chances de battre un corps d'armée, ou une armée réunie dont les différentes parties sont inséparables entr'elles, il faut, autant que possible :

D'abord, l'assaillir avec une force plus puissante intrinsèquement que la sienne, en faisant concourir, à la production de cette force, l'emploi simultané de moyens d'action matériels et moraux, dont les uns consistent à aborder l'ennemi avec une masse de troupes plus nombreuse que celle qu'il possède, et les autres à diriger contre lui une attaque qui, par sa nature, l'expose à un grand danger et ébranle son moral ;

Ensuite, faire combattre ses troupes, au point où elles en viennent aux mains, de la façon la plus habile et la plus profitable.

TROISIÈME VÉRITÉ CAPITALE

POUVANT ÊTRE CONSIDÉRÉE COMME UN CORROLLAIRE DES DEUX VÉRITÉS PRÉCÉDENTES.

Conditions de succès contre une armée quelcon-

Pour avoir le plus de chances de battre une armée opposée, dans les circonstances générales de la guerre, et principalement dans les cas les plus difficiles et les plus importans, où cette armée est numériquement supérieure à celle dont on dispose, il faut : que dans les circonstances générales de la guerre.

Premièrement, par d'habiles démonstrations, menaçant l'ennemi sur des points qu'il a intérêt à couvrir, trouver les moyens de lui faire diviser ses forces, s'il ne l'a fait préalablement de lui-même ;

Secondement, les troupes de l'ennemi se trouvant divisées, concentrer rapidement les siennes ; assaillir successivement les uns après les autres, et avec assez de promptitude pour qu'il ne puisse s'y opposer, ses divers corps isolés ou du moins les plus importans de ces corps, avec des forces supérieures à chacun d'eux, en le faisant dans l'ordre et suivant le mode les plus avantageux pour atteindre le but général et mixte de la guerre ;

Troisièmement, sur le champ de bataille comme sur le théâtre de la guerre, avoir en vue de battre son adversaire par l'emploi simultané et la combinaison la meilleure des moyens d'action matériels et moraux. A cet effet, chercher à découvrir le point de sa ligne où une grande attaque présente, tout considéré, le plus de chances favorables : réunir à proximité de ce point, et le plus secrètement qu'on peut, une masse plus forte que la masse à combattre; contenir et paralyser momentanément celles des troupes ennemies qui sont réparties sur les autres points, avec des forces moins considérables ; choisir le moment opportun pour assaillir vigoureusement et, autant que possible à l'improviste, le point principal, et ce point enlevé, les autres points, de façon à remplir le double objet d'attaquer l'adversaire, partiellement et successivement, avec des forces supérieures à celles qu'il peut opposer, et de donner aux attaques ce caractère de spontanéité, de surprise et de danger qui rend leur effet moral si efficace sur l'esprit des troupes qui les subissent ;

Quatrièmement, enfin mettre les différentes espèces de ses troupes, se composant d'artillerie, d'infanterie et de cavalerie, en action dans le combat, de la façon la plus habile et la plus avantageuse.

Les prescriptions qui précèdent et que l'on a cherché à rendre aussi explicatives que possible, n'ont pas toutes le même degré d'importance. En se conformant à la plus essentielle, à celle qui donne à la vérité sa valeur capitale et enjoint d'attaquer l'ennemi, partiellement et successivement, avec une force intrinsèque supérieure à la sienne, on peut assez souvent, sans qu'il en résulte de sérieux dommages, ne pas se préoccuper, outre mesure, du soin d'y satisfaire suivant le mode le plus avantageux, mode, en général, fort difficile à déterminer.

PARAGRAPHE II.

Vérités auxiliaires, dont les prescriptions sont les plus importantes et les plus utiles à observer pour favoriser l'application des vérités capitales.

SOMMAIRE.

Importance et conditions de la bonté d'une armée. — Une bonne armée peut être entreprenante, une armée médiocre ou mauvaise doit être très-circonspecte. — Moyens moraux d'ébranler le courage de l'ennemi. — Conditions à remplir par les objectifs sur lesquels il faut attaquer primitivement l'ennemi. — Ces objectifs ne sont pas toujours ceux où le succès procurerait le plus d'avantages. — Avantages qu'il y a à attaquer primitivement l'ennemi sur son centre ou sur l'une de ses ailes, suivant qu'il occupe un espace étendu ou resserré. — Avantages d'attaquer l'ennemi sur plusieurs points à la fois, quand on a sur lui une grande supériorité numérique. — Nécessité d'une extrême vigilance et d'une grande activité dans les opérations de la guerre. — Inconvéniens graves des hésitations et des lenteurs. — Avantages de la réunion et dangers de la dispersion des forces d'une armée. — Influence majeure de l'habile emploi des ruses de guerre sur les succès des opérations militaires. — Importance d'une bonne organisation de l'espionnage et des corps éclaireurs. — Inconvéniens des projets basés sur des calculs qui exigent une grande précision. — De la probabilité de battre l'ennemi. — Chances probables de succès ou de revers des fractions respectives de deux armées également nombreuses, et dont chacune est divisée en deux parties opposées aux deux parties de l'autre. — Convenances avantageuses à observer par une armée offensive, dans les attaques simultanées qu'elle dirige contre une armée divisée en deux corps ou contre une armée réunie. — Convenances avantageuses à observer par une armée défensive, dans les résistances qu'elle oppose à deux attaques simultanées dirigées contre elle. — Avantages qu'il y a, toutes choses égales d'ailleurs, pour le succès final sur deux parties d'un même champ de bataille, à être le plus fort sur le point où l'ennemi est le plus faible. — Avantages et inconvéniens majeurs qu'une armée offensive ou défensive doit prendre en considération dans une bataille. — Importance des réserves. — Importance de la poursuite après la victoire, et convenance de livrer bataille avec des troupes reposées. — Influence notable du bon emploi des trois armes sur le gain des batailles. — Influence peu considérable de la forme particulière des ordres de bataille sur le résultat des engagemens. — Résultats brillans des attaques heureuses de flanc et de revers dans les engagemens partiels des batailles aussi bien que dans les grandes opérations.

PREMIÈRE VÉRITÉ.

Importance et conditions de la bonté d'une armée.

La source première et principale des succès à la guerre est dans la bonté des armées, qui leur donne, relativement à leur nombre, la plus grande valeur intrinsèque. Pour qu'une armée possède cette qualité essentielle, il faut, avant tout, qu'elle ait à sa tête un chef habile, énergique et actif; il faut ensuite, qu'elle soit composée de troupes braves, vigoureuses au physique, adroites et fort mobiles.

DEUXIÈME VÉRITÉ.

Une bonne armée peut être entreprenante; une armée médiocre ou mauvaise doit être circonspecte.

Les ressources d'une bonne armée étant beaucoup plus grandes que celles d'une armée médiocre ou mauvaise, on peut, à nombre égal, entreprendre sans dangers et exécuter heureusement, avec la première, des opérations qu'on ne pourrait tenter, avec la seconde, sans courir le risque de se trouver gravement compromis.

Le fait d'être coupé de sa ligne de retraite, qui serait pour une mauvaise armée un cas désespéré, ne l'est jamais pour une armée bien organisée, aguerrie et habilement commandée, et ne devient même pour celle-ci, réellement dangereux et critique, qu'autant qu'elle est opposée à une armée bonne comme elle, et qui lui est numériquement supérieure.

TROISIÈME VÉRITÉ.

Les principaux moyens d'ébranler le courage d'une armée ou d'une troupe ennemie, par la nature même de l'attaque dirigée contre elle, sont au nombre de trois et consistent : Moyens moraux d'ébranler le courage de l'ennemi.

1° A l'attaquer sur ses derrières ou sur un de ses flancs, après l'avoir coupée ou en menaçant de la couper de ses principales communications, soit avec son pays, soit avec une armée auxiliaire;

2° A l'assaillir vivement, après avoir préalablement pénétré entre ses parties et l'avoir séparée en deux;

3° Enfin à la surprendre par une attaque rapide et imprévue à laquelle elle n'est pas en mesure de résister.

Employer le plus favorable de ces moyens, sur un point où se trouve l'ennemi, avec des troupes plus nombreuses que celles qu'il peut y opposer, c'est se donner les plus grandes chances de le battre avec une force intrinsèquement supérieure à la sienne, force provenant de l'emploi simultané du mode le plus puissant d'action morale, et du mode unique d'action matérielle.

Employer successivement les meilleurs de ces moyens, avec des forces plus considérables que celles de son adversaire, sur les points les plus importans d'un théâtre de stratégie ou d'un champ de bataille, en choisissant ces points dans l'ordre le plus favorable; c'est pratiquer de la manière la plus habile et la plus avantageuse l'art difficile de la guerre, et s'assurer, pour résultat final de ses opérations, les succès les plus complets auxquels on puisse aspirer.

QUATRIÈME VÉRITÉ.

Conditions à remplir par les objectifs sur lesquels il faut chercher à battre primitivement l'ennemi. Ces objectifs ne sont pas toujours ceux où le succès procurerait le plus d'avantages.

Sur un théâtre de guerre ou sur un champ de bataille, le choix de l'objectif important sur lequel on doit chercher à battre d'abord l'ennemi, avec une force intrinsèque plus grande que la sienne, et celui des autres objectifs sur lesquels il faut ensuite diriger ses efforts successifs, dans les mêmes conditions favorables, sont variables avec les qualités des chefs d'armée et celles de leurs troupes, toutes autres choses étant égales d'ailleurs. Ces choix doivent être fixés, non pas toujours sur les points où le succès procurerait le plus d'avantages, si on était sûr de l'y obtenir à son gré, mais sur ceux qui, tout considéré, offrent le plus de chances d'atteindre le résultat le meilleur que l'on puisse espérer, eu égard aux ressources que l'on possède.

Pour être convenablement déterminé, il faut qu'un objectif, outre les avantages qu'un succès y présente, satisfasse aux conditions :

1° Que ce succès puisse y être obtenu en temps opportun ;

2° Qu'il ne soit pas trop chèrement acheté, établisse une prépondérance suffisante, et laisse au vainqueur assez de forces matérielles et morales, pour arriver au but qu'il s'est proposé d'atteindre.

CINQUIÈME VÉRITÉ.

Lorsque l'ennemi occupe, sur le théâtre de la guerre ou sur le champ de bataille, un espace fort étendu, le point qui, sauf de rares exceptions, présente le plus d'avantages pour l'emploi simultané des moyens d'action matériels et moraux, est le centre de son armée ; et c'est ce point qu'il convient de choisir, en général, comme premier objectif important, et sur lequel il faut porter d'abord des forces supérieures, pour couper cette armée en deux.

Avantages qu'il y a à attaquer primitivement l'ennemi sur son centre ou sur une des ailes, suivant qu'il occupe un espace étendu ou resserré.

Lorsque l'espace occupé par l'adversaire est au contraire resserré, l'objectif important le plus favorable, et celui qu'il convient de choisir primitivement pour y écraser ses troupes, est généralement une des ailes de son front d'opérations, ou de sa ligne de bataille.

SIXIÈME VÉRITÉ.

Avantages d'attaquer l'ennemi sur plusieurs points à la fois, quand on a sur lui une grande supériorité numérique.

Lorsqu'on possède sur l'ennemi une grande supériorité numérique, sans être sensiblement inférieur à lui par les qualités morales, il convient de l'attaquer, avec des forces plus considérables que les siennes, sur plusieurs points à la fois, sinon dans le même moment, du moins à des intervalles peu distans, et sans attendre qu'une victoire complètement remportée sur un point, ait permis de la tenter sur un autre, avec les mêmes troupes.

Si l'ennemi occupe, par son front d'opérations ou de bataille, un espace étendu, il ne convient de diriger deux attaques simultanées que sur son centre et sur une de ses ailes; mais s'il occupe un espace resserré, on peut avantageusement attaquer à la fois ses deux extrémités, et chercher à gagner par elles ses flancs et ses derrières, soit pour couper ses différens corps de leur ligne de retraite, soit pour les refouler les uns sur les autres, les envelopper et les détruire.

SEPTIÈME VÉRITÉ.

Nécessité d'une extrême vigilance et d'une grande

Une condition essentielle de succès à la guerre, surtout quand on n'a pas la supériorité numérique, est le déploiement d'une extrême vigilance et d'une grande activité dans l'exécution des projets.

activité dans les opérations de la guerre. Inconvénients graves des hésitations et des lenteurs.

Les hésitations et les lenteurs sont tellement préjudiciables, qu'il vaut souvent mieux prendre et exécuter immédiatement une résolution un peu fautive, que d'en former et d'en exécuter tardivement une plus sage et plus raisonnable.

HUITIÈME VÉRITÉ.

Avantages de la réunion et dangers de la dispersion des forces d'une armée.

Pour faciliter l'emploi simultané des meilleurs moyens d'action, matériels et moraux, et éviter la chance d'y être exposé soi-même et d'être battu en détail, il faut, outre le déploiement d'une grande vigilance et d'une grande activité, se garder d'éparpiller ses forces et les tenir au contraire, autant qu'on peut, réunies et liées entre elles. A cet effet, il convient d'adopter des lignes d'opérations qui permettent de se concentrer, promptement et avant l'ennemi, sur le théâtre de la guerre, et de prendre, sur le champ de bataille, des dispositions de combat habilement appropriées à la condition à remplir.

NEUVIÈME VÉRITÉ.

Influence majeure de l'habile emploi des ruses

L'habile emploi des ruses de guerre, ayant pour but de tromper l'adversaire sur ses projets, de lui faire

de guerre, sur les succès des opérations militaires.

croire, par un étalage apparent et trompeur de ses ressources, que l'on est fort sur un point faible, ou réciproquement; de lui faire entreprendre, à l'aide de fausses démonstrations, fussent-elles même quelquefois un peu dangereuses, des mouvemens décisifs et prévus contre lesquels on a pris à l'avance toutes ses mesures, est un des meilleurs moyens et des plus puissans auxiliaires pour assurer un succès stratégique, ou gagner une bataille.

DIXIÈME VÉRITÉ.

Importance d'une bonne organisation de l'espionnage et des corps éclaireurs.

Il est de la plus haute importance d'avoir, en campagne, un espionnage bien organisé, largement rétribué, et des partis de cavalerie légère intelligens, rusés et audacieux, parfaitement dressés à toute espèce de reconnaissances, destinés à se mouvoir à l'abandon sur le front, les flancs et les derrières de l'ennemi, à intercepter ses dépêches, à instruire de tous ses mouvemens, et acceptant bravement tous les dangers et toutes les alternatives de leur mission difficile.

ONZIÈME VÉRITÉ.

Inconvénient des projets basés sur des calculs qui exigent une grande précision.

Il convient d'éviter, autant que possible, dans les opérations de la guerre, des projets dont la réussite est fondée sur l'arrivée exacte de corps absens, sur la précision d'un calcul de temps ou d'heure, sur l'évaluation rigoureuse d'une distance.

DOUZIÈME VÉRITÉ.

La chance probable qu'a une troupe d'en battre, dans un temps donné, une autre inférieure à elle d'un nombre d'hommes déterminé et fixe, est d'autant plus grande, que ces troupes sont moins considérables.

De la probabilité de battre l'ennemi.

TREIZIÈME VÉRITÉ.

Lorsque deux corps, également nombreux, et divisés chacun en deux parties momentanément destinées à combattre séparément, en viennent aux mains, la plus faible des quatre troupes aux prises doit, toutes choses égales d'ailleurs, être complètement battue en moins de temps que la plus forte, appartenant au même corps, n'en mettra à battre complètement celle qui lui est opposée.

Chances probables de succès ou de revers des fractions respectives de deux armées numériquement égales, dont chacune est divisée en deux parties, opposées aux deux parties de l'autre.

QUATORZIÈME VÉRITÉ.

Lorsqu'avec des troupes concentrées, on se propose d'attaquer deux corps ennemis momentanément séparés, et que l'on n'est pas assez fort pour les assaillir

Convenances avantageuses à observer par une armée offensive, dans les attaques simultanées qu'elle dirige contre une armée divisée en deux corps, ou contre une armée réunie.

simultanément avec supériorité et avantage, il convient, en général, dans le projet de les battre séparément l'un après l'autre, d'écraser d'abord, à l'aide de forces suffisantes, le corps le plus voisin, et d'employer, pendant cette opération, le reste de ses troupes à observer et à contenir le plus éloigné, de manière qu'il ne puisse venir faire échouer l'attaque principale : mais si les deux corps opposés se trouvent sensiblement à une même distance qui ne soit pas considérable, et qu'aucune raison morale, aucun motif en dehors du but de les défaire tous les deux, ne porte à assaillir l'un, plus promptement que l'autre; il y a avantage, pour la rapidité de l'opération et l'importance de son résultat final, à s'attaquer d'abord, avec des forces supérieures, au corps le plus faible ; à contenir, pend[illegible] ce temps, à un petit nombre de marches de cel[illegible], le corps le plus fort, sans s'engager sérieusem[illegible] lui ; enfin, le premier battu et dispersé, à se tourner contre l'autre, avec toutes ses troupes, rendues disponibles.

Quand, dans une circonstance qui rend nécessaire ou profitable la division des forces, une armée se partage en deux corps, pour attaquer sur deux points à la fois un adversaire réuni, et qu'elle n'a aucun motif prépondérant pour faire un plus grand effort d'un côté que d'un autre; il est avantageux pour elle, sous le rapport du succès de sa double opération, de composer chacune de ses attaques partielles, du même nombre de troupes.

QUINZIÈME VÉRITÉ.

Convenances avantageuses à observer par une armée défensive, dans les résistances qu'elle oppose à deux attaques simultanées, dirigées contre elle.

Lorsqu'une armée sensiblement égale à celle qui lui est opposée, et gardant la défensive sur un terrain qu'elle ne peut abandonner, se trouve assaillie à la fois sur deux points différens, mais peu éloignés l'un de l'autre, il est, toutes choses égales d'ailleurs, avantageux pour elle, de battre d'abord l'assaillant sur le point où il a dirigé le moins de troupes; de résister [illegible]ement pendant ce temps, avec des forces inférieures, sur le point où il a exercé son principal effort, et de venir rapidement ensuite, avec les troupes victorieuses sur le premier point, décider le succès sur le second.

S'il n'a pas été possible à l'armée défensive de reconnaître, d'une manière précise, les intentions de l'ennemi et l'importance respective des deux attaques qu'il projette, ce qu'elle a généralement de mieux à faire, c'est de préparer provisoirement, sur les points menacés, des résistances d'égale force et d'égale énergie, et de tenir à portée de chacun d'eux une réserve respectable de troupes aguerries et excessivement mobiles, prêtes à réaliser l'emploi avantageux des moyens indiqués, aussitôt que l'adversaire aura dévoilé ses desseins.

SEIZIÈME VÉRITÉ.

Avantages qu'il y a, toutes choses égales d'ailleurs, pour le succès final sur deux parties d'un même champ de bataille, à être le plus fort sur le point où l'ennemi est le plus faible.

Lorsque sur deux parties d'un champ de bataille, et principalement sur des parties voisines, le centre et une aile, des armées opposées ont réparti la même quantité de forces, celle de ces armées qui est supérieure à l'autre sur la partie où celle-ci est la plus faible, a, toutes choses égales d'ailleurs, l'avantage pour le succès final, sur les deux parties en question. De plus, son avantage est d'autant plus marqué, que la pénurie de ressources de l'ennemi sur le point faible est plus grande.

DIX-SEPTIÈME VÉRITÉ.

Avantages et inconvénients majeurs qu'une armée offensive doit prendre en considération dans une bataille.

Une armée qui, dans une bataille, prend l'offensive, doit chercher, autant que possible, à faire concorder ses projets avec la convenance de fixer le choix de son premier objectif sur le point le plus faible, ou du moins sur un point faible de la ligne ennemie.

Elle doit éviter, au contraire, de diriger d'abord ses efforts sur les points où son adversaire a le plus de ressources; d'engager le gros de ses forces contre celui des forces opposées, parce que c'est là une prétention qui produit toujours, dans les deux partis, des pertes énormes, le plus souvent mortelles pour le plus faible, et au moins inutiles pour le succès du plus fort.

Dans l'exécution des projets de détail, aussi bien que dans celle des projets d'ensemble, une armée offensive doit chercher à réaliser l'avantage signalé dans la vérité 16 : ne pas s'acharner, à moins de nécessité absolue, à enlever de front une position trop difficile dont il importerait de s'emparer, et attendre que la ligne ennemie ait été percée sur un point voisin et plus faible, pour l'attaquer alors vigoureusement par le flanc et par derrière, en même temps que de front.

D'un autre côté, pour que l'adversaire ne prenne pas, par ses dispositions, un avantage qu'elle cherche à se donner sur lui, elle doit éviter de l'aborder sur différens points, avec des masses trop disproportionnées. Cependant, comme les stratagèmes heureux sont d'un grand effet à la guerre, elle peut se soustraire parfois à la prescription susdite, dans le but de tromper l'ennemi, et de lui faire entreprendre de faux mouvemens qui le compromettent; mais il faut alors que sa ruse ait de grandes chances de réussite, et qu'il lui soit d'ailleurs loisible de changer promptement ses dispositions primitives, si sa sûreté l'exige.

Elle doit également, dans la crainte d'être abusée par des apparences trompeuses, se garder d'arrêter irrévocablement qu'elle fera son premier effort sur un point jugé faible, et prendre ses dispositions pour pouvoir, en cas de convenances ultérieurement reconnues, percer d'abord l'adversaire sur un point voisin, pendant qu'elle se bornera à le contenir efficacement sur celui-là.

Enfin, pour satisfaire le mieux à toutes les conditions désirables, dans les circonstances générales où le terrain occupé par l'ennemi, les dispositions qu'il y a prises, et les points faibles de sa ligne, ne sont à l'avance qu'imparfaitement connus, une armée offensive doit, autant que possible, composer ses premières attaques de forces sensiblement égales et soigneusement ménagées, et les alimenter, les renforcer d'abord graduellement, et peu à peu, à l'aide de troupes solides et très-mobiles, tenues en arrière. Cela fait, pour prendre un parti décisif, il convient qu'elle attende que la marche des évènemens attentivement suivie, les mouvemens de l'adversaire, les résultats produits par les premières attaques et par l'envoi des premiers renforts, enfin toutes les découvertes successivement amenées par les progrès de l'action, lui aient permis de faire une reconnaissance exacte de la position ennemie : si alors elle peut découvrir, dans cette reconnaissance, un point faible et un point fort voisins, ce qu'elle a de mieux à faire pour triompher sur ces deux points, c'est de rendre promptement décisive l'attaque du premier, et de se borner à entretenir celle du second, de manière qu'elle ne soit pas repoussée et qu'elle contienne efficacement l'ennemi, jusqu'au moment où elle pourra l'y accabler, avec ses forces rendues disponibles, par un dernier et grand effort.

DIX-HUITIÈME VÉRITÉ.

Avantages et inconvéniens majeurs qu'une armée défensive doit prendre en considération dans une bataille.

Une armée qui, dans une bataille, se tient sur la défensive et laisse prendre à son adversaire l'initiative des mouvemens, doit chercher à reconnaître d'abord, par les directions que suivent ses troupes et les probabilités naissant des circonstances, et particulièrement du terrain, quel est le point du champ de bataille où il accumule le plus de forces et où il compte exercer son principal effort. Cette découverte faite, il est de son intérêt de se borner à résister efficacement sur ce point avec des ressources inférieures; de chercher, à l'aide de moyens supérieurs, à obtenir primitivement l'avantage sur un point faible et voisin du point fort; enfin, de n'attaquer sérieusement celui-ci qu'en dernier lieu, avec la plus grande partie de ses ressources alors réunies, et, autant que possible,de plusieurs côtés à la fois.

Elle doit se garder soigneusement d'avoir, sur le développement de sa ligne de bataille, des parties abordables qui soient beaucoup plus faibles que d'autres et susceptibles d'être rapidement enlevées; et ce qu'elle a, en général, de mieux à faire à cet égard, c'est de se tenir, pour les premiers chocs, également préparée sur tous les points, et de se réserver de les renforcer opportunément et suivant les besoins et les convenances nés des évènemens, à l'aide de bonnes réserves, très-mobiles, convenablement disposées en arrière.

Elle peut toutefois, lorsqu'en arrière d'une partie apparente de son front se trouve un terrain très-favorable à la défensive et propre à cacher des dispositions prises d'avance, dégarnir cette partie dans le but d'y attirer l'ennemi et de lui faire exécuter un mouvement prévu et compromettant : mais il faut alors qu'elle ait pris des mesures énergiques et sûres, pour arrêter, à point nommé, les progrès de l'assaillant et empêcher que l'effet de sa ruse ne tourne contre elle.

DIX-NEUVIÈME VÉRITÉ.

Importance des réserves.

Il importe, dans une bataille, de tenir en réserve, pour la crise finale où le succès se décide, le plus grand nombre possible de troupes fraîches, douées d'une grande bravoure et d'une grande mobilité.

VINGTIÈME VÉRITÉ.

Importance de la poursuite après la victoire, et con-

Lorsque, dans une bataille, on a remporté la victoire, il est indispensable, pour en retirer les fruits, de poursuivre l'ennemi à toute outrance, sans aucun retard; et il convient, à cet effet, de ne pas engager une action avec des troupes fatiguées ou ayant fait une longue marche, et d'avoir surtout, à la réserve, un bon nombre de soldats reposés.

venance de livrer bataille avec des troupes reposées.

VINGT-UNIÈME VÉRITÉ.

L'emploi judicieux des trois armes, soit qu'elles agissent séparément, soit qu'elles agissent ensemble pour concourir à un même but, et la disposition convenable des troupes pour marcher à l'attaque ou défendre les positions qu'elles occupent, ont une notable influence sur le gain des batailles.

Influence notable du bon emploi des trois armes sur le gain des batailles.

VINGT-DEUXIÈME VÉRITÉ.

La forme particulière qu'affecte un ordre de bataille, en ligne droite, concave, ou convexe, parallèle ou oblique à la direction générale de la ligne ennemie, peut aussi, par son choix, exercer une certaine influence sur les résultats d'un engagement: mais cette influence est généralement peu considérable; et en dehors des circonstances où la configuration de ses ordres de bataille est impérieusement forcée, il en est

Influence peu considérable de la forme particulière des ordres de bataille sur le résultat des engagemens.

peu où une armée puisse prétendre tirer de cette cette configuration, de fort grands avantages.

VINGT-TROISIÈME VÉRITÉ.

Résultats brillans des attaques heureuses de flanc ou de revers, dans les engagemens partiels des batailles, aussi bien que dans les grandes opérations.

Dans les engagemens partiels, provenant du choc de deux armées sur un champ de bataille, les attaques qui produisent les résultats les plus prompts, les plus décisifs et les plus sûrs, sont celles qu'on peut exécuter sur les flancs ou les derrières de l'ennemi.

CONCLUSION.

Telles nous paraissent être les principales vérités susceptibles de servir de guides aux chefs d'armée, dans la conduite des opérations militaires.

L'art et les difficultés de la guerre consistent à les appliquer de la manière la plus avantageuse et la mieux appropriée aux hommes, aux choses et aux circonstances; à découvrir avec sagacité, lorsque l'application des unes est un empêchement à l'application des autres, celles dont les prescriptions sont, dans la circonstance présente, les plus importantes à observer et doivent être prises en considération majeure; à faire à celles-là une part prépondérante, mais pourtant juste et qui, autant que possible, ne soit pas exclusive pour les autres; à savoir démêler enfin, parmi toutes les voies plus ou moins directes, plus ou moins favorables, susceptibles de mener au but, la voie la meilleure et qui est d'autant plus difficile à reconnaître, qu'elle est rarement tracée d'une manière bien nettement apparente, même pour les esprits les plus clairvoyans.

L'art et les difficultés de la guerre consistent à appliquer les vérités ci-dessus énoncées, de la manière la plus avantageuse et la mieux appropriée aux hommes, aux choses et aux circonstances.

Nous nous en tiendrons, dans cette partie de notre Ouvrage, à l'exposé que nous venons de faire des susdites vérités, nous proposant, dans la partie suivante, de les développer, de démontrer celles qui ne sont pas évidentes d'elles-mêmes, de faire ressortir l'utilité de toutes et les chances principales de leur application.

FIN DE LA PREMIÈRE PARTIE.

TABLE DES MATIÈRES

DE LA

PREMIÈRE PARTIE.

INTRODUCTION.

CHAPITRE PREMIER.

Considérations générales sur l'art de la guerre.

SECTION PREMIÈRE.

De l'art de la guerre appliqué sur le terrain.

SOMMAIRE.

SECTION II.

De l'art de la guerre dans les écrits.

PARAGRAPHE PREMIER.

Relation critique ou apologétique des opérations.

SOMMAIRE.

PARAGRAPHE II.

Discussion et établissement des principales règles de la théorie.

SOMMAIRE.

CHAPITRE II.

But et plan de l'ouvrage.

SOMMAIRE.

PREMIÈRE PARTIE.

CHAPITRE PREMIER.

De l'objet de la guerre. — Des conditions principales à observer dans ses opérations. — Des vérités directrices de l'art qui la concerne.

SOMMAIRE.

Définition de la guerre, de son but, de l'art qui la concerne. — Analyse du but d'une guerre défensive ou offensive, se décomposant en deux buts partiels qui doivent être poursuivis simultanément. — Recherche des conditions les plus importantes à remplir pour atteindre le but général d'une guerre. — Nécessité de mettre, dans toute entreprise, ses projets en accord avec les ressources dont on dispose pour les exécuter, comparées avec celles de l'ennemi. — Vérité primordiale relative au but spécial de défaire une armée ennemie, et distinction de deux espèces de moyens dont l'emploi peut servir à atteindre ce but, les uns matériels, les autres moraux. — L'emploi simultané des susdits moyens est de tous les modes d'action le plus puissant et le plus efficace. — Moyens de battre une armée ennemie, en appliquant la vérité primordiale qui concerne spé-

CHAPITRE II.

Analyse des principales difficultés que présente relativement au choix des meilleurs objectifs, une entreprise de guerre, dans la série des opérations qui se succèdent, depuis son commencement jusqu'à sa fin.

SECTION PREMIÈRE.

Du plan de campagne. — Du but géographique d'arrivée. — Du point de départ.

SOMMAIRE.

SECTION II.

Des difficultés du choix des meilleurs objectifs stratégiques.

SOMMAIRE.

SECTION III.

Difficultés du choix des meilleurs objectifs tactiques dans les batailles.

SOMMAIRE.

CHAPITRE III.

Conséquences des difficultés du choix des meilleurs objectifs, relativement aux applications de l'art de la guerre.

SECTION PREMIÈRE.

Des applications de l'art sur le terrain.

SOMMAIRE.

Les difficultés du choix des meilleurs objectifs n'ont pas toujours, sur le résultat des entreprises, une influence aussi funeste qu'on pourrait le croire. — Motifs. — Une condition prédominante de succès, dans une opération de guerre, c'est que la manière d'exécuter celle-ci soit aussi bonne que possible. — La supériorité du mode d'exécution d'un projet rachète souvent les vices de sa conception. — Un chef d'armée fait généralement bien de suivre ses penchans et ses inspirations dans la conduite de ses opérations, sans trop se préoccuper de la position des meilleurs objectifs. — Cas dans lesquels les difficultés du choix des meilleurs objectifs peuvent occasionner des erreurs gravement préjudiciables. — Premier cas, où un chef habile et entreprenant n'est pas secondé par les qualités de ses troupes, ou commande une armée de beaucoup inférieure à celle de l'ennemi. — Second cas, où un chef froid, prudent et un peu timide possède, dans son armée, une grande supériorité de ressources. — Troisième cas, où un chef calme et froid n'a de prédilection pour aucun système particulier d'opérations. — Rareté du troisième cas. — Modèle accompli d'un général en chef. — Perfection de son système d'opérations. — Conditions nombreuses dont ce système exige la réalisation. — Système incomplet d'un général ordinaire. — Petit nombre de conditions à remplir pour recueillir tous les avantages qu'on peut attendre de sa nature imparfaite. — Prééminence du premier système sur le second. — Parallèle entre les chefs présidant à l'exécution des deux systèmes. — Quatrié-

SECTION II.

Applications des connaissances théoriques, concernant l'art de la guerre dans les écrits.

SOMMAIRE.

CHAPITRE IV.

Analyse critique du principe donné par le général Jomini comme le principe fondamental de l'art de la guerre.

SECTION PREMIÈRE.

Du principe et du sens général qu'il faut lui attribuer.

SOMMAIRE.

SECTION II.

De la justesse du principe fondamental.

SOMMAIRE.

SECTION III.

De l'utilité et de la portée du principe fondamental.

SOMMAIRE.

SECTION IV.

Conclusions générales relatives au principe fondamental de M. Jomini et aux difficultés principales de l'art de la guerre.

SOMMAIRE.

CHAPITRE V.

Des vérités les plus aptes à servir de règles directrices dans les applications de l'art de la guerre.

SECTION PREMIÈRE.

Vérité spéciale se rapportant au but général et mixte d'une guerre.

SOMMAIRE.

SECTION II.

Vérités relatives à la bonne conduite des opérations.

PARAGRAPHE PREMIER.

Vérités capitales résumant les principales conditions à remplir dans toute opération stratégique ou tactique.

SOMMAIRE.

PARAGRAPHE II.

Vérités auxiliaires, dont les prescriptions sont les plus importantes et les plus utiles à observer pour favoriser l'application des vérités capitales.

SOMMAIRE.

Importance et conditions de la bonté d'une armée. — Une bonne armée peut être entreprenante, une armée médiocre ou mauvaise doit être très-circonspecte. — Moyens moraux d'ébranler le courage de l'ennemi. — Conditions à remplir par les objectifs sur lesquels il faut attaquer primitivement l'ennemi. — Ces objectifs ne sont pas toujours ceux où le succès procurerait le plus d'avantages. — Avantages qu'il y a à attaquer primitivement l'ennemi sur son centre ou sur l'une de ses ailes, suivant qu'il occupe un espace étendu ou resserré. — Avantages d'attaquer l'ennemi sur plusieurs points à la fois, quand on a sur lui une grande supériorité numérique. — Nécessité d'une extrême vigilance et d'une grande activité dans les opérations de la guerre. — Inconvéniens graves des hésitations et des lenteurs. — Avantages de la réunion et dangers de la dispersion des forces d'une armée. — Influence majeure de l'habile emploi des ruses de guerre sur les succès des opérations militaires. — Importance d'une bonne organisation de l'espionnage et des corps éclaireurs. — Inconvéniens des projets basés sur des calculs qui exigent une grande précision. — De la probabilité de battre l'ennemi. — Chances probables de succès ou de revers des fractions respectives de deux armées également nombreuses, et dont chacune est divisée en deux parties opposées aux deux parties de l'autre. — Convenances avantageuses à observer par une armée offensive, dans les attaques simultanées qu'elle dirige contre une armée divisée en deux corps ou con-

FIN DE LA TABLE.

ERRATA.

Page 8, ligne 10, au lieu de *ennemi*, lisez : *adversaire*.
— 11, — 8, — *pour le résoudre*, — *pour la résoudre*.
— 42, — 9 (du sommaire), au lieu de *la solution*, lisez : *sa solution*.
— 43, — 8, au lieu de *présentées*, lisez : *présentes*.
— 53, — 20, placez en alinéa : *Le choix des bases*, etc.
— 71, — 21, au lieu de *l'a conduit*, lisez : *la conduit*.
— 86, — 23, — *même*, — *mieux*.
— 90, — 20, — *rendent*, — *rend*.
— 92, — 21, — *pays*, — *pays ennemi*.
— 189, — 2, — *de battre*, — *d'attaquer*.
— 219, — 4, supprimez : *parfois*.
— 308, — 5, au lieu de *qu'il*, lisez : *qu'elle*.

www.ingramcontent.com/pod-product-compliance
Lightning Source LLC
Chambersburg PA
CBHW071619270326
41928CB00010B/1693

* 9 7 8 2 0 1 9 5 6 8 3 1 3 *